KB087851

# 무빙

## 일러두기

- 이 책은 강풀 작가의 드라마 대본 집필 형식을 최대한 따랐습니다.
- 드라마 대사는 글말이 아닌 입말임을 감안하여 한글맞춤법에서 벗어난 표현이라 해도 그 표현을 그대로 살렸습니다. 그 외 지문은 한글맞춤법을 따랐습니다.
- 이 책은 작가의 최종 대본으로, 방송되지 않은 부분이 포함되어 있습니다.

## 용어 정리

**[c.u]** close-up. 등장하는 배경이나 인물의 일부를 화면에 크게 나타내는 기법.

**[cut to]** 하나의 신(scene) 안에서 상황을 부분적으로 생략하고 점프해 연결하는 기법.

**[E]** Effect. 대사와 음악을 제외한 효과음을 뜻하며, 보통 등장인물은 보이지 않고 소리만 나는 경우에 사용한다.

**[F]** Filter. 전화기 너머의 목소리나 마음속으로 하는 이야기들을 표현할 때 사용한다.

**[na]** Narration. 장면에 나타나지 않으면서 장면의 진행에 따라 그 내용이나 줄거리를 장외(場外)에서 해설하는 일, 또는 그런 해설을 말한다.

**[v.o]** voice-over. 화면에 나타나지 않는 인물이 들려주는 정보나 해설 등을 말한다.

**[디졸브]** dissolve. 한 화면이 사라짐과 동시에 다른 화면이 점차로 나타나는 장면 전환 기법.

**[몽타주]** montage. 따로따로 편집된 장면들을 짧게 끊어서 붙인 화면.

**[와이프]** wipe. 한 장면이 화면 한쪽으로 사라지면서 뒤이어 다음 장면이 나타나는 기법.

**[인서트]** insert. 화면의 특정 동작이나 상황을 강조하기 위해 삽입한 화면, 또는 삽입하는 것.

**[페이드인]** fade-in. 화면이 처음에 어둡다가 점차 밝아지는 기법.

**[페이드아웃]** fade-out. 화면이 처음에 밝았다가 점차 어두워지는 기법.

**[플래시백]** flashback. 과거의 회상을 나타내는 장면 또는 그 기법.

디즈니+의 오리지널 시리즈

무빙

강풀 대본집

1

ᄴ창비
Media Changbi

# 차례

# 주연배우 12인
# 친필 메시지&사인

**류승룡**
**장주원**

주원과 지희, 희수가 서로의
솔로였던 것처럼 무빙 대본집이
책을 읽는 분들에게 조금이라도
솔로가 되길 바랍니다.
조금 다르고 특별한 이야기에
귀 기울여준 여러분에게 길 잃지 않고
찾아가겠습니다! 감사합니다.
구룡포 장주원

조인성
**김두식**

"무빙"을 사랑해 주셔서 감사합니다
대본집을 통해 드라마의 감동을
이어 가시길 바랍니다.

"무빙" 김두식

# 한효주
# 이미현

훌륭한 엄마이자, 강인한 여성 '이미현'을
연기 할수 있음에 감사했습니다.
덕분에 정말 사랑스러운 아들 봉석이, 우리정하,
그리고 멋있는 남편 강두식, 인성오빠,
언제 또 이렇게 만나서 같은작품을 할수
있을까 싶을정도로 훌륭한 스탭분들, 배우분들을
만날수 있었습니다.
기회를 주신 강풀작가님, 이끌어주신 박인제,
박윤서감독님께 감사드립니다.
대본을 읽을때, 이런 따뜻하고 정의로운
이야기가 사랑받을 수있다면 좋겠다 생각했는데
큰사랑으로 작품을 완성시켜주신 여러분께,
진심으로 감사드립니다.
'무빙'이 오랫동안 여러분들의 마음에 남기 바라며.

- 이미현, 한효주 올림 -

MOVING
MI-HYUN LEE

이정하
**김봉석**

ㅠㅠ 이 글을 쓰게 되니
아쉽습니다 행복함으로 떠나보냈던
봉석이가 새록새록 떠오르네요.
오늘가 으쌰으쌰 한 현장인 만큼
다 같이 찍고 웃었고, 축복이 된
대본을 여러분들에게 보여줄 수
있어서 봄이 더오는 것 같이 좋습니다
작가님 최고 여러분들도 최고 ♡

Bun 정하 올림

# 고윤정
## 장희수

'무빙'이라는 대본을 처음 읽을 때부터
'희수'가 되어 정원고로 다니는 모든 시간이
벅차고 행복했습니다.
재석이를 서로가 주고받는 위로에 제가 더
위로받고 배우게도 했습니다.
무빙이라는 세계관에 함께 할 수 있는 영광을
주신 강풀 작가님께 감사드리며 언제나
응원하는 힘이 되어 드리겠습니다.

— 고윤정 (장희수) 드림

김도훈
이강훈

To. 무병을 사랑해주신 여러분께
   처럿! 경례! 사랑합니다 ♡
   이제 이 책(대본)을 읽는 여러분도
   '무병'팀 입니다.
   책과 함께 즐거운 시간 보내시고
   오늘 하루도 여러분만의 창능력을
   맘껏 펼쳐 주세요.
   그럼 저는 아버지가 부르셔서 이제만..

   `이강훈' 김도훈 드림.

**김성균**
**이재만**

'무빙'을 사랑해 주셔서 감사 합니다.
리더라는 길 꾸거는분, 혹은 배우·작가·연출...
모든 꿈 꾸시는 분들에게 이 책이 도움이 되었으면
좋겠습니다. 언제나 행복 하십시요 !!

이재만    김성균

# 문성근
# 민용준

나는 영화감독 하길종을 모른다. 몰랐다.
"「족보」, 이라고 드라마 하십죠. 출연하실까도? 강효실 받으이댁 "
"옥이 애기엄마?"
"촬영감독 "

엉? 오빤 내 술내기 웬등을 봤다. 어? 옥지? 어? 저것이?
촬영 학교할 씨기들 영감을 이미 들었으니, 저거를 못나갈거라면
그건 내가 몰래만지지...

또 배운마다 미주알고 두 술을 봤다.
아~ 다르구나. 촬영에서 사람 냄새가 나지. 여뜻한.
뜨거운 사랑이 있고... 그리고 뭔가 있지.

20명쯤 돼나? 「배면」, 았을걸. →(이건일지) 이약을 나눈들
술한을 해쁨 박았을 거니 (출많을 웃웠지만), 온몸 만큼을 살려
느꼈고 저기 강렬이, 따시 느껴졌다. 이 인간은 룩룩리
벗이며 싶어...
「족발, 찍으때 처음 술을 나눴지만, 오래 후우득 「숙배니
친우의 친」이약. 같을 (남녀)사랑을 사랑하냥 각별한 인연이,
있으니 반거움 수밖에.
「족발, 시순 2, 3을 제각별 (「족발, 우보 다른 저옥의) 뭔들들,
이미 나와 있었고. 나도 그만 룩룩리 어슬썽돼.
룩리들께 비밀 하나니 알쏨드리오리요.
그의 작품 속에 예쁜 여지 역방 열굴은 그리, 이쪽께 온일이다.

2024. 5.   문성근

# 류승범
# 프랭크

'Frank' 류승범드림.

'무빙'이라는 작품으로 함께 작업하게 되어
아주 좋은 시간이었습니다.
그리고 '무빙'을 완성 시켜주신 시청자
여러분께 이 자리를 빌어 감사의 인사로 전합니다.
화면이 아닌 책으로 보는 '무빙'의 세계로
만껏 즐기시기 바라며...
다음이 또 인사 드리도록 하겠습니다.

김희원
최일환

To. 우방 사랑해주셔서
감사해요

# 차태현
# 전계도

무빙을 사랑해주신 시청자분들 정말
감사 드립니다~ 이번에 무빙 머블집이 나온답니다 ^^
드라마와는 또 다른 재미가 있을겁니다~
 많은 관심 부탁 드리고 꼭 무빙에서 다시 만나요
~

차태현 ~

'번개맨' 전계도 올림 ^^

박희순
김덕윤

"무빙" 대본집
출판을 축하드립니다. ♡

2024. 6.

인민은 내가 묘다 -김덕훈-
제로 희생을 강요하는자에게
있다.

제1화
고3

## [프롤로그] 시골 읍내 거리 (15년 전/늦겨울/밤)

늦은 밤. 눈이 내린다. [자막: 2003년 겨울]

밤하늘에 서서히 떨어지는 눈송이를 따라 내려오면 지방의 읍내 거리.

상가들도 문 닫은 인적 없는 거리. 소복하게 쌓인 눈 위로 캐리어 끌고 간 자국.

바퀴 자국을 따라가면 저 앞에 아이를 업은 아이 엄마의 뒷모습이 보인다.

힘겹게 걸어가는 아이 엄마 옆 차도로 용달 트럭이 쌩하니 지나간다.

## [프롤로그] 시외버스터미널/식당 (15년 전/늦겨울/밤)

아이를 등에 업은 초췌한 몰골의 아이 엄마가 식당 문을 연다.

'아기띠에 업히기엔 나이 많은' 네 살 즈음의 봉석을 등에 업은 미현이다.

미현이 커다란 여행용 캐리어를 밀고 들어오며 식당 안을 빠르게 훑어본다.

한산한 식당 안에 막차를 기다리는 손님들이 밥을 먹는다.

미현이 후문의 위치를 확인하고 후문 쪽의 테이블로 간다.

아기 의자를 끌어다 아기띠 채로 어린 봉석을 앉힌다.

아기띠 벨트를 최대한 바짝 조여 당겨서 봉석을 결박하듯이 앉힌다.

어린 봉석이 답답해서 칭얼거리자 재빨리 쌀떡 과자를 입에 물려주고,

캐리어를 식탁 앞 통로에 배치하는데, 모든 행동이 빠르고 명료하다.

미현이 식당 문을 정면에 두고, 봉석의 맞은편에 엉거주춤 앉아서 주변을 확인한다.

식당에 따라 들어온 사람은 없고, 모두 먼저 들어와 있던 사람들이다.

미현과 눈 마주치는 사람은 없다. 홀에 손님 셋. 주방에 식당 이모. 카운터에 여사장.

화장실은 외부에 있으며 식탁들 간격은 좁고 주방 뒤쪽의 후문은 열려 있다.

정문까지 열네 걸음. 후문까지 다섯 걸음. 난로 위 주전자에 뜨거운
물이 끓고 있고, 식탁 위에 무기가 될 만한 돈가스 칼과 포크가 있다.
그제야 미현이 제대로 앉는다.
식당 여사장이 캐리어를 한쪽으로 치우며 주문을 받는다.

"아이구, 통로를 이렇게 큰 가방으로 막아놓으면 어떡해. 뭐 드실래?"
"빨리 되는 거 뭐 있죠."
"김밥?"
"……."

미현이 벽의 메뉴판을 보면 터미널 식당답게 온갖 메뉴가 다 있다.
메뉴판을 훑어보던 미현의 눈에 언뜻 먹먹함이 스친다.

"돈까스 주세요."
"튀길라믄 시간 걸리는디?"
"주세요. 돈까스."
"그류. 그럼."

사장이 돌아서자, 미현이 다시 캐리어를 통로에 세워놓는다.
식당 벽에 걸린 TV에서 북한 관련 뉴스가 흘러나온다.

(E) "북한 김정일 국방위원장의 차가 반파된 상태에서 차량정비를 받
은 것으로 알려져 비상한 관심을 모으고 있습니다. 외교 소식통에 따
르면 김 위원장의 차량 수리만 전담하는 노동당 중앙위 정비사업소에
서 최근…" - 2003년 12월 26일

미현 앞에 돈가스가 놓인다. 소스를 끼얹은 돈가스에서 더운 김이 피

어오른다.

미현이 돈가스를 대충 크게 썽둥썽둥 썰어 덩어리째 먹는다. 돈가스가 뜨거운지 찬물을 들이켜며 밀어 넣는다. 몇 끼를 굶었는지, 허겁지겁 먹으면서도 봉석에게서 시선을 떼지 않는다. 몇 점이나 먹었을까, 쌀떡 과자를 다 먹은 봉석이 다시 칭얼댄다.

미현이 과자봉지에 손을 넣어보지만 과자가 없다. 어린 봉석이 조여진 벨트가 답답한지 "엄마아. 나 답답해애." 떼를 쓴다. 미현은 차분하게 "기다려. 엄마 밥 먹어야 돼." 말하는데, 말투만 차분할 뿐 돈가스를 한 움큼씩 씹는다.

일단 나라도 먹어야겠다는 미현의 몸짓이 절박하다. 봉석의 칭얼대는 소리가 커진다.

아이 우는 소리가 커지자, 식당 손님들의 시선이 미현에게 쏠린다.

봉석의 울음소리가 더 커지자, 옆 테이블의 중년 남성이 들으라는 듯 크게 말한다.


"아 거, 시끄러워서 밥을 못 먹겠네. 애가 저러고 있는데 엄마가 밥이 넘어가나."


미현이 중년 남성을 똑바로 쳐다본다. 중년 남성은 살짝 찔끔했다가 질세라 마주 본다.

미현은 돈가스를 볼이 미어지게 우물거리며 중년 남성의 시선을 피하지 않는다.

미현의 무표정한 시선에 결국 중년 남성이 슬그머니 고개를 돌린다.

그 모습을 본 손님들이 시선을 돌린다.

미현이 다시 봉석에게 시선을 고정하고 볼이 미어지게 돈가스를 밀어 넣는다.

벨트에 묶인 봉석이 더욱 칭얼댄다. 어린 봉석의 몸부림에 의자가 덜컥거린다.

미현이 테이블 아래로 발을 뻗어 의자 다리를 지그시 누른다.

화면 서서히 암전된다.

암전된 화면 아래에서 위로 타이틀 '무빙'이 떠오른다.

이어서, 소제목 '제1화: 고3' 글자가 화면 하단에 바짝 붙어 느리고 힘
겹게 지나간다.

## #3   하늘 - 현재. 봉석의 꿈

암전된 화면이 밝아지며 밤하늘을 솟구쳐 오르는 시야.

김봉석의 시야가 구름을 뚫고 끝없이 올라간다.

한참을 날아오르던 봉석의 몸이 하늘과 우주의 경계에서 멈춘다.

멀리 지구의 지평선이 보이고 지평선을 따라 둥그렇게 이어진 하얀
여명이 보인다.

봉석의 발이 허공에 선다.

아무것도 없는 적막한 하늘, 어디선가 목소리가 들린다.

**두식v.o** 봉석아.


봉석이 사방을 둘러보지만 아무도 없다.

주변은 어둡고, 여명은 아직 저 멀리 있다.

**두식v.o** 봉석아….


낮게 울리는 남자 목소리.

따뜻한 음성이지만 봉석은 누구 목소리인지 알지 못한다.

봉석이 갸우뚱하는데 그 목소리가 다시 들려온다.

**두식v.o**  봉석아….

**봉석**  누구세요? 하나님이세요?

**두식v.o**  …….


순간, 봉석의 발을 누가 밑에서 잡아당기는 것처럼 아래로 푹 꺼진다. 봉석이 균형을 잃고 저 아래 어둠 속으로 끝없이 추락한다.


**봉석**  으아아아아아아아아!!!!!!!!!


비명을 지르며 추락하는 봉석의 시야.

균형을 잃은 봉석의 몸이 수직으로 빙빙 돌며 추락한다.

봉석의 시야가 하늘과 땅을 교차할 때마다, 아시아가 보이고, 한국이 보이고, 남한이 보이고, 서울이 보이고, 경기도가 보이고, 하남시가 보이고… 아래로 떨어질수록 주변이 점점 어두워지고, 이내 사방이 칠흑 같은 어둠 속에 감싸인다.

어둠 속에서 팔을 휘지으며 추락하는 봉석.

그때, 저 아래 어둠 속에서 홀로 밝게 불을 밝힌 '남산 돈까스' 간판이 보인다.

봉석이 안간힘을 다해 '남산 돈까스' 방향으로 몸을 튼다.

봉석이 내던져진 개구리처럼 옥상에 처박히는데—


# #4  봉석 집/봉석 방 (아침)

침대에서 엎드려 자다가 깨는 봉석.


**(E)**  딱. 딱. 딱. 딱. 딱. 딱. 딱—


희미하게 들려오는 도마질 소리에 봉석이 희미하게 눈을 뜬다.

봉석        (중얼) 또 같은 꿈….

잠이 덜 깬 봉석이 엎드린 자세 그대로 베개에 얼굴을 묻는다.

봉석        (베개에 얼굴 묻고 중얼) 누구지… 무슨 말을 하려던 거였을까….

봉석이 엎드려 생각에 빠지는데, 생각을 방해하는 도마 소리.

(E)        딱. 딱. 딱. 딱— / 툭. 툭. 툭. 툭— / 삭. 삭. 삭. 삭. 삭—
봉석        (중얼) 감자… 버섯… 두부…
(E)        보글 보글 보글 보글….
봉석        (중얼) (약간 실망) 된장찌개….
(E)        철썩. 치익— / 치이이이익— / 처덕, 치이익 촥, 촥—
봉석        (코 쿵쿵) 소고기! (벌떡 일어나려다 이불에 눌려 베개에 코 박는) 웁.

봉석의 침대 전체 모습이 드러난다.
봉석의 이불은 침대 틀에 이불 가장자리가 고정되어 있다.

# #5  봉석 집 / 1층 / 주방 (아침)

주방에서 소고기 굽는 미현의 뒷모습. 미현의 귀. (c.u)
미현이 안경 쓴 코를 찡긋하며 옅게 웃는다.
은테 안경과 단아하게 묶어 올린 머리가 잘 어울린다.
미현은 어딘가 범접하기 어려운, 우아하고 기품 있는 인상이다.
그런 미현이 후웁 숨을 몰아쉬더니, 고개 들어 버럭 소리 지른다.

미현        (소리치는) 봉석아아! 밥 먹어라아아아아!!!
봉석v.o     (2층에서 들리는) 네에 엄마~!! 바로 내려갈게요!!!

**봉석 집/외부 전경 (아침)**

봉석이 고치에서 빠져나오듯 이불에서 기어 나온다.

카메라 멀어지며, 창문 밖에서 보면 봉석의 방은 2층이다.

1층 창문으로 음식 준비하는 미현의 모습이 보인다.

봉석의 집은 1층은 식당이고, 2층은 가정집인 단독 건물이다.

옥상에 지나치게 커다란 네온 간판이 철골 구조물로 설치되어 있다.

커다란 간판에 큰 글씨로 '남산 돈까스', 옆에 작은 글씨로 '심야식당'
이 쓰여 있다.

옥상 바닥을 칠한 방수액은 특이하게도 초록색이 아닌 보라색이다.

집 뒤에 뚝방이 있어 외부의 접근이 어렵다.

뚝방길 너머 한강이 흐르고, 반대쪽으로 재개발 중인 하남시 외곽이
보인다.

봉석의 집은 인적이 드문, 식당이 있을 만한 곳이 아닌 곳에 있다.

**봉석 집/1층/식당 홀 (아침)**

테이블 위에 놓이는 접시.

수북하게 쌓인 소불고기가 두 근은 되어 보인다.

뚠뚠한 체구의 봉석이 계단을 쿵쿵 내려온다.

봉석이 그냥 홀에 들어서려는데 미현이 스읍 눈으로 주의를 준다.

봉석이 뒷걸음질 치며 계단 옆에 놓인 체중계에 올라선다.

미현과 봉석이 체중계의 눈금을 쳐다본다. [체중계 눈금: 87kg]

체중을 본 미현이 마뜩잖은 표정을 짓고, 봉석이 미현의 눈치를 본다.

**cut to**

미현과 봉석이 테이블에 마주 앉아 밥을 먹는다.

우걱우걱 잘 먹는 봉석. 핸드폰을 들여다보며 밥 먹는 미현.

**봉석** (산더미처럼 쌓인 소고기 접시) 개학 첫날 아침부터 과식하면 힘든데…
(우물우물 쩝쩝) 고기가 너무 많다…. (입은 웃고 있다)

**미현** 다 먹어. 너 요즘 너무 살 빠졌어. (핸드폰 보다가) 너 혹시 엄마 몰래 다
이어트하는 거 아니지?

**봉석** (입 주변에 잔뜩 고기 양념. 입안에 고기 한 움큼) 쩝쩝. 움?

**미현** 아니구나. (다시 핸드폰 보는)

**봉석** (사뭇 진지한) 후우. 수험생이 살 빠지는 게 당연하죠. 엄마는 모를 거
야. 고3이 얼마나 공부 스트레스

**미현** 응. 내신 6등급. 수시 포기.

**봉석** (말 돌리는) 엄마도 좀 먹어요.


미현이 밥을 건성으로 먹으며 계속 핸드폰을 본다.
봉석이 보다 못해 한마디 한다.


**봉석** 엄마 SNS 중독인 거 알아요?

**미현** 알아.

**봉석** 인스타 왜 그렇게 열심히 해요?

**미현** (인스타 검색하는) 재밌잖아.

**봉석** (먹으며) 인스타 계정도 엄마 아닌 척하던데요?

**미현** 그럼 안 되냐?

**봉석** 가짜 사진 걸고 하루 종일 눈팅만 하시잖아요. 남일 세상일에 무슨 관
심이 그렇게 많으실까. (진지한) SNS는 소통이 기본이에요. 자신을 감
추고 다른 사람들을 본다는 것은

**미현** 어휴 고지식해.

**봉석** (중얼) 고지식….

**미현** 씻었니?

**봉석** 아뇨.

| 미현 | 다 먹었니? |
|---|---|
| 봉석 | 네. |
| 미현 | 너 지각이다. |
| 봉석 | 에? |

봉석이 벽시계를 본다. 7시 30분. 숟가락이 툭 떨어진다.

### #8 봉석 집/2층/거실 (아침)

으아아 개학 날부터 지각하면 안 되는데, (뻗친 머리 물 묻혀 누르며 욕실에서 나와 방으로 들어가는) 으아아 학교까지 40분 넘게 걸리는데, (교복 바지 입느라 깽깽이하며 방에서 나오는) 으아아 담임이 교문 담당인데, 으아아아 소리 지르며 좌우로 뛰어다니는 봉석과 쫓아다니며 가방 챙겨 주는 미현의 모습이 웃기고 정겹다.

### #9 봉석 집/1층/현관 (아침)

봉석이 현관에 쭈그리고 앉아서 양쪽 발목에 묵직한 모래주머니를 하나씩 찬다.
미현이 모래주머니 한 쌍을 더 내민다.

| 미현 | 학교 다녀오면 무게 늘려줄게. 오늘은 일단 두 개 차. |
|---|---|
| 봉석 | (질색) 나 이제 괜찮다니까요. 내가 알아서 조심할게요. |
| 미현 | 안 돼. 오늘만 두 개씩 차. 엄마 말 들어. |
| 봉석 | 아 쫌. 그것 때문에 살 빠지는 거예요. 힘들어서. |
| 미현 | (흐음) 알았어. 오늘 조심해. |

봉석이 끙차 일어서자, 미현이 책가방과 보조 가방(크로스백)을 건넨다.

| 봉석 | (책가방 메다가 휘청) 으아 뭐가 이렇게 무거워. |
|---|---|
| 미현 | 두 개 넣었어. 혹시 모르니까. |
| 봉석 | (살짝 짜증) 아. 엄마. 쫌. |
| 미현 | (들은 척도 않고, 묵직한 보조 가방 건네는) |
| 봉석 | 필요 없어요. 오늘 급식 안 해요. |
| 미현 | (모래주머니 힐긋) 두 개 채운다? (봉석, 얼른 보조 가방 받는) 교실 가자마자 가방들 책상 양쪽에 걸어두고, 되도록 책상에 앉아 있고. 항상 방심하지 말고. 수업 중에 졸지 말고. |
| 봉석 | 네. 네. 네. 네. (문 열고 나가며) 다녀올게요~! |

툴툴거리면서도 엄마 말이라면 곧잘 듣는다.
아들을 보는 미현의 눈이 따뜻하다.


## #10 봉석 집/현관/외부 (아침)

미현이 현관 밖까지 쫓아 나와서 소리친다.


| 미현 | 뛰지 마! 넘어져! 어차피 늦었어. 지각해서 걸리면 엄마가 어디 많이 아프다고 해. 아 몰라, 그냥 엄마가 차에 치었다고 해. |
|---|---|

봉석은 빨리 뛰려고 하지만, 무거운 모래주머니와 묵직한 가방에 뒤뚱뒤뚱 달린다.
아들의 뒷모습을 바라보는 미현의 표정에 안쓰러움이 스친다.
그것도 잠시, 핸드폰을 꺼내 인스타그램을 켠다.


## #11 재개발지구/등하굣길 (아침)

봉석이 뒤뚱거리며 곧게 뻗은 길을 달린다.
길게 뻗은 길 주변에 인가가 뜸하고, 20미터 간격으로 플래카드가 걸려 있다.

'경축. 하남 창우지구 재개발사업 통과' '지하철 9호선 연장 공사 착공'.

재개발지구 건너편 재건축 아파트단지 하늘에 '분양' 광고 애드벌룬이 떠 있다.

애드벌룬 밑으로 저 멀리 마을버스 정류장이 보인다.

## #12  인천국제공항 / 외부 (아침)

혼잡한 인천국제공항 외부. 공항리무진 버스 정류장에 사람들이 줄서 있다.

자동문이 열리고, 카트에 짐을 실은 사람들이 몰려나온다.

입국하는 사람들 사이로 프랭크가 섞여 나온다.

짐 하나 없이, 검은 정장에 노타이, 간편한 옷차림의 프랭크.

오가는 무리 속에 혼자 서 있는 프랭크가 살짝 한국의 공기를 심호흡한다.

주변을 둘러보면, 마중 나온 사람들과 배웅하는 사람들의 살가움으로 번잡하다.

프랭크의 무표정한 시선이 도로 맞은편 표지판에 머문다.

[대한민국에 오신 것을 환영합니다 / WELCOME TO KOREA]

표지판을 보는 프랭크의 무표정한 시선. (c.u)

건조한 시선에 감상이 스치는 것도 잠시, 프랭크가 선글라스를 꺼내 쓴다.

프랭크의 눈가에 스치던 옅은 감상조차 짙은 선글라스에 가려진다.

공항리무진 버스 뒤로 문이 열린 승용차가 보인다.

사람들이 인사를 나누는 사이, 프랭크가 문 열린 승용차에 올라타고 가버린다.

## #13  마을버스 / 내부 / 길가 (아침)

봉석이 한적한 마을버스에 앉아서 창밖을 본다.

마을버스가 비닐하우스가 늘어선 황량한 풍경을 지나 도심으로 진입한다.

도심에 가까워질수록 길가에 출근을 서두르는 사람들이 보인다.

봉석이 멍하니 창밖을 보는데, 창문 밖으로 웬 여고생 한 명이 길가를 달리고 있다.

등교를 서두르는지 다리를 쭉쭉 뻗어 큰 보폭으로 인도를 달린다.

여고생이 마을버스를 지나쳐 쭉쭉 치고 달려 나간다.

**봉석**  (중얼) 못 보던 교복인데….

**(E)**  띠띠띠띠, 띠띠띠띠….

여고생이 초록 불이 점멸하는 횡단보도를 달려서 건넌다.

여고생의 옆으로 보행 보조기에 의지한 노인이 횡단보도를 건너고 있다.

횡단보도를 다 건넌 여고생이 탁탁탁탁 제자리 뛰기를 하며 뒤를 보다가, 다시 돌아와서 한 손을 높이 들고 노인과 함께 길을 건넌다.

마을버스가 여고생을 지나치고, 봉석은 고개를 돌려가며 여고생을 돌아본다.

여고생이 다시 달린다. 봉석이 앉아서 쳐다본다.

날아갈 듯 달리는 여고생의 발과 모래주머니가 감춰진 봉석의 바지 밑단이 대비된다.

### #14  환승 버스 정류장 (아침)

봉석이 마을버스에서 내리면, 환승 버스가 저만치 앞에 선다.

봉석이 뒤뚱뒤뚱 뛰어가는데 아까 그 여고생이 쏜살같이 달려와서 앞질러 먼저 탄다.

## #15 시내버스/내부 (아침)

먼저 올라탄 여고생이 버스카드 리더기에 카드를 갖다 대는데,

**(E)** 잔액이 부족합니다.

여고생(장희수)이 어라 하더니 다시 티머니 카드를 댄다.

**(E)** 잔액이 부족합니다.

고무장갑을 낀 버스 기사(전계도)가 사람 좋은 얼굴로 딱 부러지게 말한다.

**계도** 학생. 내려서 충전하고 다음 버스 타. 12분 후면 와.
**희수** 그럼 지각인데요.
**계도** (웃으며) 이미 늦었어. 다른 학생들은 이미 다 앞차 타고 갔어. 여기 학생 말고 학생이 어디 있어. (뒤쪽의 봉석이 나도 학생인데 하는 표정으로 서 있다) 그러니까 다음 거 타.

그때 뒤에 있던 봉석이 올라타서 티머니 카드를 리더기에 댄다.

**(E)** 환승입니다.
**봉석** (계도에게) 안녕하세요!
**계도** (보고, 웃는) 넌 맨날 안녕은 무슨.
**희수** (뒤돌아보는)
**봉석** (버스카드 한 번 더 대며) 이 학생 것도요.
**계도** (리더기 버튼 눌러주며) 오올. 역시 매너남.
**(E)** 삐삑.

봉석이 희수를 지나쳐 버스 안으로 들어간다.
희수가 어깨를 으쓱하며 따라 들어간다.
계도가 룸미러로 보며 웃는다.
버스 안에 빈자리가 없다. 봉석과 희수가 나란히 선다.

**희수**  고맙다. 다음에 갚을게.

**봉석**  (힐끗 보며 고개만 까딱)

**희수**  다음에 만나면, 내가 니 요금 찍어줄게. 그럼 되지?

**봉석**  아니요. 난 환승이라 계산이 안 맞아요.

**희수**  와. 너 각도 쩐다.

**봉석**  (살짝 정색) 근데 왜 반말입니까? 나 처음 보잖아요.

**희수**  (뭐 어때) 너 교복 입었잖아. 너 고딩인 거고, 나 고3이거든. 내가 누나
라도 괜찮으니까 너도 말 놔.

**봉석**  (중얼) 누나는 무슨….

**희수**  너도 고3?

**봉석**  (얼결에) 으, 응.

**희수**  (어색한 반말에 피식 웃고 MP3를 꺼낸다)

희수가 MP3의 이어폰을 끼자 대화가 끊긴다.
버스 라디오에서 클래식(봉평이 듣는 채널과 같은) 음악이 흘러나온다.
달리는 버스 창밖으로 아침 햇살이 부서진다.

#**16**  **시내버스/외부 (아침)**

음악이 흐르는 버스. 버스가 흔들리면 봉석과 희수가 흔들린다.
버스 밖에서 보면, 둘이 나란히 서서 함께 리듬을 타는 것처럼 보인다.
버스가 과속방지턱을 지날 때마다 동시에 중심을 잡는 봉석과 희수의
모습이 같다.

## #17 시내버스/내부 (아침)

정류장에서 사람이 내리고, 봉석의 앞에 빈자리가 하나 생긴다.

**희수**    (이어폰 한쪽 빼며, 봉석에게) 안 앉아?

**봉석**    응.

**희수**    (얼른 앉는) 아싸. (봉석 손에 들린 보조 가방 보며) 가방 줘.

**봉석**    아니야. 괜찮

**희수**    (보조 가방 뺏는) 어우, 뭐가 든 거야.

**봉석**    어. 그, 그게… 아니, 괜찮다는데 왜 막 가방을 (그때 희수가 다시 이어폰
을 끼고 봉석은 하던 말이 잘린다) …사람이… 말을 시켰으면… 대답을 끝
까지 듣는 게 매너인데…. (목소리 작아지는)

희수가 봉석의 보조 가방을 무릎에 내려놓고 창밖을 본다.
창밖 건너편 도로에 유치원생들의 모습이 보인다.

## #18 버스노선 도로/길가 (아침)

유치원생들이 저마다 부모의 손을 잡고 등원 버스를 기다리고 있다.
어떤 아이는 엄마와 손잡고, 어떤 아이는 아빠와 손잡고 서 있다.

## #19 시내버스/내부 (아침)

창밖으로 엄마나 아빠와 손잡고 서 있는 아이들 모습을 보는 희수와
봉석.
엄마들을 보는 희수와 아빠들을 보는 봉석의 옅은 미소에 쓸쓸한 꼬
리가 붙는다.

## #20 시내버스/내부 (현재. 아침)

승객들이 하품을 한다. 라디오 음악과 버스 엔진음이 섞인 소음들이

나른하다.

봉석은 소음 속에서 어디선가 들려오는 노랫소리를 듣는다.

봉석이 자기도 모르게 작은 목소리로 노래(배일호 「99.9」)를 따라 흥얼거린다.

**봉석**　…속이 꽉 찬 남자 구십 구점 구, 사랑도 구십 구점 구. 거짓 없는 마음 하나로 당신만을 기다리잖아….

봉석이 무의식중에 노래를 흥얼거리다가 문득 시선을 느끼고 아래를 본다.

한쪽 이어폰을 뺀 희수가 눈을 똥그랗게 뜨고 올려보고 있다.

**봉석**　(묻지도 않았는데 괜히 중얼) 아. 그… 옛날 노래 듣네….

**희수**　(낡은 MP3 보여주며) 난 아빠 거야.

**봉석**　(얼른) 나도 우리 엄마가 가끔 틀어서.

**희수**　(빤히 쳐다보며) 그게 아니라. (이어폰 흔들며) 이게 들려?

**봉석**　어, 어?

**희수**　(다시 이어폰 끼는) 볼륨이 컸나….

희수가 MP3 볼륨을 확인하면 작게 설정되어 있다.

갸우뚱, 다시 창밖을 본다.

**인서트**

버스가 달리는 차도 곳곳에 작은 웅덩이들이 패어 있다.

창밖 길가에 걸린 플래카드들이 스쳐 지나간다.

'지반침하 외면하는 굴착공사 반대한다' '우리 집 밑 지나가는 고속도로터널 반대한다' '싱크홀 불안에 못 살겠다 사고방지 대책 마련하라'.

달리는 버스 창밖을 내다보는 희수의 얼굴.
봉석은 슬그머니 희수 눈치를 보다가 희수를 천천히 내려다본다.
희수를 가만히 보니 참 예쁘다. 못 보던 교복인데 어느 학교일까.
교복 위로 시선 올라가면 희수의 얼굴. 도톰한 입술과 예쁜 콧망울.
긴 속눈썹 아래 맑은 눈망울.

**(E)**   두근. 두근. 두근. 두근.

자기 심장 소리가 들리기 시작하는 봉석.
순간, 희수와 눈이 마주치자 확 붉어지는 봉석의 얼굴. 봉석이 고개를
휙 돌려 눈을 피한다. 희수가 왜 저래 하며 다시 창밖을 본다. 버스가
커브를 틀고 희수가 기우뚱하며 의자 손잡이를 잡자, 봉석이 움찔한
다. 의자 손잡이를 잡은 희수의 손과 봉석의 손이 살짝 닿는다. 희수
는 신경도 쓰지 않는다. 닿아 있는 희수와 봉석의 손가락. (c.u)

**(E)**   두쿵! 두쿵! 두쿵! 두쿵!

점점 더 커지는 봉석의 심장 소리.
그때, 봉석의 발뒤꿈치가 살짝 들린다. 봉석이 움찔한다.
봉석이 발뒤꿈치를 바닥에 붙이며, 희수가 앉은 의자의 앞뒤 손잡이
를 움켜잡는다.

**봉석**   (뭐라뭐라 입 모양만 쭝얼쭝얼) 3.1415926535 897…
**(E)**   덜컹!

버스가 도로의 웅덩이를 지나고, 균형을 잃은 봉석이 앞으로 쏠린다.
봉석이 확 기대 오자 희수가 흠칫한다. 봉석이 발 앞꿈치로 간신히 버

틴다.

**희수**  뭐니?

**봉석**  (입 모양 꿍얼꿍얼) 3.14159265…

하필 사거리. 버스가 커브를 틀고, 봉석이 고꾸라져 유리창에 얼굴을
박는다.
희수가 고개를 들면, 봉석의 얼굴이 유리창에 눌려 찌그러지고 있다.
봉석이 양손으로 의자 손잡이를 잡고 필사적으로 버틴다.

**(E)**  찌이이이익….

유리창에 얼굴이 눌리며 돼지코가 되는 봉석.
벙찐 표정으로 봉석을 올려다보는 희수.

**희수**  야. 너 뭐 해.

## #21  버스노선 도로/옆 차선 버스 (아침)

옆 차선 버스 승객들이 뭔가 싶은 표정으로 봉석과 희수가 탄 버스를
본다.
유리창에 얼굴을 비비고 있는 봉석. 모르는 사람인 척 고개 숙여 외면
하는 희수.

## #22  봉석 집/2층/안방 (아침)

미현이 낡은 수동식 재봉틀 앞에 앉아 있다.
돌림 바퀴 드르륵 돌려보고 발로 페달을 처컹 처컹 밟아본다.
미현이 반짇고리 바구니에서 실을 꺼내다가 생각난 듯 중얼거린다.

미현      (불안한 표정으로 중얼) 아니야… 역시 두 개는 차야 했어….

## #23   학교 앞/버스 정류장 (아침)

정류장에 내린 봉석과 희수.
봉석이 보조 가방을 품에 꼬옥 안고 서 있다.
희수가 의심스러운 눈으로 봉석을 본다.
봉석이 희수의 시선을 외면한다.


희수      너 좀 이상해.

봉석      (땀 뻘뻘 흘리며) 아니야. 그게 아니야.

희수      뭐래.

봉석      (탈진한 듯 중얼중얼) 아니야. 아니라고….

희수      아니긴 뭐가 아니야. (주섬주섬 운동화 끈 묶으며) 너 버스 창에 얼굴 스캔 잘하더라. (가방끈 조이고) 내가 다 쪽팔려서 원. (헛둘헛둘) 그럼 다음에 또 볼 수 있으면 보자. (폴짝폴짝) 지금 뛰면 지각 안 할 수도 있겠다. (스타트 자세) 먼저 간다. (스타트)

봉석      어? 넌 어디 학곤데?! (희수 이미 간)


희수가 육상선수처럼 달려가는데 교복 치마를 입고도 무척 빠르다.
멀어지는 희수를 보다가 봉석이 다리가 풀려 허물어지듯 주저앉는다.
봉석이 가로수 밑동을 부여잡고 앉아서 보조 가방을 연다.
보조 가방 안에 2리터 물병 두 개가 들어 있다.
봉석이 물병을 꺼내 벌컥벌컥 마신다.

## #24   도로변/셀프 주유소 (아침)

승용차가 황량한 국도변의 셀프 주유소에 진입한다.
승용차가 주유기 앞에 멈춰 서고, 선글라스를 낀 프랭크가 차에서 내린다.

프랭크가 주유기를 지나쳐 앞쪽에 정차되어 있는 택배 탑차 운전석에 올라탄다.

## cut to_ 탑차 내부/운전석

프랭크가 운전석에 앉는다. 조수석에 박스들과 택배기사 옷이 놓여 있다.

맨 위 박스를 열면 리스트 뭉치와 구형 PDA폰이 들어 있다.

한참 리스트를 넘겨보더니 차 내비게이션의 '한/영' 메뉴에서 영자를 터치한다.

자판에 영자 주소를 터치하는 손가락.

[Seoul/Gangdonggu/Chunhodong]

## cut to_ 셀프 주유소

승용차를 주유소에 버려둔 채 택배 탑차가 떠난다.

## #25 정원고등학교/교문 앞 (아침)

이미 닫힌 교문 밖에 봉석이 서 있다. 교문 안쪽에 최일환이 서 있다.

일환이 지시봉(안테나형)을 까딱거리며, 교문 밖에 서 있는 봉석에게 말한다.

**일환**  (한심한) 아이고 슥아 슥아 봉슥아 이 자슥아.

**봉석**  (고개 푹) 네. 선생님.

**일환**  이유가 뭘까? 개학 첫날부터 대박 지각한 학생이 하필이면 우리 반 학생인 이유가 뭘까? 참 궁금하다 그지?

**봉석**  (진지한) (주절주절) 아침에 늦잠을 잤는데 어머니께서 밥상을 거하게 차리셨습니다. 어머니는 개학 첫날이니 아들에게 밥을 잘 먹이고 싶으셨나 봅니다. 그런데 저희 집이 워낙 외따로 떨어진 곳이다 보니 버스를 타려면 한참 걸어 나와야 하고, 한 번에 오는 버스도 없어서 환승도 해야 하는데, 어머니께서 정성껏 차린 밥은 다 먹어야 했

**일환**　(싹둑) 그래 알았다. (이놈 정말 고지식하구나 하는 표정) 니가 지각한 데는 그런 엄청난 이유가 있었었구나. 하지만, 지각은 뭐다?

**봉석**　선생님. 저는 고3입니다. 2학기고요.

**일환**　그래서?

**봉석**　하지만 규칙은 지키라고 있는 것이고, 예외는 없어야겠지요.

**일환**　(피식) 알면 됐네. 끝나고 화장실 청소. (교문 열어주며) 난 면담이 있어서 조회 늦는다. 반장에게 개학식 영상 틀어주라고 해라.


일환이 휘적휘적 학교로 걸어간다.
봉석이 가방을 꼬옥 안고 뒤따라 걷는다.


## #26　정원고등학교/운동장/경비실 (아침)

일환의 뒤를 따라 걷던 봉석, 경비실 안 수위 아저씨에게 꾸벅 인사한다.
검정색 뿔테안경을 쓴 수위(황지성)가 깍듯이 인사하는 봉석을 보고 웃는다.


## #27　정원고등학교/교실 (아침)

3학년 3반 교실. 개학 첫날 아침의 어수선한 분위기.
한별이 주변 눈치를 보다가 조심스럽게 브이로그 카메라를 꺼낸다.
한별이 한참을 망설이다가 카메라를 켠다. [유튜브 카메라 화면 시점 시작]
셀카모드 액정에 비치는 자기 얼굴을 보며 애써 웃어보지만 어색하다.
아. 아. 음. 아. 여전히 자신 없는 목소리로 촬영을 시작한다.


**한별**　[셀카모드] (소근소근) 구독자 여러분 안녕하세요. 비제이 한별이예요.

아. 음. 오늘은 저희 학교 교실 풍경을 보여드릴게요. 오늘부터 2학기가 시작되었어요. 수능을 코앞에 둔 고3 교실은 어떤 모습일까요. 그 생생하고 치열한 현장을 지금부터··· [전면모드] 보여드릴게요.

카메라 화면으로 보이는 교실 안 학생들의 모습. 대부분 책상에 엎드려 자고 있다.

**한별v.o** (당황하는) 아, 그게··· 고3은 항상 잠이 부족하죠.

카메라, 촬영 거리를 찾다가 교실 한쪽에 몰려선 남학생들에게 다가가면, 스마트폰 게임들을 하고 있다. 남학생들이 얘 뭐야 하는 표정으로 쳐다본다.

**한별** [당황해서 셀카모드] (얼버무리는) 아, 아직 수업 시작 전이라서 그래요. 그럼··· 그··· 우리 반 학생들을 인터뷰해볼까요? [다시 전면모드]

한별의 카메라가 교실을 훑어보지만 아무도 관심을 주지 않는다.
카메라와 눈이 마주칠 때마다 학생들은 시큰둥한 표정을 짓는다.
구석에서 네일을 바르는 헤어롤 여학생과 모처럼 눈이 마주친다.

**한별v.o** 인터뷰 좀···
**헤어롤** (네일에 입바람 후우) 구독자 몇인데.
**한별v.o** (소심하게) 아··· 이거 시작한 지 얼마 안 돼서 여섯 명···
**헤어롤** (시큰둥) 안 해. (떠넘기는) 이런 건 인싸나 하는 거야.
**한별v.o** 인싸 누구.
**헤어롤** (턱짓) 쟤 해. 방기수. (속닥) 일진이잖아.

턱짓에 따라 카메라 돌면, 책상에 다리 올리고 껄렁하게 앉아 있는 방기수가 잡힌다.
방기수가 카메라와 눈이 마주치자, 입 모양으로 씨.발.저.리.치.워. 말한다.

**한별v.o** 미, 미안. (화들짝 놀라 카메라 돌리는)


그때 게임을 하던 학생들이 재빨리 핸드폰을 끄고 주머니에 감춘다.
이강훈이 핸드폰 수거함을 들고 와서 학생들의 핸드폰을 수거한다.
핸드폰을 감추는 학생들에게 강훈이 수거함을 내민다.
남학생들은 강훈의 위엄에 눌려 핸드폰을 수거함에 넣고, 여학생들은 강훈의 눈빛에 얼굴이 붉어지며 핸드폰을 수거함에 넣는다.
한별이 카메라를 줌으로 당겨서 화면 가득 강훈의 상반신을 담는다.

**한별v.o** (소근) 네. 우리 반 반장 이강훈이에요. 보세요. (카메라 강훈 쫓는) 만화에서 나온 것 같죠. 성적도 탑이라 이미 수시합격이 보장된. 너무 완벽해서 애들이 좀 어려워해요. 선생님이 거의 모든 일을 맡길 정도로 모범생이에요. 고3들 꺼리는 반장에 학급위원까지 하고 있…


강훈이 한별의 카메라를 발견하고 화면으로 걸어온다.

**강훈** (수거함 내밀며) 이리 줘. 수업 끝나고 줄게.
**한별v.o** (당황) 이거 핸드폰 아니야. 브이로그용 카메라야.


화면 바짝 들어오는 강훈의 얼굴. 카메라 화면을 들여다본다. 잘생겼다.

**한별v.o** 핸드폰 아닌데도 수거해야 돼?

**강훈**   (무표정)

**한별v.o**   (중얼) 나 유튜브 해. 나중에 기자 되려고….

**강훈**   (무표정) 알았어. 수업 중에만 찍지 마. (지나간다)

**한별v.o**   (감탄과 안도) 아아… 여러분 보셨죠? 저 얼굴에 사려 깊기까지….


카메라가 강훈의 얼굴을 따라가며 줌으로 당겨서 촬영하는데, 지각한 봉석이 교실로 들어온다. 강훈의 뒤로 갑자기 나타난 봉석의 후줄근한 얼굴에 핀트가 확 맞는다.


**한별v.o**   아오 깜짝이야.

**봉석**   (카메라 보고 어리둥절) 왜?

**한별v.o**   아, 아니야. 반 친구들 소개하고 있었어. (소개한다는 말에 봉석이 엉거주춤 앵글 안에 선다) 네. 여러분. 이 친구는 김봉석이에요. 음. (더 할 말이 없는) 네. 김봉석. 고3. 우리 반. (끝)


소개가 끝났는데도 봉석이 엉거주춤 서 있다. 한별이 화면을 슬쩍 옮기는데 봉석의 동선이 또 걸린다. 봉석이 계속 찍는 줄 알고 뭐라도 해보려고 입술을 씰룩인다.


**봉석**   안녕하세요. 김봉석입니다. (할 말이 더 없다) 뭐 더 해야 돼…?

**한별v.o**   아니야. 인싸 찾는 거니까 안 해도. 아, 그게 아니라 (카메라 치우려는) 내 개인 유튜브니까 그냥. 뭐.

**봉석**   유튜버? 멋지다. (진지한) 응원할게.

**한별v.o**   어…?

**봉석**   방송 제목이 뭐야?

**한별v.o**   (자신 없는) …한별의… 고3 고삼탕.

**봉석**   제목 좋다. 나도 구독할게.

**한별v.o** 어? 어. 어.

**봉석** (카메라 정면 보며, 양손 엄지손가락 치켜들고) 유튜버 한별의 고3 고삼탕.
(엄지손가락 꾹꾹꾹) 구독, 좋아요, 알람, 많이 눌러주세요~!!

생뚱맞지만 진지한 봉석의 행동에 한별의 카메라가 멈칫한다.
카메라가 계속 찍자, 봉석이 어색하게 웃으며 화면을 보고 있다. [카메라 시점 끝]
액정화면 속 봉석을 보는 한별의 표정이 (고마움과 미안함이 섞인) 미묘해진다.
그때, 강훈이 수거함으로 봉석을 툭 건드린다.

**강훈** (수거함 내밀며) 핸드폰.

**봉석** (폰 넣으며) 선생님 무슨 면담 있다고 30분 늦으신대.

**강훈** 전학생 면담.

**봉석** 전학생? 3학년 2학기에?

**강훈** (대꾸 않고, 학생들에게) 다들 앉아서 모니터 주목해. 개학식 한다.

봉석이 뻘쭘해진다. 학생들이 주섬주섬 제자리에 앉는다.
강훈이 책상에 다리 올리고 앉아 있는 방기수를 쳐다본다.

**기수** (강훈 쏘아보며) 뭘 봐. 씨발아.

**강훈** (무시하는 건지 겁먹은 건지 미묘한) 제대로 앉아.

강훈이 기수를 외면하고 자기 자리로 간다. 기수가 강훈의 뒤통수를 노려본다.
살벌한 분위기에 학생들이 슬금슬금 자리에 앉고 봉석도 제자리에 가서 앉는다.

봉석이 자리에 앉자마자 보조 가방에서 물병을 꺼내 벌컥벌컥 마신다.
먹다 남은 물병을 다시 가방에 담고, 책상의 양쪽 가방걸이에 가방들
을 걸어놓는다.
봉석이 책상을 바짝 좁혀 당겨 앉는다.

## #28 정원고등학교/3층/복도 (오전)

진학지도실 문 앞에 '상담중' 표지판이 걸려 있다.

## #29 정원고등학교/진학지도실 (오전)

일환과 희수가 상담 테이블에 마주 앉아 있다.
일환의 답답한 표정. 희수의 단호한 표정.
둘 사이에 무거운 침묵이 흐른다.

**희수**   (무거운 침묵 깨는) 아무튼, 전 무조건 인서울 장학금이 목표예요.

**일환**   니 성적으론 지방대 장학금까지만 가능하다니까.

**희수**   교통비 들어요. 너무 멀면 기숙사비 들고. 저 아빠 옆에 있어야 돼요.

일환의 곤란한 표정과 희수의 고집스런 표정이 대치한다.
테이블에 희수의 성적표와 대학입시 지원표가 놓여 있다.
희수의 성적이 일환이 밑줄 친 입시 지원표의 커트라인 수석에는 못
미친다.

**일환**   (희수 체력 검사표 꺼내며) 그럼 이건 어떠냐.

**희수**   (쳐다보는)

**일환**   너 체력 검사표 보니까 운동 꽤 잘하던데.

**희수**   네. 운동은 어느 정도 자신 있어요.

**일환**   (희수 체력 검사표 들여다보며) 어느 정도가 아니야. 아주 잘해.

일환이 체대 입시 지원표를 희수 앞에 내민다.

**희수**　체대요…?

**일환**　(차근차근) 잘 들어. 고3 2학기는 그 어느 때보다 선택과 집중이 필요한 때야. 이제 와서 취약 과목을 끌어올리느니, 원래 잘하던 것에 집중하는 게 맞지 않겠어? (체대 입시표 가리키며) 너한테 그게 뭐겠어?

일환이 체대 입시표에 희수의 성적표를 끌어 올린다.
희수의 눈이 흔들린다.

**희수**　지금 시작하면 늦지 않을까요?

**일환**　2학기에 시작하는 학생들도 많아. 넌 기본 체력이 월등하니까 추천할 만하지.

**희수**　(관심이 가는지 체대 입시표 들여다보는)

**일환**　(확신에 찬) 수시는 주로 체육 특기자들을 뽑으니까, 정시를 노리면 돼. 내신도 이만하면 우수하고, 수능은 지금처럼만 유지하고, 실기 만점 받으면, 4년제 인서울. (강조하는) 입학금 면제에 장학금 가능해.

**희수**　(중얼) 실기 만점….

**일환**　무엇보다, (의미심장하게) 체대는 졸업 후에 취업 루트가 다양하다.

**희수**　아…! (표정 밝아졌다가, 이내 다시 어두워지는) 그런데 그냥 운동 잘한다고 되는 게 아니잖아요. 학원 다녀야 하는 걸로 알고 있는데….

**일환**　(체대 실기 종목 리스트 건네며) 맞아. 실기 종목 기술을 훈련해야지.

**희수**　(실기 종목 보며) 체대 입시 학원비 비싸잖아요.

**일환**　학원비는 걱정 마.

**희수**　네?

**일환**　(팔짱 끼며 으쓱) 나 체육 선생이다. 나한테 틈틈이 코칭을 받아. 기술만 알면 체력 운동은 얼마든지 혼자 할 수 있어.

| | |
|---|---|
| 희수 | (표정 다시 밝아지는) |
| 일환 | 체력 운동은 운동장이나 강당에서 하면 돼. 낡았지만 실기 장비도 다 있다. (씨익) 나 체육 담당에 학생주임이야. 강당 사용 허락 권한이 누구에게 있겠니. |
| 희수 | (자상함에 감동한) 선생님…. (목소리 살짝 잠기는) 이제 막 전학 온 저에게 이렇게까지 신경 써주시고…. |
| 일환 | 뭔 소리야 멍청아. 난 선생이고 넌 이제 내 학생인데. 당연하지. |
| 희수 | (멍하니 쳐다보는) |
| 일환 | 할 거면 하루라도 빠른 게 좋아. 잘 생각해봐. |
| 희수 | (감동한 듯 고개 숙이며) 정말 감사합니다… 잘 생각해볼게요. |

희수는 고개도 들지 못하고 낡은 교복 밑단의 실밥을 만지작거린다.
고개 숙인 희수를 바라보는 일환의 표정이 미묘하게 푸근하다.
잔잔하고 따뜻한 분위기가 흐른다.

| | |
|---|---|
| 희수 | 근데요, 선생님. |
| 일환 | (한껏 자상한) 그래. 희수야. 나는 너의 선생이니 뭐든 |
| 희수 | (불쑥) 나 꼭 이 학교 교복 입어야 해요? |
| 일환 | (우는 줄 알았는데 벙찐) 에? 당연하지. |
| 희수 | (뻔뻔한) 이제 겨우 한 학기 남았는데, 교복값에 돈 들이는 건 너무 아까워요. 그냥 이거 계속 입게 해주면 안 돼요? |
| 일환 | (잘라 말한다) 안 돼. |
| 희수 | (입 삐죽) 쳇. 분위기 좋았는데. |
| 일환 | 헐. |

# #30 정원고등학교/교실 (오전)
교실 TV에서 교장선생님(조래혁)의 개학식 훈화가 방송된다.

**교장F** 이제 2학기를 맞아 우리 정원고등학교 학생 여러분들은 쿵. 학우들 간의 우애를 도모하며… 에또… 더욱 학업에 정진하여, (비염) 쿵. 학교의 명예를 빛내고 더 나아가서 나라의 기둥으로 자라나며…

TV 화면 속 교장은 그저 적혀 있는 연설문을 읽는 것처럼 떠듬거린다. 누구도 교장선생님의 훈화 영상을 보지 않는다.

**여학생1** (하품) 아 졸려. 너 우리 교장 본 적 있어?

**여학생2** 아니, 맨날 모니터로만 보는데 뭐. 교장은 학교에 관심도 없는 듯.

담임교사가 없으니 학생들은 모두 엎드려 자거나 잡담을 나눈다. 맨 뒤에 앉아 있는 봉석만 고지식하게 화면을 경청하고 있다.

**교장F** 쿵. 우리 학생들은 자라나서 국가에 이바지하는 것이… 에또…

관심 없는 학생들 사이, 혼자 진지한 봉석이 갸우뚱한다.

**봉석** (중얼) 작년이랑 같은 건데….

## #31 오피스빌딩/대로변 (오전)

빌딩 앞 대로변에 택배 탑차가 주차되어 있다.

## #32 오피스빌딩/6층/사무실/사장실 (오전)

50여 평의 사무실. 입구에 늘어서 있는 비타민과 화장품 샘플들.
20대 초반의 (갓 대학 졸업한 사회 초년생) 남녀 직원들이 각자 사무를 본다.
피곤하고 지쳐 보이는 직원들. 벽에 걸려 있는 '네트워크 마케팅' 조직표.
'신규가입 보너스' '프렌드십 보너스' '팀 커미션 보너스' '멘토/멘티

매칭 보너스' 개요와 '트리플/스페셜/마스터/그랜드마스터' 등급표에 다이아몬드 마크가 붙어 있다.

직원들의 사무 공간 한쪽에 '사장실' 문이 열려 있다.

젊은 직원들을 감시하듯 활짝 열린 문 안으로 들어서면, 자리가 다닥 다닥 붙은 사무실과는 다르게 이 공간을 혼자 쓰나 싶을 정도로 이기 적으로 넓다.

장식장에 생색내기용 트로피들이 쌓여 있고, 구석에 퍼팅 매트와 골프채들이 놓여 있다.

커다란 책상에 골프 모자를 쓴 진천이 삐딱하게 앉아 있다.

책상 위 명패. [대표이사 정상진]

진천이 무료한 표정으로 앉아 모니터를 보고 있다.

문밖으로 고객 항의 전화에 응대하는 직원들의 목소리가 들린다.

PC 모니터에 띄워져 있는 뉴스 화면. 남북의 수석대표가 악수를 나눈다.

[3차 남북정상회담, 9월 내 평양에서 개최] – YTN. 2018.08.13.

진천이 마우스를 굴리며 뉴스를 본다. 문밖의 소음 속에서 대화 소리가 들린다.

"Excuse me." / "네. 무슨 일이세요?" / "Delivery man. 택배입니다." / "아. 네. 놓고 가세요." / "NO." / "네?" / "Directly. 직접 전달해야 합니다." / "누구 찾으시죠?" / "진천."

마우스 스크롤 볼을 만지던 진천의 손이 멈춘다.

**여직원**   진천? 그런 사람 없는데?

진천이 일어선다. 진천의 눈이 가늘어진다.

문밖을 보면 선글라스 낀 택배기사가 택배 상자를 들고 서 있다.

**진천**   (문밖 직원들 보며) 다들 점심 먹고 와요.

**여직원**   네? 아직 점심시간 안 됐는데요.

**진천**   먹고 와.

진천의 강압적인 말투에 직원들이 엉거주춤 일어서서 모두 사무실 밖으로 나간다.

텅 빈 사무실에 택배기사와 진천만 남는다. 택배기사가 사장실 쪽으로 걸어온다.

진천이 택배기사를 지그시 노려본다. 택배기사가 은근히 문을 막아서며 들어선다.

**프랭크**   유어 네임. 진천?

**진천**   외국인?

택배기사가 선글라스를 슬쩍 들자, 프랭크의 얼굴이 드러난다.

**진천**   (보면 한국인이다) 말투가 왜 그래?

**프랭크**   (선글라스 다시 내리는) 벗. 유아 낫 륑. 외국인이기도 해요.

**진천**   (갸우뚱)

**프랭크**   어답티. [adoptee: 입양아]

**진천**   (무슨 말인가)

**프랭크**   이 나라 참 재밌어요. (이상한 한국말) 택배가 너무 잘해 있어서 택배기사는 애니웨어 다 갈 수 있어요.

프랭크가 손에 들고 있던 택배 상자를 바닥에 내려놓자 '툭!' 빈 상자소리가 난다.

**진천**   (빈 상자 슥 보고, 프랭크 보는) 누구냐 너. 어떻게 내 암호명을 알지.

**프랭크**   나 잘 몰라요. 여기 당신 이름 있어요.


프랭크가 운송장을 흔든다. 운송장에 얼핏 사람들의 이름이 적혀 있다.


**진천**   그게 뭔데.

**프랭크**   리스트.

**진천**   어떤.

**프랭크**   (갸우뚱) 리타이어리… 음? 음퇴? 디스 이즈 리스트.

**진천**   은퇴자 명단?

**프랭크**   댓츠 롸잇.

**진천**   어디서. 무슨 일로 왔어. 자세히 대답해.

**프랭크**   자세히? 쏘리. 어려워요. 나 한국말 조금 해요.

**진천**   한국말은 엉망이면서 존댓말은 꼬박꼬박 잘하네.

**프랭크**   오오. 칭찬 고마워요. 한국말 다시 배울 때 존댓말 재밌었어요. 나보다 올드인 사람분에겐, 존댓말. 요죠만 붙이면, 존댓말 됐어요.

**진천**   왜 왔냐고 물었는데?

**프랭크**   (사무실의 큰 창문 보며) 딜리트. (진천 보며) 유.


가만히 쳐다보던 진천이 손목시계를 풀고,
프랭크가 손을 뒤로 해서 문을 잠근다.
진천이 골프채 거치대로 걸어간다.


**프랭크**   (골프채 만지는 진천 보며) Don't even try it. 진천, 이리 와요.

**진천**   (3번 아이언 만지는) 뭐?

**프랭크**   한국말 몰라? 이리 와.

**진천**   (7번 아이언 집어 드는) 말이 짧네.

**프랭크**  헤이, 컴온.

**진천**  헤이? 싸가지가 없네. (아이언 놓고) 너 좀 맞아야겠다. (가장 묵직한 1번 드라이버 뽑는) 내가 많이 해봐서 아는데 몽둥이가 약이더라.

진천이 골프채를 뽑아 들자 프랭크가 "Ah…" 식상하다는 표정으로 피식 웃는다.

**진천**  웃어?

진천이 드라이버와 아이언 두 개를 한꺼번에 꺼낸다.
골프채들을 움켜쥐어 물수건처럼 돌려 짜는 진천.

**(E)**  끼기기기… 기익…!!

놀라운 괴력. 골프채 세 개가 꽈배기처럼 엮여 한 덩어리의 쇠몽둥이가 된다.

**프랭크**  (어깨 으쓱) 와우?

프랭크의 느긋한 표정이 사라지고, 터질 것 같은 긴장감이 둘 사이를 메운다.

**프랭크**  파이트?

**진천**  오케이.

프랭크가 벼락같이 달려들고 진천이 쇠몽둥이를 휘두른다.

# #33 봉석 집/봉석 방 (오전)

미현이 봉석의 방에서 청소기를 돌린다. 한 손에는 여전히 핸드폰을 쥐고 있다.

아침에 급하게 나가느라 엉망이 된 봉석의 책상을 정리한다.

미현의 시선이 봉석 책상 위의 달력에 머문다.

2018년 캘린더에 두 개의 빨간 동그라미. 하나는 '수능', 또 하나는 '엄마 생신'이다.

**미현**    (흐뭇한) 차아식….

미현이 콧노래를 흥얼거리며 침대에 고정된 이불을 걷어내고 새 이불을 깐다.

임시(고정 고리 없는) 이불을 펼치다가 시트 구석에 처박혀 있는 양말을 끄집어낸다.

언제 처박아뒀는지 쑤셔 박은 모양 그대로 굳어 있는 양말.

**미현**    이 자식이….

# #34 오피스빌딩/6층/사장실 (오전)

박살난 선글라스가 프랭크의 발밑에 떨어져 있다.

프랭크가 운송장 리스트를 들여다보며 중얼거린다.

**프랭크**    진천… 오케이. (리스트 넘기며) 봉평… (리스트 넘기며) 나주…

**진천v.o**    (신음소리) 끄으윽… 너.

**프랭크**    그래요. 진천.

**진천v.o**    쿨럭… 목적이 뭐냐….

**프랭크**    아이 돈 노. 나도 몰라요. 난 시크… 시키는 대로 해요. 당신도 나와 같왔죠? (고개 들며) 엠 아이 롸잇?

프랭크의 정면. 부서져 움푹 패인 큰 책상의 한가운데 박혀 있는 진천.
엿가락처럼 둥글게 휘어진 골프채가 진천의 목에 감겨 있다.

**진천** (무표정한) 왜 이제 와서… (받은기침) 쿨럭… 쿨럭…!!
**프랭크** (다가서며) 뉴스 안 봐요? 필, 느낌, 분위기, 감이 오지 않아요?

부서진 책상의 모니터 화면.
[3차 남북정상회담, 9월 내 평양에서 개최]

**진천** (한숨) 후우… (꺼져가는 목소리) 지겹군….
**프랭크** (쓰러진 진천 내려다보며) 좀 더 강할 줄 알았는데.
**진천** (무표정한 얼굴로 마주 보는) …너도 어중간해.
**프랭크** (갸우뚱) 왓? 어중간? 뭐죠?
**진천** (대답 않는)
**프랭크** 애니웨이. (운송장 들여다보는) 당신 필모그래피에는 없다고 하지만, 원
모어 퀘스천. 확실해야 하니 하나만 더 물어볼게요.
**진천** (흐릿해지는 눈으로 코웃음 치는) 말 드럽게 많네….
**프랭크** 두 유 해브 칠드런?
**진천** 뭐?
**프랭크** 아이가 있냐고.
**진천** 노.
**프랭크** 왓?
**진천** 영어 못 알아들어? 낫띵이다. 마더뻐커 씹새끼야.
**프랭크** 씹… 새끼?
**진천** 그래 이 씹새끼야. 썬오브비치 같은 거지.

프랭크가 웃는다. 진천도 마주 웃는다.

**프랭크**　(진천의 목에 감긴 골프채를 잡는다) 씹새끼. 재밌네. (잡아당긴다)

## #35　오피스빌딩/대로변 (오전)

**(E)**　와장창!!

행인들이 깜짝 놀라 고개를 든다.
6층 창문의 유리창이 깨지며 진천이 추락한다.
사람들의 시선이 위에서 아래로.
진천이 튀어나온 간판에 부딪혀 몸이 꺾이고 젖은 걸레처럼 바닥에
떨어진다.
사방에 피가 튀고 사람들이 비명을 지르며 흩어진다.

## #36　오피스빌딩/대로변/택배 탑차 (오전)

소란이 벌어진 건물 앞. 폰으로 사진 찍는 사람들. 119에 전화 거는
사람들.
잠시 후. (진천의) 골프 모자를 눌러쓴 프랭크가 건물 밖으로 나온다.
프랭크가 몰려든 사람들 뒤에서 쓰러진 진천을 본다.
진천의 목이 부러져 뒤로 돌아가 있다. 그럼에도, 진천의 시체를 유심
히 지켜본다.
사망을 확인한 프랭크가 운송장에 체크(엑스표)하며 택배 탑차에 올라
탄다.

### cut to_ 택배 탑차

운전석에 앉은 프랭크가 구형 PDA폰을 꺼내 문자를 보낸다.
보내는 문자에 'Delete' 단어를 찍어 보내고, 잠시 후 회신 문자에

'Next' 단어가 뜬다.

## #37 봉석 집/2층/욕실 (오전)

미현이 세탁기에 이불 빨래를 넣고 세제를 붓는다.
빨래를 돌리면서도 습관적으로 핸드폰을 검색한다.
해시태그들을 누르는 미현.
핸드폰을 검색하던 미현의 뒷모습. 멈칫한다.

## #38 정원고등학교/교실 (오전)

3학년 3반 교실. 일환의 옆에 희수가 서 있다.

일환    (교탁 두드리며) 자. 주목. 우리 반에 전학생이 왔다. 고3 마지막 학기에
       전학을 와서 모든 게 낯설 테니 따뜻하게 맞이해주자.

일환이 분필을 들어 칠판에 이름을 쓴다. 장희수.

일환    희수야. 친구들에게 자기소개하고, 인사해라.

예쁘게 생긴 희수에게 학생들이 호감 가득한 눈길을 보낸다. 한별이
몰래 브이로그 카메라로 희수를 찍는다. 강훈이 담담한 표정으로 희
수를 본다. 방기수가 눈을 가늘게 뜨고 희수를 뚫어져라 쳐다본다. 희
수가 슥 둘러보더니 고개를 까딱하고 인사한다.

희수    안녕. 장희수야. 잘 부탁해.
일환    (기다리다가) 끝?
희수    인사했는데요.
일환    자.기.소.개.

| 희수 | 강원도 태백에서 살다 왔어. 맞아. 감자 잘 먹고 옥수수 좋아하고. 알아. 서울에선 기차 땅속으로 다니는 거. 강원도 사투리 별거 없으니까 시키지 마. 아무튼 고3 마지막 생활 잘 지내자. (맨 뒤 구석에 앉은 봉석 보며) 다행히 아는 친구가 한 명 있네. |

학생들의 시선이 봉석에게 쏠린다.
봉석이 습관처럼 물을 마시다가 컥 한다.
부러움과 의아함이 섞인 시선들에 봉석의 얼굴이 벌게진다.

| 희수 | (다짜고짜) 너희들 중에 이 학교에 언니 누나나 아는 선배 있니? 나 교복 물려받고 싶은데. 아니면, 싸게라도. 아니다. 한 학기만 대여가 낫겠다. |

학생들이 서로의 얼굴을 본다. 모두 조용하다.

| 희수 | (일환 보며) 거봐요. 없다잖아요. |
| 일환 | (왜 나한테 그러냐는) 들어가서 앉어…. |

희수가 교실 맨 뒤로 가서 강훈의 뒷자리에 앉는다.
희수가 자리에 앉다가 건너 줄의 봉석과 눈이 마주친다.
피식 웃으며 스치듯 눈길 주는 희수.
괜히 얼굴이 벌게진 봉석이 고개를 돌린다.

| 일환 | (출석부 챙기며) 수업 준비들 해라. |
| 학생들 | (일동 아우성) 허얼. 개학 날 수업을 왜 해요~~!!! |
| 일환 | 니들 고3이야. |
| 학생들 | 우우~~!! |
| 일환 | 단축수업. 오전만 한다. |

**학생들** 이예~~!!

## #39 국정원 / 실외 / 실내 (오전)

서울 내곡동. 번듯한 국정원 건물들을 지나 안쪽으로 들어가면 제3별
관 건물이 있다.
유난히 낡은 제3별관의 복도 끝에 기획판단실 팻말이 보인다.

## #40 국정원 / 기획판단실 (오전)

민용준 차장이 여운규 팀장의 보고를 받는다.
민 차장의 책상 위 명패 [국가안전기획부 제5차장 민용준] 한 귀퉁이가 깨
져 있다.

**민 차장** (눈 감은 채) 진천이 죽었다고?

**여 팀장** 네. 한 시간 전이었습니다.

**민 차장** 사인은?

**여 팀장** 추락사. 하지만 위장된 교살로 판단됩니다. 목이 졸려 목뼈가 부러진
상흔이 있습니다. 은신처에서 격렬한 격투의 흔적을 확인했습니다.

민 차장이 눈을 뜬다.
안경 렌즈 속으로 보이는 민 차장의 날카로운 사시안(斜視眼).

**민 차장** 어느 쪽이지?

**여 팀장** 확인 중입니다.

**민 차장** (인상 찌푸리는) 상황이 이상하게 돌아가는군.

민 차장이 잔뜩 찌푸린 얼굴로 책상 위에 놓인 신문의 헤드라인을 본다.
[남북고위급회담 - 3차 남북정상회담 9월 내 평양 개최 합의] - 2018.08.13.

**민 차장**  (어디를 보는지 알 수 없는 눈) 요즘 같아선 한 치 앞을 알 수 없으니… 어디서 뭐가 움직이기 시작한 건지 알아봐.

**여 팀장**  네.

**민 차장**  진천의 사후 처리는.

**여 팀장**  언론에 노출되지 않도록 단순 사고사로 마무리했습니다. 인터넷도 모두 정리했습니다. (주저하는) 그런데, 다만…

**민 차장**  (눈 치켜뜨며) 다만. 또. 뭐.

**여 팀장**  SNS가 문제입니다. 요즘은 다들 스마트폰으로 어디서나 SNS를 하니 통제가 어렵습니다. 눈이 있는 곳엔 반드시 카메라가 있습니다. 사람들이 사건을 목격하면 어디서든 순식간에 SNS에 올립니다. 정리는 가능하지만 약간의 시간 지연이 불가피합니다.

**민 차장**  통제가 안 되는구만. (신경질적으로 돌변하는) 시대가 좆같이 변했어.

**여 팀장**  (바짝 긴장하는)

**민 차장**  (사시안으로 명패를 보며) 역시 옛날이 좋았어.

## #41 봉석 집/2층 (오전)

미현이 세탁기 앞에서 스마트폰을 들여다본다. 인스타그램 검색창.
그동안 검색했던 최근 검색어들이 해시태그와 함께 숱하게 저장되어 있다.
#사고 #사건 #RIP #사망 #의문사 #경찰 #혐주의 #119 #목격 #현장 #제보…
미현이 화면들을 일일이 캡처하는데 진천의 사고 현장 사진도 있다.
폰 화면들을 캡처하며 안방으로 걸어가는데, 미현의 귀가 쫑긋한다.

## #42 봉석 집/1층/식당 (오전)

등산복 차림의 (불륜으로 보이는) 중년 남녀가 식당 문을 빼꼼 열고 들여다본다.

**등산남**  (들어서며) 영업 안 하나?

**등산녀**  (속삭이는) 오빠. 난 이런 데 말구, 좀 근사한

**등산남**  하긴 이런 곳에 식당이 있

**미현**  (2층 계단에서 우당탕탕 뛰어 내려오며) 영업합니다아!

**등산녀**  어이구 깜짝이야.

**미현**  앉으세요. 메뉴는 돈까스와 왕돈까스 두 종류예요.

**등산녀**  (중얼) 그냥 돈까스 하나만 파는 거네….

**미현**  (천연덕스럽게) 뭐 드시겠어요?

**등산남**  (벽의 메뉴판을 보면 돈가스와 왕돈가스뿐이다) 어떻게 달라요?

**미현**  다 같은데 왕은 크기가 왕이고요.

**등산녀**  (중얼) 맞네. 돈까스 하나만 파는 거네… 보통이랑 곱빼기….

**등산남**  여긴 돈까스, 난 왕돈까스.

**미현**  네.

**등산녀**  (남자에게 난 왜 왕이 아니냐는 표정)

**등산남**  (주방으로 들어가는 미현에게) 근데 우리 온 거 어떻게 알았어요?

**미현**  (대수롭지 않은) 문 위에 방울 있잖아요.


중년 남녀가 현관문 위에 걸린 작은 방울을 본다.

2층에서 저게 들리나. 갸우뚱한다.


## #43 국정원/기획판단실 (오전)

민용준 차장이 책상 위에 놓인 난초 화분을 물끄러미 바라본다.


**민 차장**  품종관리는.

**여 팀장**  (무슨 말인가 하다가, 난초 화분 보고) 옮겨심기 모두 마쳤습니다.

**민 차장**  재배를 서둘러야겠어.

**여 팀장**  지시해두겠습니다.

# #44 정원고등학교/진학지도실 (오전)

책상 앞에 앉아 있는 일환의 뒷모습.

일환의 어깨 너머, 책상 위에 놓인 학적부와 희수의 학생 신상카드.

학적부와 희수의 신상카드 옆에 언뜻 보이는 주황색 파일(NTDP).

일환이 주황색 파일의 서류에 희수의 전학 날짜를 수기한다.

그때, 뒤에서 문 열리는 소리.

**(E)**    드르륵.

**일환**    (뒤도 안 돌아보고, 서류 몸으로 가린 채 ) 노크.

성욱이 문 앞에서 멈칫 선다.

뒤도 돌아보지 않는 일환의 뒷모습이 고요하다.

성욱이 문을 닫고 다시 노크하면, 그사이에 일환이 서류를 (학적부 사이에) 감춘다.

**성욱**    왔습니까.

**일환**    (돌아앉으며 끄덕)

**성욱**    입시반 됐습니까.

**일환**    (끄덕)

한마디 말도 없이 고개만 끄덕이는 일환.

성욱과 말을 섞지 않는 느낌이다.

**성욱**    체력 테스트하겠습니다.

**일환**    내가 해.

**성욱**    나도 체육 담당이에요. 저번 일은 사고였을 뿐인

**일환**    (말 끊는) 내가 해. 내가 담임이야.

성욱  나 부담임입니다.

일환  기간제지.


둘 사이의 공기가 불편하다.
일환은 의자에 돌아앉은 채 책상을 가리고 있다.
성욱이 못마땅한 표정으로 미묘한 각을 세운다.


성욱  테스트 참관은 하겠습니다.

# #45  정원고등학교 / 교실 (오전)

수업 시간. 희수가 맨 뒷자리에 앉아 있고, 건너 건너 창가에 봉석이
앉아 있다.
혼자 다른 교복을 입은 희수. 봉석이 은근히 신경 쓰이는지 희수를 곁
눈질한다.
그때 옆머리를 넘기던 희수와 눈이 마주친다.
봉석이 화들짝 놀라 못 본 체하다가 다시 슬그머니 곁눈질하면


봉석  흡.


희수가 팬터마임처럼 유리벽 짚고 얼굴이 눌리는 표정을 한다.
봉석이 다시 고개를 홱 돌린다.
희수가 픽 웃으며 다시 칠판으로 고개를 돌린다.
봉석이 창밖으로 고개를 돌리는데, 반사된 유리창에 희수가 비친다.
옅게 웃으며 노트 필기하는 희수의 얼굴.
봉석이 가만히 유리창에 반사된 희수의 옆모습을 본다.


(E)  두근. 두근. 두근. 두근….

보면 볼수록 참 예쁘다.

**(E)**    두쿵. 두쿵. 두쿵. 두쿵….

하품하는 모습도 예쁘다.
순간, 의자에 앉은 봉석의 엉덩이가 들썩인다.
봉석이 양손으로 책상을 콱 움켜쥔다.
책상 가방걸이에 걸린 묵직한 가방.
봉석의 표정이 내가 왜 이러지 혼란스럽다.

**봉석**    (입 모양으로만 꿍얼꿍얼) 3.1415926535 897…

## #46 [몽타주] 오전 오후 시간 경과

**cut to_** 하늘에 떠 있는 노란색 '분양' 애드벌룬.
**cut to_** 재개발지구 공사장. 포크레인이 땅을 파는데 작은 싱크홀이
생기고 공사장 인부들이 놀라서 물러선다.
**cut to_** 주방에서 설거지하는 미현.
**cut to_** 다정하게 팔짱 끼고 걷다가 차가 지나가자 얼른 떨어지는 불
륜 남녀.
**cut to_** 무료한 표정으로 버스 운전 중인 전계도.
**cut to_** 등원 버스에서 하차하는 아이들을 맞이하는 부모들.

## #47 정원고등학교/교실 (오후)

**(E)**    딩동댕동~ ♪♬

수업 끝나는 종소리에 강훈이 핸드폰 수거함을 꺼낸다.
학생들이 강훈에게 몰려가 핸드폰을 받는다.

봉석이 오줌 마려운 표정으로 가방을 느릿느릿 챙기고 있다.
희수가 봉석을 힐끗 보는데 강훈이 부른다.

| | |
|---|---|
| **강훈** | 장희수. |
| **희수** | 나 핸드폰 안 맡겼는데? 난 핸드폰 없어. 안 써. |
| **강훈** | (다가와서 열쇠 주며) 강당 열쇠야. 선생님께서 너 주래. 열쇠가 두 개니까 하나는 니가 갖고 있으면 돼. |
| **희수** | (받으며) 아. 오늘 당장? |
| **강훈** | (앞서가며) 너 안내해주라셨어. 따라와. |
| **희수** | 지금 당장? |
| **강훈** | 보고 판단해. 하루라도 빨리 결정하는 데 도움이 될 거라고 하셨어. |

희수가 봉석을 힐끔거리면서 강훈을 따라간다.

# #48 정원고등학교 / 강당 (오후)

희수가 강당을 둘러본다. 크고 넓고 천장은 높다.
한쪽에 온갖 운동기구가 쌓여 있다.

| | |
|---|---|
| **희수** | (와우) 이건 강당이 아니라 거의 체육관이네…. |
| **강훈** | 우리 학교는 운동장이 흙바닥이라 실내 체육시간이 많아. |

희수가 강당 한쪽에 쌓여 있는 운동용품들을 바라본다.
매트, 라바콘, 서전트 점프대, 메디신 볼 등등 체대 입시 훈련용품들이
완비되어 있다.
희수가 가방에서 실기 종목 리스트를 꺼내 읽어본다.

| | |
|---|---|
| **희수** | (리스트 읽는) 달리기. 윗몸일으키기. 던지기. 서전트 점프… (리스트 챙 |

기고) 반장. 너 열쇠 하나 더 있다고 했지?

**강훈**  응.

**희수**  (주머니에서 고무줄 꺼내며) 그럼 나 여기 몇 바퀴 뛰어봐야겠다.

**강훈**  응.

**희수**  나 뛸 건데?

**강훈**  응?

**희수**  (머리 묶으며) 뛰어도 보고, 점프도 해보고, 이것저것 해보게. 너 먼저 가라고. 내가 문 잠그고 갈게.

강훈이 그제야 희수의 교복 치마를 본다.

**강훈**  그럼, 먼저 간다. 문 잠그고 가. (돌아서는)

**희수**  (건성으로) 응.

강당을 나가던 강훈이 힐끗 뒤를 돌아보면,
희수가 눈을 감고 심호흡을 하고 있다.
강훈이 뭐라고 말을 더 하려다가 돌아선다.
강당을 나가면서 강당 불을 전부 켜준다.

# #49  정원고등학교/남자 화장실 (오후)

봉석이 대걸레를 쥐고 화장실 안으로 들어온다.
오금을 좁혀 엉거주춤 들어온 봉석이 다급하게 지퍼를 내리고 소변기에 오줌을 싼다.
지루할 정도로 오래도 나오는 오줌.
봉석이 흐아아아아 살 것 같은 한숨을 쉰다.
오줌이 나올수록 봉석의 발이 가벼워지는 느낌이다.
소변을 다 눈 봉석이 보조 가방에서 빈 물병을 꺼내 물을 가득 받는다.

가방을 앞뒤로 걸고 메고, 화장실 청소를 시작한다.

## #50 정원고등학교/진학지도실 (오후)

(E) 똑똑!

노크 소리가 들리고 강훈이 들어온다.

강훈 (핸드폰 수거함 내려놓으며) 핸드폰은 없답니다.

일환 그래? 알았다.

강훈 (조심스럽게) 선생님. 장희수… 저와 같은… 과가 맞나요?

일환 너희 문과 맞잖아.

강훈 그게 아니라….

일환 (웃는) 알아. 알아. 좀 더 지켜봐야지. (보다가) 왜?

강훈 궁금해서요.

일환 (웃는) 하긴.

강훈 (왠지 쑥스러운)

일환 (웃는) 안 가니. 오늘 야자도 없는데.

강훈 자율학습실에서 공부 좀 하다 갈게요.

일환 (보다가) 그래라.

강훈이 문을 닫고 나간다. 일환이 옅은 한숨을 쉰다.

## #51 정원고등학교/운동장 (오후)

학생들이 삼삼오오 몰려서 교문 밖으로 나간다.
하교하는 학생들이 썰물처럼 빠져나가고 운동장이 텅 빈다.

## #52 정원고등학교/강당 (오후)

희수가 양 무릎을 짚고 숨을 몰아쉰다.

바닥에 떨어지는 땀방울들을 물끄러미 바라보는 희수.

갈등하는 표정이다.

허리를 펴고 텅 빈 강당을 돌아본다. 결정의 순간에 아무도 없다.

## #53 정원고등학교/화장실 앞/복도/계단 (오후)

희수가 여자 화장실에서 나오다가, 남자 화장실에서 나오는 봉석과
마주친다.

**봉석/희수** (동시에) 어?

**봉석**　너 여기서 뭐 해.

**희수**　(세수해서 말간 얼굴로) 난 강당에서 운동했는데?

**봉석**　운동?


희수의 교복이 잔뜩 땀에 젖어서 살짝 속옷이 비친다.

봉석의 얼굴이 살짝 붉어진다.


**희수**　너야말로 여태 안 가고 뭐 해. 오늘 개학이라 야자도 없잖아.


봉석이 얼른 손을 뻗어 화장실 문손잡이를 움켜쥔다.


**희수**　똥 쌌어?

**봉석**　응? 아, 아닌데?

**희수**　변비냐?

**봉석**　(화끈) 아, 아니거든.

**희수**　아닌데 왜 얼굴이 빨개?

**봉석**　화장실 청소하느라! 나 오늘 지각해서 여태 화장실 청소했거든!

| 희수 | 아. 지각. (오전 일이 생각나는지) 크크. 난 또. 너 아침부터 똥 마려운 것마냥 이상했잖아. 물도 많이 마시고. |
|---|---|
| 봉석 | (희수의 웃는 얼굴을 멍하니 보는) |
| 희수 | (돌아보며) 뭐 해. 안 가? |
| 봉석 | (문손잡이 잡은 손을 살짝 놓으며 불안한 표정) 으응. 가야지. |
| 희수 | (왜 저래) |

봉석과 희수가 계단을 걸어 내려온다.
희수가 봉석의 젖어 있는 바짓단을 힐끗 본다.
봉석은 바짓단 속에 감춘 모래주머니를 들킨 건가 싶어 찔끔한다.

| 희수 | 다 젖었네. 화장실 청소 시킨다고 진짜로 하네. 설마 확인하겠니. 심지어 고3인데. (봉석의 젖은 바짓단 보며 웃는) 너 진짜 고지식하다. |
|---|---|

봉석이 자신을 놀리며 웃는 희수를 본다. 웃으니까 더 예쁘다.

| (E) | 두근. 두근. 두근. 두근. |
|---|---|

봉석이 손을 뻗어 계단 난간을 움켜잡으며 걸어 내려간다.

| 봉석 | (불쑥) 가방 안 무거워? |
|---|---|
| 희수 | 가방? 좀 무겁지. 난 오늘 시간표도 몰라서 이것저것 다 싸 왔거든. |
| 봉석 | 내, 내가 들어줄게. |
| 희수 | 뭐래. 니가 내 가방셔틀이야? |
| 봉석 | (둘러대는) 니가 아침에 내 가방 들어줬잖아. 내 차례야. |

희수가 쿰쿰한 냄새에 제 몸을 보면 온통 땀에 절어 있다.

| 희수 | (옜다 가방 건네며) 그래 그럼. 안 그래도 끈적끈적한데 잘됐네. |
|---|---|

봉석이 희수 가방을 건네받아, 제 가방까지 앞뒤로 메고 나서야 조금
안심한다.
둘이 함께 계단을 걸어 내려간다.

## #54 정원고등학교/운동장/수위실 (오후)

봉석과 희수가 텅 빈 운동장을 걸어간다.

| 봉석 | 그래서 운동했구나…. |
|---|---|
| 희수 | (선뜻) 응. 체대 가기로 결정했어. |
| 봉석 | (멈칫) 음? |
| 희수 | (힐끗) 왜? |
| 봉석 | 아니야. |
| 희수 | 뭔데? 말해봐. |
| 봉석 | (주저하는) 아니… 주제넘은 것 같아서. 우리가 막 친한 것도 아니고. |
| 희수 | 우리 친해진 거 아니었어? |
| 봉석 | 아무것도 아니라니까. |
| 희수 | 야. 가방 내놔. |
| 봉석 | (흠칫, 가방 꼭 끌어안는) |

희수가 멈춰 서서 빤히 쳐다보며 표정으로 추궁한다.

| 봉석 | (자꾸 눈 피하다가) 그래도 돼? |
|---|---|
| 희수 | 뭘. |
| 봉석 | 체대 가는 거. |
| 희수 | 안 될 건 뭐야. 어차피 대학 가는 게 목적인데. |

**봉석**  그래도….

**희수**  뭐가 그래돈데?

**봉석**  후회하지 않게, 좀 더 고민해보고 결정하는 게 좋지 않을까.

**희수**  2학기야. 우린 고3이고. 고민해볼 시간이 없어. 난 그냥 아무 대학이
나 나와서 취직하고 돈 벌 거야. 결정은 빠를수록 좋아. 나는 어떻게
든 대학만 붙으면 후회 안 해.

**봉석**  지금 하는 건 후회가 아니야. 나중에 하는 게 후회지.

**희수**  아무리 신중해도 후회는 생겨.

**봉석**  그래도 미안하잖아.

**희수**  누구한테.

**봉석**  너한테.

희수가 봉석을 본다. 봉석은 떠듬떠듬 말하지만 한없이 진지하다.

**봉석**  좀 더 고민을 해보라는 거지. 지금의 충동적인 결정은 나중의 나에게
고민을 떠넘기는 거니까. 나중의 내가 지금의 나를 원망하지 않도록.

희수는 어느새 봉석의 말보다 봉석의 표정을 본다.

**봉석**  (툭) 내가 나를 원망하는 건 참 힘들어.

**희수**  (갸우뚱)

봉석의 무거운 발이 클로즈업된다.
희수와 나란히 걷던 봉석의 걸음이 느려진다.
희수도 걸음을 늦춰 보조를 맞춘다. 둘 다 생각에 잠겨 나란히 걷는다.

**희수**  (혼잣말처럼) 너 되게 고지식한 거 알지.

**봉석**  (입 삐죽)

희수가 피식 웃으며 교문을 나가고, 가방들을 둘러멘 봉석이 뒤뚱뒤
뚱 따라간다.
둘의 사이가 좋아 보인다. 수위실 안에서 황지성이 내다보고 있다.

## #55 정원고등학교/화장실 (오후)

깨끗한 2층 화장실. 바닥과 소변기와 거울은 얼룩 하나 없이 깨끗하다.
개수대에 곱게 편 걸레가 걸려 있고, 수도꼭지까지 깨끗이 닦았는지
반짝반짝하다.
깨끗이 빨아서 기대놓은 대걸레 두 자루가 나란히 서 있다.

## #56 학교 앞 버스 정류장 (오후)

버스가 정류장에 들어온다.
봉석이 나서는데 희수가 버스 노선표를 보고 있다.

**봉석**  안 타?

**희수**  나 갈 데 있어. 딴 거 타야 돼.

**봉석**  (살짝 아쉬운)

**희수**  (불쑥) 고마워. 니 말대로 좀 더 고민해보지 뭐. 내일 만나자.

**봉석**  응.

버스 문이 열리면 계도가 운전석에 앉아 있다.
희수와 봉석을 보고 싱긋 웃는다.

**계도**  또 보네.

**봉석**  (반갑게) 안녕하세요! (버스에 올라타는)

버스가 출발하고, 봉석이 창밖으로 멀어지는 희수를 힐끔거린다.

## #57 시내버스/내부 (오후)

대낮의 버스가 한산하다. 봉석이 자리에 앉아 멍하니 생각에 빠진다.

**희수v.o** 고마워. 니 말대로 좀 더 고민해보지 뭐. 내일 만나자.

봉석의 머릿속에서 자꾸 되뇌어지는 희수의 말.
앞말은 다 날아가고 뒷말만 남는다.

**(v.o)** 내일 만나자. 내일 만나자. 만나자. 만나자…… (에코)

봉석의 얼굴이 붉어진다.
승객도 별로 없는데 누가 볼세라 창밖으로 고개를 돌린다.
멈칫, 유리창에 기름기로 얼룩진 얼굴 눌린 자국이 보인다.
누가 봐도 자기 얼굴이다.
슬그머니 손을 뻗어 유리창을 삐이이이익 닦는다.

## #58 [몽타주] 학원가/여러 곳의 실내/거리 (오후)

보습학원의 간판들이 스쳐 지나가고 희수의 모습이 겹친다.

**cut to_** 희수가 학원상담실에서 학원비 상담을 받는다.
**cut to_** 희수의 메모. 수학. 과탐. 과목당 월 40만 원.
**cut to_** 학원에 들어가는 학생들과 학원에서 나오는 희수가 엇갈린다.
**cut to_** 또 다른 학원에서 희수가 나온다.
**cut to_** 희수의 메모. 수학. 과탐. 과목당 월 38만 원.
**cut to_** 어두워지는 학원가. 수많은 학원 간판들.

**cut to_** 명멸하는 학원비 메모 - 과목당. 수학. 과탐. 35만 원. 30만 원. 32만 원⋯.

희수가 메모지를 들여다본다.
수많은 고민의 흔적이 보이는 빗금들과 동그라미와 엑스표들.
학원 간판들이 복잡한 거리 한복판에 희수가 우두커니 서 있다.

# #59 봉석 집/1층/식당 (오후)

(E)     딸랑~


현관문 위 방울이 울린다. 봉석이 식당 문을 열고 들어온다.


**봉석**     다녀왔습니다~

**미현**     (테이블 닦으며) 일찍 왔네.

**봉석**     개학 날이라 아쉽게 오전 수업만 하네요.

**미현**     (아쉽게?)


미현이 보면, 봉석의 표정이 어딘가 이상하다.


**미현**     학교에서 무슨 일 있었니?

**봉석**     (씨익) 개학했잖아요.

**미현**     (왜 저래)

**봉석**     (의자에 털썩 앉으며 히이 웃는) 오늘 좀 피곤하네요.

**미현**     대사하고 표정이 안 어울린다?

**봉석**     (딴소리) 모래주머니 무게 늘려주세요.

**미현**     (갸우뚱) 응. 이따 밤에 손봐줄게.

## #60 치킨집/외부 (저녁)

재래시장의 한구석에 있는 치킨집. 희수가 멍하니 간판을 올려본다.
불 꺼진 간판. 상호는 '신선한 치킨'. 유리창에 '오픈 준비中' 이면지가
붙어 있다.

## #61 치킨집/내부 (저녁)

희수가 둘러보면 한심하다. 테이블과 의자는 제각각이고 인테리어는
촌스럽다.
비좁은 공간에 주방 기구가 널려 있다. 주원이 돌아앉아 낡은 튀김 통
을 박박 닦는다.
튀김 통을 닦는 주원의 우람한 팔뚝에 동그란 흉터 두 개가 선명하다.

**희수**   그래서. 아빠. 가맹비 아끼려고 프랜차이즈 안 한다고?

**주원**   (튀김 통 닦으며) 어. 가맹비가 너무 비싸.

**희수**   (한숨) 아빠. 도대체 무슨 생각이야. 프랜차이즈도 못 버티는데 장사
경험도 없는 아빠가 뭘 어떻게 하려고 그래.

**주원**   열심히 하는 거지.

**희수**   자영업자들이 다 그렇게 망해. 다들 그렇게 생각하고 시작했다가 인
테리어비만 날리고 망한다고. 열심히? 열심히 해서 되는 거면 세상 사
람들 다 치킨집 하겠네. 다 자영업 하겠어.

**주원**   (여전히 등 돌리고 튀김 통 박박 닦으며) 인테리어비는 간판 값밖에 안 들
었어. 의자랑 테이블은 재활용센터에서 만 원씩 가져온 거고, 주방용
품은 이전 사장님이 구매하신 거라서 프랜차이즈에 반납 안 해도 된
다며 싸게 넘기셨어.

**희수**   (짜증 내는) 그 사람이 호구 잡은 거야! 반납도 안 되는 거, 아빠한테 돈
받고 넘긴 거라고! (볼수록 화나는) 테이블도 의자도 제각각 저게 뭐야!
요즘 식당들 인테리어 얼마나 예쁜데! 그리고 간판도! 이름도 너무 구

려!! 신선한 치킨이 뭐야? 죽은 닭이 신선해 봤자지!!

주원이 끙차 일어서서 뒤돌아본다.
얼굴과 몸에 온통 그을음과 세제 거품이 묻어 있다.
희수는 잔뜩 짜증이 나서 울상이다. 주원이 그런 희수를 보며 웃는다.

**주원**  (차분하게) 걱정하지 마. 아빠가 몸으로 더 뛰면 돼. 치킨도 진짜 신선
한 거 도매로 직접 사 오고, 배달도 아빠가 직접 나가면 돼.

**희수**  아빠 지독한 길치에 방향치잖아. 배달은 어떻게 할 건데.

**주원**  (웃는) 길 찾는 거야 핸드폰 내비 있는데 무슨 걱정이야. 다 마음먹기
에 달렸어. 아빤 진짜 열심히 할 거야.

**희수**  (울화통 터지는) 다들 시작할 땐, 다들 그렇게, 마음 단단히 먹고 시작한
다고! 그러면 뭐 해, 요즘 치킨집이 얼마나 많은데!

**주원**  괜찮아. 남들 전단지 한 번 돌릴 때 두 번 돌리면 돼. 남들보다 두 시
간 일찍 시작하고 두 시간 늦게 끝내면 돼. 너 알잖아. 아빠 몸 튼튼해.
(팔뚝 보여주며) 아빤 총알도 막는 사람이라니까? 아빠 몸으로 하는 건
다 잘해. 웃어 인마. 왜 인상을 써.

주원이 우람한 팔뚝을 보여주며 씨익 웃는다. 팔뚝에 동그란 흉터 두
개. (c.u)
하지만 희수에겐 애써 잔뜩 웃느라 눈가에 가득 잡힌 아빠의 주름만
보인다.

**희수**  (속상한) 아빠 뭐가 그렇게 즐거워? 가게가 이 꼴인데 웃음이 나와?

**주원**  (다시 뒤돌아 튀김 통 닦는) 즐겁지. 장사 잘돼서 돈 많이 벌 건데.

주원이 튀김 통을 뒤집다가 엄지손가락을 쿵 찧는다.

금세 엄지손톱이 들리고 피멍이 든다. 그래도 튀김 통을 마저 닦는다.

**희수**    돈 많이 벌어서 뭐 하게. 돈 많이 벌면 행복해져?

**주원**    우리 딸 하고 싶은 거 다 해주고, 사고 싶은 거 다 사주고, 먹고 싶은 거 다 먹게 해줘야지.

**희수**    (울컥) …그게 행복해?

**주원**    그럼.

**희수**    (울 것 같은 얼굴로) 그게 뭐야.

**주원**    그거 말고 뭐가 있어. 내가.

희수가 가만히 주원의 뒷모습을 본다.
허름하고 좁은 주방에 쭈그려 앉은 주원의 티셔츠는 낡아서 올이 나갔다.

**봉석v.o**    후회하지 않게, 좀 더 고민해보고 결정하는 게 좋지 않을까.

희수는 튀김 통을 닦느라 열중하는 주원을 한참 동안 말없이 바라본다.
주원은 서투른 몸짓임에도 그저 힘으로 열심히 닦는다.

**희수**    아빠.

**주원**    (돌아보지 않고) 응.

**희수**    나 돈 필요해.

**주원**    (그제야 고개 돌리며) 응?

주원이 이마의 땀을 닦으며 말한다.
피멍 든 엄지손톱이 어느새 아물었다.

**주원**   (짐짓 괜찮은 척) 그, 그렇지. 전학도 왔고 이제 고3 마지막 학기니까 돈 들어갈 데가 많겠지. (호기롭게) 그래. 뭐? 얼마나 필요하니?

**cut to_ 메모**

희수의 뒷주머니에 살짝 삐져나온 메모지. 여러 학원에서 상담받은 수강료들. 고민의 흔적들이 느껴지는 동그라미 빗금 엑스표들.

**희수**   교복 새로 사야 해서. 15만 원.
**주원**   (슬며시 안도하는) 그래. 그래. 교복 사야지.
**희수**   운동복. 아니, 체육복도 사야 돼. 6만 원.
**주원**   (활짝 웃으며) 그래. 그까짓 거. 아빠가 다 사줄게. 내일 당장 사.


주원이 활짝 웃자, 눈가에 주름이 잡힌다.
주원의 웃음에 희수도 활짝 웃는다.
희수의 눈가에 살짝 눈물이 맺힌다.

**희수na**   후회하지 않아.


희수의 뒷주머니에 메모지가 아슬하게 걸렸다.

## #62 정원고등학교/자율학습실 (저녁)

칸막이 책상들로 채워진 공간.
강훈이 텅 빈 자율학습실에서 혼자 공부 중이다.
언뜻 보이는 강훈의 교재는 수능 교재가 아닌 공무원 수험서다.
창밖이 어두워져서 벽시계를 보면 7시를 넘어간다.
강훈이 한숨을 쉬며 가방을 챙겨 일어난다.

## #63 치킨집/내부 (저녁)

희수와 주원이 좁은 주방에 쭈그리고 앉아서 식기들을 닦고 있다.
부녀가 열중하는데 쭈그리고 앉은 뒷모습이 닮았다.

주원 (그릇 닦으며) 학교는 어때?

희수 (그릇 닦으며) 괜찮아. 선생님도 좋고, 친구도 좋고.

주원 친구? 벌써 친구를 사귀었어?

희수 응. 하루 만에 되게 가까워진 느낌이랄까.

주원 누구냐? 남자애? 여자애?

희수 (말 돌리는) 아빠, 간판 불 안 켜?

주원 어? 그런가? 아직 영업 시작도 안 했는데.

희수 그래도 잘 들어오나 켜봐야 알지. 내가 켤게.

## #64 치킨집/외부 (저녁)

치킨집 간판에 불이 환하게 켜진다.

## #65 봉석 집/외부 (저녁)

건물 위 옥상의 '남산 돈까스' 간판에 불이 들어온다.
간판 불빛 뒤로 저녁노을이 곱게 퍼진다.
식당 안에서 모자의 대화 소리가 들린다.

봉석v.o 엄마, 간판 불 내가 켰어요.

미현v.o 벌써 시간이 그렇게 됐나. 저녁 뭐 먹을래?

봉석v.o 돈까스 주세요. 나 좀 많이 먹어야 할 것 같아요.

미현v.o 왕왕으로 줄게.

## #66 치킨집/주방 (밤)

주방 도구들을 정리하는 주원과 희수.
어설프게 설거지하다 맥주컵을 깨먹는 주원.
저리 비키라며 아빠를 타박하는 희수.
세제 거품이 잔뜩 묻은 얼굴로 찔끔하는 주원.
희수가 웃는다. 희수의 웃는 얼굴.

## #67 언덕길 (밤)

강훈의 무표정한 얼굴.
강훈이 말끔한 편의점 앞을 지나서 언덕길을 오른다.
생각에 잠긴 강훈의 얼굴 위로 과거 회상이 겹쳐진다.


**플래시백_ 강훈의 회상 - 진학지도실 [모노톤]**

일환   2학기에 전학생이 올 거야.

강훈   찾았나요?

일환   그래. 이름은 장희수다.

강훈   장희수….

일환   (보다가) 오래 기다렸겠구나. 가깝게 지내도 된다.

강훈   (쳐다보는)


언덕 밑 편의점의 밝은 불빛에 비해, 언덕 위 마트의 불빛은 까물하다.
조그만 마트에 '훈이네 슈퍼마켓'이라는 간판이 걸려 있다.
슈퍼마켓 앞 평상에 빛을 등진 재만이 웅크리고 앉아 있다.

## #68 강훈 집 앞/슈퍼마켓 (밤)

마트 앞 평상. 목 늘어난 티셔츠를 입은 이재만이 꾸부정하게 앉아 있다.
재만의 손목에 오래되고 낡은 돌핀 전자시계가 채워져 있다.
때마침 손목시계에서 알람이 울린다. [PM 08:00]

(E)      삐빅!

알람 소리에 고개를 들면 강훈이 앞에 서 있다.
재만이 강훈을 보고 희미하게 웃는다.

**재만**    (어눌한 말투) 강훈이 왔니….
**강훈**    (건조한 말투로 꾸벅) 네. 아버지. 다녀왔습니다.

# #69   봉석 집 / 1층 / 식당 / 주방 / 홀 (밤)

미현이 고기 망치로 돼지고기를 다진다.
봉석이 홀에서 수저통을 정돈한다.
'딸랑~' 손님이 들어오자 미현과 봉석이 동시에 "어서 오세요~" 밝게
인사한다.
현관 유리에 붙어 있는 안내판. [심야영업]

# #70   버스 정류장 종점 (밤)

막차 버스들이 줄지어 주차하며 시동을 끈다.
운전석의 전계도가 고무장갑을 벗으며 기지개를 켠다.

# #71   봉석 집 / 2층 / 안방 (밤)

미현이 재봉틀 앞에 앉는다.
재봉틀 옆에는 커다란 반짇고리 바구니가 있다.
모래주머니 두 개를 촘촘하게 이어 붙여 박음질하며 재봉질한다.
재봉틀 페달 밟는 소리와 잔잔한 배경음악이 은은하게 섞인다.

# #72   봉석 집 / 외부 전경 (밤)

늦은 밤에도 간판 불을 켜둔 봉석의 집.

하늘 위에서 보면, 불빛 적은 마을에 커다란 '남산 돈까스' 간판 불빛
이 유난히 밝다.
간판 불빛 아래 보라색 옥상이 눈에 띈다.

## #73  [에필로그]

잔잔하게 흐르던 음악이 뚝 끊기고,

**(E)**　　처컹— 처컹— 처컹— 처컹—

미현이 밟는 재봉틀 소리가 배경으로 깔리며 봉석의 내레이션이 이어
진다.

**봉석na**　내겐 비밀이 있다.

재봉틀 페달질 하는 미현의 발.

**(E)**　　처컹— 처컹— 처컹— 처컹—
**봉석na**　엄마는 내가 남들과 조금 다를 뿐이라고 하셨다.

봉석 집 천장에 붙어 있는 스티로폼들.

**(E)**　　처컹— 처컹— 처컹— 처컹—
**봉석na**　자라나고 몸무게가 늘면서 조금씩 컨트롤할 수 있게 되었다.

책상 위. 봉석의 가방 속 덤벨 두 개.

**(E)**　　처컹— 처컹— 처컹— 처컹—

**봉석na** 하지만 여전히 작은 무게 변화에도 영향을 받았다.


재봉틀 페달질 하는 미현의 발.


**(E)** 처컹— 처컹— (소리가 작아진다)

**봉석na** 엄마는 내가 아주 어렸을 때부터 나를 지켜주셨다.


### 인서트_ #2

봉석이 앉은 아기 의자가 떠오르고, 의자를 밟는 미현의 발.


긴 여운 속에서 심장소리처럼 들려오는—


**(E)** 처컹— 처컹— 처컹— 처컹—


심장소리처럼 울리는 재봉틀 페달 소리.


**(E)** 처컹— 처컹— 처컹— 처컹—

**봉석na** 나는 감정의 변화에도 영향을 받았다.


봉석 방.

봉석이 옆방에서 들려오는 페달질 소리를 들으며 잠에 빠져든다.


**(E)** 처컹— 처컹— 처컹— 처컹— 처컹— 처컹—

**봉석na** 늘 감정을 다스려야 했기에 진지하고 고지식한 사람이 되었다.


### 인서트_ #45

희수의 얼굴 서서히 클로즈업.

**인서트_ #45**

희수가 옆머리를 넘기다가 봉석과 눈 마주치고 웃는다.

봉석의 잠든 얼굴에 서서히 미소가 번진다.

**봉석na** 나는 언제나 나를 컨트롤해야 했다.

봉석의 침대가 비어 있다.
비어 있는 침대 위로 고리 없는 이불이 툭 떨어진다.
카메라 멀어지며 방 전체가 보이면, 봉석의 몸이 방 한가운데 떠서 천
장에 붙어 있다.

**봉석na** 오늘은 망했다.

## #74 봉석 집/2층/안방 (엔딩 쿠키)

미현이 재봉틀에 앉아 페달을 밟는다.

**(E)** 처컹— 처컹— 처컹— 처컹—

페달 소리와 함께 미현이 인스타그램에서 검색했던 해시태그들이 자
막으로 지나간다.
#사고 #사건 #RIP #사망 #의문사 #경찰 #119 #목격…

**미현na** 시간이 지나서 다시 검색했더니 게시물들이 모두 사라졌다.
**(E)** 처컹— 처컹— 처컹—

미현이 재봉틀 옆의 반짇고리 바구니에서 총을 꺼낸다.

**(E)**    처컹— 처컹— 처컹—

재봉틀 페달질 소리에 맞춰 총을 분해한다.

**(E)**    처컹— 처컹— 처컹—

총기 분해 소리가 재봉틀 페달질 소리에 감춰진다.

**(E)**    처컹— 처컹— 처컹—

분해된 총을 능숙하게 다시 조립한 후 탄창을 채우고

**(E)**    처컹— 처컹— 처컹—

사격 자세를 취하는 미현의 결연한 표정에서.

제2화
부양

허공에 떠 있는 봉석의 발. (c.u)

카메라 멀어지면, 봉석이 햇살이 쏟아지는 파란 하늘의 하얀 뭉게구름 위에 떠 있다.

**두식v.o** (에코) 봉석아.

어디선가 굵고 낮은 목소리가 은은하게 들려온다.
봉석이 주변을 둘러보면, 여전히 모습은 보이지 않고 어디선가 목소리만 들린다.

**두식v.o** (에코) 봉석아….
**봉석** (중얼) 또 꿈이야….
**두식v.o** (에코) 봉석
**봉석** 나 꿈인 거 알고 있으니까 에코 좀 줄여주세요.
**두식v.o** (에코 줄어든) 봉석아.
**봉석** (꿈에서도 진지한) 네. 누구시죠. 자꾸 제 꿈에 나오시는데 얼굴이라도 보여줘야 하는 거 아닙니까. 매번 자꾸 제 이름만 부르지 마시구요. 하시고 싶은 말이 뭡니까.

문득, 봉석이 고개를 든다.
봉석의 위쪽, 더 높은 곳에, 사람의 실루엣이 떠 있다.
실루엣은 햇빛을 등지고 있어 누구인지 잘 보이지 않는다.
봉석이 잔뜩 찌푸리며 쳐다보는데 실루엣이 또다시 봉석의 이름을 부른다.

**두식v.o** 봉석아.

**봉석**  (누군지 알아내려고 눈에 잔뜩 힘주며) 네. 네. 저도 제 이름 아니까 무슨
말을 더 하시려는 건지 이제는 좀

**희수v.o**  (갑자기 희수 목소리로 바뀐) 나는 니 이름 모르는데?

**봉석**  (놀라며) 어…?

봉석의 시야가 빛에 익숙해지며 실루엣의 모습에서 희수가 드러난다.
희수가 양팔을 약간 벌린 천사 같은 모습으로 하늘에 떠서 봉석을 내
려다보고 있다.

**봉석**  (깜짝 놀라 올려다보며) 희수…?

**희수**  (봉석을 내려다보며) 거봐. 너는 내 이름 아는데, 너는 니 이름 안 가르
쳐줬잖아. 왜 안 가르쳐줘? 나랑 친해지기 싫어? (따지듯이) 그리고, 너
지금 여기서 뭐 해.

**봉석**  (어리둥절한) 응? 여긴 내 꿈인데…?

**희수**  (실망한 말투) 여태 자는 거야? 내가 내일 만나자고 했잖아.

**봉석**  어?

**희수**  오늘이 내일이야.

**봉석**  아…!

봉석이 희수에게 날아오르는데,

**(E)**  쿵…!!

**봉석**  (허공에 머리 찧은) 어억!

봉석이 손 내밀어 더듬어보면, 아무것도 없는데 하늘이 유리 벽처럼
막혀 있다.
봉석이 다시 날아오르려 애쓰지만, 벽에 막혀 연신 머리를 박을 뿐이다.

(E)    쿵…! 쿵…! 쿠웅…!

하늘 위에선 희수가 뭐 하나는 표정으로 내려다본다.
봉석이 이를 악물고 다시 힘껏 날아오른다.

**봉석**    (힘껏) 이야아아!!!

## #2    봉석 집/봉석 방 (아침)

(E)    꾸웅…!!

봉석의 시야에 확 들어오는 (스티로폼이 덧대어진) 천장 무늬.
봉석의 몸이 떠서 천장에 얼굴을 박치기한다.

**봉석**    (놀라는) 어…? (몸을 뒤집으며 추락하는) 으아아아!
(E)    투웅!!!

침대 위로 떨어져 엎어진 봉석. 그 위로 떨어지는 스티로폼 조각들.

## #3    봉석 집/1층/주방 (아침)

주방 천장의 형광등이 흔들린다.
아침밥을 차리던 미현이 천장을 우두커니 올려본다.
식탁 위에 퍼놓은 봉석의 밥공기는 이미 고봉이다.

**미현**    (천장 보며 절레절레) 안 되겠어….

미현이 고봉밥 위에 밥을 한 주걱 더 얹는다.
고봉에 고봉이 된 봉석의 공깃밥.

타이틀 '무빙'이 뜨고, 따뜻한 밥의 하얀 김이 글자가 되어 '제2화: 부양'이 떠오른다.

## #4 봉석 집/옥상 (아침)

옥상 빨랫줄에 이불과 시트가 널려 있다. 먹구름 낀 하늘이 흐리다.

## #5 봉석 집/봉석 방 (아침)

봉석이 침대에 떨어진 자세 그대로, 잠이 덜 깬 눈으로 멍하니 엎어져 있다.

빨갛게 부은 코에 살짝 코피가 맺힌 봉석. 엎드린 채 자기 손을 물끄러미 쳐다본다.

봉석의 손이 아기 때 봉석의 손과 디졸브된다.

## #6 [과거] 1화 프롤로그 시골 읍내 거리 (밤)

[자막: 2003년 겨울] 어린 봉석이 자신의 작은 손을 보고 있다.

어린 봉석이 미현의 등에 업혀 있다.

봉석이 작은 손으로 미현의 등을 쓰다듬는다.

미현이 캐리어를 끌고 눈 내리는 거리를 힘겹게 걸어간다. [1화 #1]

쌓인 눈 위에 캐리어 자국이 남는다.

용달 트럭이 옆을 지나가며 바퀴 자국을 남긴다.

**봉석na** 엄마는 아주 오랫동안 나를 업어서 키우셨다.

허옇게 내리는 눈발 사이로 미현의 뒷모습이 멀어진다.

## #7 봉석 집/1층/식당 홀 (아침)

식탁에 앉아 있는 미현의 뒷모습.

맞은편에 봉석이 코에 휴지를 박고 멍하니 앉아 있다.

미현  (봉석 코 보며) 무슨 꿈을 꿨길래 코피가… 아니다. (다 안다는 듯) 니 나이에 그럴 수 있지 뭐. 건강하네. 얼른 밥 먹어라.

봉석  (머엉) 에…? (화들짝) 아니거든요! 천장에 머리 박은 거라니까요!

미현  그래. 머리. 넌 코가 정수리에 달렸니.

봉석  (진지한) 아니요. 그게 아니라, 머리를 여러 번 박았고요, 그 와중에 코도 박은 거예요. 머리는 사전적 단어로 사람의 목 윗부분을 말하는 거예요. 그러니까 이목구비, 얼굴까지 포함해서 머리라고 하는 거죠.

미현  (밥 먹으며) 우리 아들은 아는 게 저렇게 많은데 왜 공부는 못할까.

봉석  (계속 설명하는) 머리, 하면 일반적으로 머리카락을 떠올리기 때문에, 이마 윗부분의 모발이 나 있는 부분을 생각하지만요, 앞서 말했듯이

미현  (싹둑) 어 그래. 먹어.


미현이 밥을 먹으며 여전히 핸드폰을 본다.
식탁에, 두 사람이 먹기엔 너무 많은 가짓수의 반찬이 그릇마다 넘치게 담겨 있다.


봉석  (고봉밥 쳐다보며) 근데 이거 너무 많은 거 아니에요?

미현  (먹으며) 너 몸무게 줄어서 천장에 머리 박은 거야. 다 먹어.

봉석  (한숨) 그래도 이건 너무 많

미현  (폰 보며) 잘 때도 모래주머니 채운다. 먹어.

봉석  (쩝쩝쩝)

미현  천천히, 꼭꼭 씹어서, 다 먹어. 가방은 내가 챙겨줄게.


미현이 국에 밥을 말아 서둘러 숟가락을 뜬다.
봉석이 그 모습을 가만히 바라본다.

급하게 먹는 미현을 보는 봉석의 눈이 깊어진다.

**봉석na** 그때의 엄마 표정이 어렴풋이 기억난다.

## #8 [과거] 시외버스터미널/식당 - 밤/1화 #2

봉석이 칭얼거리며 꿈틀거리자, 아기 의자가 바닥에서 떠오른다.
미현이 테이블 아래로 발을 뻗어 봉석이 앉은 아기 의자를 지그시 누른다.
어린 봉석이 울음을 터뜨리려는데, 초췌한 몰골의 미현이 물끄러미 봉석을 보더니―

**미현** 봉석아. 엄마 힘들어.

미현이 볼에 음식을 잔뜩 문 채 무표정한 얼굴로 봉석을 쳐다본다.
칭얼거리던 봉석이 엄마 얼굴을 보고 울음을 멈춘다.

**봉석na** 엄마는 울고 있었다.

무표정한 미현의 눈가에 눈물이 맺혀 있다.
울음을 참는 미현의 입술이 떨린다.
어린 봉석의 눈에 엄마의 눈물이 각인된다.
미현의 눈에서 눈물방울이 떨어진다.

## #9 봉석 집/옥상 (아침)

빗물 방울이 떨어진다.
하나둘 떨어지더니 이내 후두둑, 봉석의 집 옥상에 빗방울들이 떨어진다.

**봉석 집 / 1층 / 식당 홀 (아침)**

미현이 귀를 쫑긋하더니 응? 하는 표정으로 갑자기 눈을 치켜뜬다.

**미현** (자리를 박차고 일어서며) 으악 젠장. 야! 옥상 이불 빨래!

**봉석** (얼결에 따라 일어서며) 네? 네. 네! (밥알 튀는)


봉석과 미현이 우당탕 와당탕 앞서거니 뒤서거니 계단으로 달려간다.
봉석은 제 다리에 걸려 자빠지고, 미현은 봉석을 밟고 넘어가고, 난장
판이다.
모자가 좁은 계단에서 우스꽝스럽게 엉킨다.
마음만 급한 봉석이 계단에 걸려 또 넘어지고, 미현은 그 와중에 호탕
하게 웃는다.


**봉석na** 그날 이후 엄마가 우는 걸 보지 못했다.

## #11 [과거 시점 시작] 배드민턴장 / 외부 (오후)

[자막: 2004년] 경기도 인근 야산의 무허가 배드민턴 연습장.
높은 담장과 지붕이 전부 천막으로 둘려 있어 안이 보이지 않는다.

## #12 [과거] 배드민턴장 / 내부 (오후)

봉석을 등에 업은 미현이 배드민턴장 건물주와 흥정을 하고 있다.
50대 후반의 건물주가 미심쩍은 눈으로 미현의 위아래를 훑어본다.


**건물주** (등에 업힌 봉석을 보며) 그러니까 여서 애랑 둘이 살겠다고?

**미현** 네. 월 30 드릴게요.

**건물주** 월세 30만 원은 너무 싸지. 땅값 임대료도 안 되겠구만.

**미현** (봉투에서 돈 꺼내 세며) 현찰로 3년 치 선불 천만 원. 바로 드릴게요. 천

장 천막 찢어진 것도 제가 다 보수할게요.

**건물주** (곁눈질로 돈 보며) 아니, 시설 보수야 세입자가 당연히 하는 거고….

**미현** (돈 세다 멈추는)

**건물주** (간 보는) 내 크게 양보할 테니 월 40 하자고. (컨테이너 관리실 가리키며) 전기보일러도 들어오고 지하수도 연결돼서 살기 딱 좋고. (대답 없는 미현) 그래. 그래. 내 크게 인심 써서 35까지 해줄게.

**미현** (세던 돈 다시 봉투에 넣는) 부동산에서 다 알아보고 왔어요. 여기 사장님 사유지여도 그린벨트잖아요. 이 배드민턴장은 무허가 시설물이고, 신고당한 이후로 영업금지 당했고, 자진 철거해야 하는데 버티고 있는 거고요. 무허가 건축물도 거주민이 있으면 철거 절차가 지연되는 건 아세요? 몇 년 내로 그린벨트 풀린다는 소식이 있던데, 제가 여기서 버티고 살면, 사장님 입장에도 좋은 거 아니에요? 그때까지 어차피 쓰지도 못할 공간인데, 맨땅 놀리느니 가만히 앉아서 천만 원이면 괜찮은 조건일 텐데요.

**건물주** (곰곰이 생각하다 괜히 발끈하는) 아니, 계산은 똑발라야지. 월세 30에 3년이면 천팔십만 원인데 왜 후려쳐서 천만 원이래?

**미현** 싫으면 마세요.


미현이 돌아서서 캐리어를 끌고 출구 쪽으로 걸어간다.
건물주가 초조한 표정으로 미현을 본다.
미현은 뒤도 안 돌아보고 걸어간다.
미현이 출구를 막 나서려는 순간, 끝까지 간을 보던 건물주가 소리친다.


**건물주** (다급한) 어이, 애 엄마!!

**미현** (천천히 돌아보는)

**건물주** (선심 쓰는 척) 알았어. 알았어. 거 젊은 여자가 성격만 급해서. 애 엄마 사정이 있는 것 같으니 내 특별히, 3년에 천만 원!

미현이 캐리어를 출구에 그대로 놓고 돌아와서 돈 봉투를 건넨다.

**미현**    조건이 있어요.

**건물주**    (봉투 받자마자 돈 꺼내서 손가락에 침 묻히며 세는) 조건?

**미현**    천장 천막 찢어진 거 보수할 테니 무슨 색으로 하던 상관 마세요.

**건물주**    (돈 세며) 그러시던가.

**미현**    또 하나, 앞으로 이 안에 들어오지 마세요.

**건물주**    (발끈하는) 뭐? 내 건물인데 왜 내가 못 들어와?

**미현**    가건물이죠. 또 한 번 신고 들어가면 자비 들여서 철거해야 하는 불법 건축물이고. 언제 누가 또 신고할지도 모르고요.

**건물주**    (눈꼬리 치켜 올라가는)

**미현**    (돈 도로 달라며 손 내미는) 싫으면 말고요.

**건물주**    (미현이 내민 손과 제 손에 쥔 돈을 번갈아 보다가) 딱 3년이야!

미현이 그제야 출구로 다시 걸어가서 세워둔 캐리어를 끌고 온다.

**건물주**    (돈 봉투 챙겨 넣으며) 그나저나 애가 꽤 큰데 계속 업고 있네? 애 아빠 는 없나봐? 이렇게 예쁘고 젊은 여자가 왜… 뭔 사연이 있나?

**미현**    (무표정한)

**건물주**    (느물느물한) 이런 산속에서 무섭지나 않을라나… 혹시 밤에 무서우면, 거기 복덕방에서 알려준 내 핸드폰 번호. 언제든 전화해~

**미현**    네. 집 전화번호도 알아요. 사모님 집에 계시죠?

**건물주**    (젠장, 말문 턱)

**미현**    계약금 맞으면 이제 가세요.

**건물주**    (헛기침) 크흠! 깨끗하게 잘 써! 싸다 너무 싸. 에잉. 멀쩡한 건물을 어 떤 썩을 놈이 신고를 해가지고… 카악 퉷! (침 뱉고 밖으로 나간다)

**미현**    년이야.

미현이 후우 한숨을 쉬며 텅 빈 배드민턴장을 둘러본다.
넓은 마당과 높은 천장을 흡족한 표정으로 보며 등에 업은 봉석에게
말한다.

**미현**  아들. 마당 넓지? 여기가 이제 우리 집이야.

## #13 [과거] 배드민턴장 옛집/내부/외부 (오후)

[자막: 2005년] 천장 철골 곳곳에 묶인 밧줄이 아래로 길게 늘어져 있다.
노출된 철골 구조물들에 헌 이불과 소파 쿠션 들이 꽁꽁 묶여 있다.
아래로 내려오면 흙바닥이었던 배드민턴장 마당에 온통 모래가 깔려
있다.
[배드민턴장 실내에서 미현과 봉석의 모습은 보라색 필터를 씌운 것 같은 느낌]
유아용 헬멧을 쓴 봉석이 기우뚱 기우뚱 몸을 가누지 못하며 올려다
본다.
소형견용 개줄(얇은 쇠사슬)을 쥔 미현이 안쓰러운 표정으로 내려다본다.
미현의 슬픈 눈. 개줄을 쥔 미현의 손이 가늘게 떨린다.
카메라 내려가면, 봉석의 허리에 개 목걸이 두 개가 이어져 채워져 있다.
미현이 애틋한 슬픔을 감추고 봉석 앞에 쪼그려 앉는다.

**미현**  봉석아. 항상 명심해. (봉석 허리의 개 목걸이에 개줄 채우며) 방 밖으로 나
올 때는 항상 이걸 채워야 해.
**봉석**  (어리둥절 쳐다보는)
**미현**  (채웠던 개줄 다시 끄르며) 자. 니가 해봐.

미현이 떨리는 손으로 개줄을 건넨다.
봉석이 서툰 손으로 채우는데 잘 되지 않는다.
미현이 재촉하지 않고 기다린다.

한참 만에야 봉석이 스스로 개줄을 채운다.

**미현**    (담담하게 웃는) 잘했어.

**봉석**    (기쁘다) (몸이 기우뚱한다)

**미현**    (봉석 몸 누르며, 다시 개줄을 끌러 쥐어주며) 다시.

**봉석**    (어리둥절해서 다시 채우면)

**미현**    (다시 끄르고) 다시. 항상 습관처럼 해야 돼.

**봉석**    (다시 채우면)

**미현**    (끄르는) 다시.


카메라, 멀어진다. 미현의 목소리가 겹쳐지며 멀어진다. 다시. 다시.
다시. [디졸브]


짧은 개줄의 끝이 배드민턴 네트 기둥에 묶여 있다.
미현이 봉석의 몇 걸음 앞에 앉아서 봉석에게 말한다.


**미현**    다시. (무표정한) 천천히 다시 해보자. 봉석아. 왼발. 오른발.


한 발 한 발 내딛는 봉석의 발. (c.u)


**봉석na**  나는 걸음마가 무척 늦었다.


봉석의 얼굴과 몸 여기저기 반창고가 붙어 있고, 쓸린 자국과 멍투성
이다.


**봉석na**  걸으려고 하면 자꾸 떠올라서 오히려 넘어졌다.

봉석이 한 발 한 발 엄마에게 걸어간다. 오른발. 왼발. [디졸브]

봉석의 허리에 연결된 개줄. 그 개줄에 개줄이 하나 더 이어져 길어졌다. 미현이 조금 더 멀리, 모래가 깔린 바닥에 앉아서 봉석에게 손짓하며 말한다.

**미현**    (무표정한) 다시. (손짓하며) 봉석아. 왼발. 오른발.

한 걸음씩 다가갈 때마다 미현은 손짓만 할 뿐, 무표정하게 바라만 본다. [디졸브]

**봉석na**    엄마는 잘 웃지 않았다.

이어 붙인 개줄에 개줄이 또 하나 더 이어진다.
더 멀어진 거리. 뒤뚱뒤뚱 엄마를 향해 한 발 한 발 내딛는 봉석. 왼발. 오른발.
엄마가 가까워진다. 잘 걷는 봉석을 보며 미현이 저도 모르게 웃는다.
엄마의 웃는 얼굴을 보고 봉석이 성급하게 발을 딛는 순간 봉석의 몸이 기우뚱한다.
균형을 잃은 봉석이 앞으로 고꾸라지며 공중에 떠오른다.
봉석이 제 몸을 가누지 못하고 부양하며 당황한 표정으로 엄마를 쳐다본다.

**봉석na**    내 몸이 내 감정의 영향을 받는다는 것을 알게 된 후, 엄마는 나를 향해 잘 웃어주지 않으셨다.

미현이 침착한 표정으로 봉석에게 걸어온다.

공중에 떠서 중심을 못 잡고 풍선처럼 부유하는 봉석.
당황한 표정의 봉석이 점점 더 높이 올라간다.
미현이 개줄을 잡아당겨 봉석을 천천히 끌어 내린다.

**미현** (어쩔 수 없이 웃으며 따뜻하게 말하는) 봉석아. 잘했어. 우리 봉석이 오늘 스무 걸음도 넘게 걸었어.

미현이 웃는 얼굴로 봉석을 끌어안아 달래며 칭찬해준다.
어린 봉석이 웃는다.

**봉석na** 엄마가 웃으면 기분이 좋았다.

그때, 봉석을 안고 있는 미현의 발이 뜬다.
미현은 자신의 몸까지 딸려 올라가자, 봉석을 놓칠까 더욱 꼬옥 끌어안아 준다.

**봉석na** 엄마가 안아주면 기분이 좋았다.

조금 더 떠오른다.
미현이 얕은 한숨을 쉬며 토닥이던 봉석의 머리에서 손을 뗀다.

**미현** (다시 엄하고 차분한 목소리) 그만.

봉석의 아쉬운 표정. 조금 가라앉는다.
미현이 속상한 얼굴을 감추느라 봉석을 다시 꼭 안는다.
카메라, 둘의 모습에서 뒤로 멀어지며 배드민턴장의 전경이 보인다.
배드민턴장 마당 한복판. 봉석을 안은 미현이 허공에 살짝 떠 있다.

안전장치(쿠션, 방석)들과 밧줄들이 지저분하게 엮여 있고 늘어져 있다.
보라색 빛이 가득한 공간은 슬프고 따뜻한 느낌이다.

카메라, 더 멀어지며 지붕의 틈새를 통해 바깥으로 이동한다. [드론각]
배드민턴장 지붕의 천막이 보라색이다.
하늘에서 보면 녹색 수풀로 우거진 산속에서 보라색 천막 지붕이 유
난히 눈에 띈다.

## #14 [과거] 재래시장/거리 (오후)

[자막: 2006년] 봉석을 아기띠에 업은 미현이 양손에 장바구니를 들고
장을 본다.
여덟 살이 된 봉석은 통통하게 살이 올라서 아기띠가 너무 작다.
단단히 채운 아기띠 벨트를, 미현의 허리띠에 케이블 타이로 묶어놓
았다.
너무 큰 아이를 업고 다니니 행인들이 힐끗거리며 지나간다.
미현의 큰 장바구니는 양손에 묵직하고, 치마 속 발목에 모래주머니
가 채워져 있다.

## #15 [과거] 재래시장/정육점 (오후)

정육점 사장(50대 여성)이 돼지고기를 썰면서 미현의 등에 업힌 봉석
을 본다.

**사장** (봉석을 보면서) 업고 다니기엔 아가 너무 큰 거 아이가?

**미현** (대답 없는)

**사장** (고기를 봉지에 담으며 중얼) 아가 어데 장애가 있는가….

**미현** (살짝 발끈해서 쳐다보는)

사장은 고기를 봉지에 담으면서 다시 봉석을 힐끗 처다본다.
미현이 아무 말 없이 돈을 꺼내 고깃값을 준다.
사장은 돈을 받고 고기 봉지를 건네면서도 봉석을 유심히 처다본다.


**미현**   애가 모를 거라고 생각하세요?

**사장**   뭐를?

**미현**   (참다못해 쏘아붙이는) 그렇게 보는 거요. 그런 말 하는 거요.

**사장**   내가 어떻게 봤는데? 그리고, 뭔 말?

**미현**   우리 애 장애 없어요. 애가 정말 장애가 있으면 어쩌려고 그래요.

**사장**   (멀뚱) 장애가 있으면 어때서.


미현이 더 쏘아붙이려는데, 20대의 뚱뚱한 남자가 도축된 돼지를 어깨에 둘러메고, 한 손에는 우족을 잔뜩 들고 들어온다.
정육점 안으로 들어오던 남자가 미현 등에 업힌 봉석을 보고 헤에 웃는다.
그 웃음이 어딘가 모자라 보여서 미현이 저도 모르게 뒤로 물러선다.


**정육점남**   (어눌한 말투로 사장에게) 엄봐. 이거 어따 놔아?

**사장**   어. 왔나. 돼지는 냉장고에, 우족은 냉동고에 쟁여논나.

**정육점남**   (끄덕) 응. 엄봐. 돼지는 냉동고. 우족은 냉장고.

**사장**   바뀠다. 다시.

**정육점남**   (끄덕) 응. 엄봐. 돼지는 냉장고. 우족은 냉동고.


발달장애인으로 보이는 남자는 서툴면서도 제 할 일을 다 한다.
사장은 미현에게 받은 돈을 돈통에 넣고, 거스름돈을 셈해 미현에게 건넨다.
미현이 아무 말 못 하고 돈을 받아 섰는데, 남자가 계산대를 보며 묻는다.

**정육점남** (돈통 안의 막대사탕들 보며) 엄마. 이상하다. 사탕이 많이 비있다. 내 사탕 몇 개 무믄 되노?

**사장** 두 개 무라. 우리 아들 오늘도 잘했다. 나가 아아들하고 놀다 온나.

**정육점남** (막대사탕 두 개 꺼내며 웃는) 헤에….

미현을 지나치던 남자가 봉석에게 자기 막대사탕 하나를 쥐여주고 나간다.
미현이 사장에게 뭐라고 말하려다가 그냥 가게를 나간다.

**사장** (대수롭지 않게) 또 오이소.

## #16 [과거] 재래시장/정육점 옆 골목 (오후)

정육점 근처 골목. 미현이 고기 봉지 안을 들여다보며 우두커니 서 있다.
고기 봉지 안. 정육점 사장이 어느새 함께 넣어준 막대사탕들이 수북하다.

## #17 [과거] 재래시장/정육점 (오후)

미현이 정육점에 다시 돌아와 정중하게 사과한다.

**미현** (고개 숙이며) 죄송합니다.

**사장** (아무렇지 않은) 벨소릴 다 하네. 죄송하긴 멀. (업혀 있는 봉석을 보며) 내가 아를 빤히 쳐다봐가 오해했는가 본데, 내가 보기에 아가 업혀 있는 게 좀 많이 답답해 보이가 그랬다. 그 아를 너무 꽁꽁 싸매놓은 거 같애가꼬.

정육점 사장이 미현에게 정육점 벽에 걸린 큰 거울을 가리킨다.
미현이 거울에 비친 자신과 봉석의 모습을 보고 멈칫한다.

**사장**  몰랐나. 아 키우느라 거울도 못 봤나.

미현이 보기에도, 등에 업힌 봉석은 더 이상 아기가 아니다.
봉석은 제법 큰 몸인데도 엄마 등에 꽁꽁 묶인 것처럼 업혀 있다.

**사장**  아아만 그카나. 엄마도 힘들다. 서로 좀 떼놔야 편할 낀데. 그리고, 그게 다 엄마 욕심이다. 아가 좀 크면 엄마가 떼놔줘야 된다. 아이는 그래야 큰다.

미현이 거울에 비친 자기 모습을 보니 초췌하고 남루하기 이를 데 없다.
봉석과 미현을 하나로 묶어놓은 아기띠 벨트들이 낡을 대로 낡았다.
미현의 눈이 깊어진다.

## #18 [과거] 배드민턴장 옛집/내부/외부 (오후/늦은 밤)

배드민턴장 바닥에 개 목걸이와 개줄이 떨어져 있다.
봉석이 미현 앞에 서서 발목에 모래주머니를 채우는 연습을 한다.

**미현**  명심해. 줄 안 묶을 땐 항상 이걸 채워. (모래주머니 다시 풀며) 다시.
**봉석**  (채우는)
**미현**  다시.
**봉석**  (채우는)
**미현**  다시.

### cut to_ 시간 경과

배드민턴장의 조명등이 밝게 켜진다.
마당에서 미현과 봉석이 나란히 걷는다.
봉석이 걷다 넘어졌다 일어서기를 반복한다.

**봉석na** 엄마는 나를 더욱 열심히 가르쳤다.

봉석이 넘어지면, 미현이 다시 일으켜 어깨를 짚어주며 함께 걷는다.

**봉석na** 누구에게나 당연한 것이, 나와 엄마에겐 특별한 것이었다.

모래 바닥에 봉석과 미현이 함께 걸은 발자국들이 무수히 많이 찍혀 있다.

**봉석na** 나는 점점 걷는 방법을 배워갔다.

카메라, 배드민턴장 밖으로 나오면, 깊은 밤 깜깜한 야산 숲속에 보라색 천막만 밝게 빛난다. [드론각]

**봉석na** 아니, 점점 뜨는 방법을 잊어갔다.

## #19 [과거] 봉석 집/외부 (오후)

미사리 외곽의 낡은 2층 주택.
크레인이 옥상에 거대한 간판을 올리고 있다.
인부들이 분주하게 집 안을 드나들며 이삿짐을 나르고 있다.
미현이 봉석을 업고 서서 옥상에 설치되고 있는 간판을 본다.

## #20 [과거] 봉석 집/옥상 (저녁)

미현이 옥상 바닥에 보라색 페인트를 바른다.
기다란 밀대 롤러로 옥상 바닥을 보라색으로 칠해나간다.
미현의 이마에 땀이 맺힌다.
옥상 문 안쪽에 봉석이 호기심 어린 표정으로 서 있다.

**미현**　나와도 돼.

**봉석**　(활짝 웃으며 나오려는)

**미현**　(눈으로 주의 주는)

**봉석**　(나오려다 멈칫)

**미현**　항상 잊지 말고. 알았지?


봉석이 옥상 문가에 묶여 있는 개 목걸이와 개줄을, 습관처럼 허리에 찬다.

개줄을 묶은 봉석이 엄마에게 걸어간다. 미현이 기다렸다가 봉석의 손을 잡아준다.

미현과 봉석이 손잡고 서서 거대한 옥상 간판을 본다.

커다란 간판에 큰 글씨의 '남산 돈까스'. 옆에 작은 글씨로 '심야식당' 이라고 쓰여 있다.


**봉석**　(간판 보며) 엄마. 우리 집 이제 식당이에요?

**미현**　(간판 보며) 응. 엄마 이제 돈 벌어야 돼. 이 집 사느라 돈 다 썼어. 우리 이제 그지야. 계속 그지 안 되려면 돈 벌어야지.


봉석이 고개를 돌려 미현을 올려본다.

돈이 하나도 없다는 미현의 표정은 평온하다.


**미현**　(간판 가리키며) 읽어봐.

**봉석**　남. 산. 돈. 까. 스. 근데 왜 남산 돈까스예요?

**미현**　(옅은 미소) 남산이 돈까스가 맛있거든.

**봉석**　여기 남산 아니잖아요.

**미현**　그러니까.

**봉석**　(모르겠는 표정) 그럼… (읽는) 심. 야. 식. 당.은 뭐예요?

| 미현 | 밤에도 불을 켜야 멀리서 잘 보이겠지. (봉석의 손을 꼬옥 잡는다) |
|---|---|
| 봉석 | (쳐다보는) |
| 미현 | 하늘에서도 잘 보이겠지. |

### #21 [과거] 초등학교/외부 (오후)

[자막: 2007년] 아이들이 초등학교 운동장에서 뛰어논다.

### #22 [과거] 초등학교/교무실 (오후)

미현이 선생님과 입학 상담을 하고 있다. [상담 대화 묵음]

미현이 선생님과 상담하며, 한 손을 내려 옆에 앉은 봉석의 손을 꼭 잡고 있다.

봉석은 살집이 많이 올라 통통하다. 새 책가방과 새 옷을 입고 상기된 표정이다.

봉석은 고개를 돌려 교무실 창문으로 운동장에서 노는 아이들을 보고 있다.

| 선생님 | (웃는) 오늘 수업도 없는데, 벌써 가방까지 다 준비했네요. |
|---|---|
| 미현 | (담담하게 웃는) |
| 선생님 | (입학신청서 보며) 음… 아이 아빠가 안 계시네요. 어머님 혼자 많이 힘드셨겠어요. |
| 미현 | (담담한) 네. 힘들더군요. |
| 선생님 | 봉석이는 1년 늦게 입학하는데요, 혹시 어떤 이유라도…. |
| 미현 | 제가 놓아줄 준비가 안 됐었어요. |

선생님이 무슨 말인가 쳐다보는데, 미현은 더 말이 없다.

창밖으로 아이들 노는 소리만 들린다. 선생님이 차마 더 묻지 못하다가

**선생님**  (웃는) 이제는 준비가 됐나요?

미현이 옆자리에 앉은 봉석을 보다가 끝내 말을 잇지 못한다.
봉석은 고개를 돌려 운동장을 보고 있다.
운동장에서 아이들이 뛰어놀고, 미끄럼틀과 정글짐에 아이들이 매달려 놀고 있다.
운동장에서 노는 아이들을 보는 봉석의 표정에 두근거림이 가득하다.
봉석의 발목에 모래주머니가 채워져 있고, 봉석의 손은 의자 바닥을 꼬옥 잡고 있다.
봉석의 의자가 달칵거린다. 미현이 손을 뻗어 가만히 봉석의 의자를 누른다.

**미현**  (옅은 한숨) 모르겠어요.

## #23 [과거] 봉석 집/식당 앞 (오후)

손님들의 아이들이 식당 앞 주차장에서 뛰어논다.
식당 유리문으로 분주하게 손님들을 맞이하는 미현의 모습이 보인다.

**봉석na**  학교가 끝나면 바로 집에 와야 했다. 나는 집에서 혼자 TV만 봤다.

2층 유리창으로 거실에서 혼자 TV를 보는 어린 봉석이 보인다.

## #24 [과거] 봉석 집/2층/거실 (오후)

창밖에서 아이들 뛰어노는 소리가 들린다.
봉석이 거실에 혼자 앉아 TV를 본다.
TV에서 EBS 번개맨 공개방송을 하고 있다.

**TV 소리F** 모여라 딩동댕 친구들~ 다 같이 우리의 영웅! 우리의 히어로! 번개맨을 불러봐요~ 하나 둘 셋~ 번개~맨!! 번개맨! 번개맨~!!!

**봉석na** 히어로. 영웅이라는 말을 배웠다.


TV를 보는 봉석의 입이 헤 벌어진다. 번개맨이 하늘을 날며 등장한다.
합성화면 - 한 팔을 곧게 뻗어 방향을 잡고, 한 팔을 접어 무게 중심을 맞추며, 두 다리를 모아 유선형의 모습으로 하늘을 난다.
합성화면이 끝나면 - 망토를 휘날리며 등장한 번개맨이 번개파워 포즈를 취한다.


**TV 소리F** 번개맨 ♪ 번개맨 ♪ 번개! 번개! 파워충전! 번개맨 ♪ 🎵


멍한 표정으로 TV를 보는 봉석의 얼굴이 환해진다.


**봉석na** TV만 보고 살았던 나에게, 번개맨은 나의 영웅이었다.


어린 봉석의 눈에 보이는 번개맨은 멋지게 하늘을 날아다닌다.


**봉석na** 나도 히어로가 되고 싶었다. 나도 영웅이 되고 싶었다.


봉석의 엉덩이가 살짝 떠오른다.


## #25 [과거] 초등학교/운동장/정글짐 (저녁)

운동장에 흙바람이 분다. 아이들이 정글짐에서 놀고 있다.
노란색 공단 보자기를 두른 봉석이 함께 어울리지 못하고 저만치 물러서 있다.
보자기에 매직으로 서툴게 그린 번개 마크가 ㄹ자처럼 보인다.

봉석이 정글짐 위로 올라가는 또래 남자아이를 본다.

남자아이는 노란색 번개 마크가 선명한, 멋진 정품 은색 망토를 둘렀다.

봉석이 초라한 자신의 보자기를 바지 뒤춤에 쑤셔 넣고 쪼그려 앉는다.

망토아이가 조심스럽게 정글짐 위에 선다.

아이들의 시선이 망토아이에게 쏠린다.

**망토아이** (폼 잡는) 번개! 번개파워! 번개맨!!

망토아이가 아이들의 시선을 의식하며 긴장한 표정을 애써 지운다.

후들거리는 다리. 불어오는 강한 바람. 망토아이가 용기를 내서 팔을 치켜든다.

망토아이가 하늘을 나는 포즈를 취하자, 번개맨 망토가 파도처럼 펄럭인다.

망토아이가 침을 꿀꺽 삼켰다가 정글짐에서 뛰어내리는데, 멋지게 망토를 휘날리며 제법 멀리까지 뛰어서 착지한다.

망토아이의 표정에 해냈다는 뿌듯함과 짜릿한 흥분이 가득하다.

아이들이 와아 환호성을 지르며 망토아이 주변으로 몰려든다.

봉석의 표정에 시기와 질투가 어린다.

아이들에게 둘러싸인 망토아이가 봉석과 눈이 마주친다.

봉석의 못마땅한 표정을 본 망토아이가 보란 듯이 번개맨 망토를 펄럭인다.

정품 번개맨 망토가 멋지게 휘날린다.

봉석이 벌떡 일어나 정글짐으로 걸어간다.

봉석이 망토아이가 뛰었던 곳보다 두 단이나 높은 곳, 정글짐의 꼭대기에 올라선다.

망토아이를 둘러싼 아이들의 시선이 모두 봉석에게 쏠린다.

**인서트**

봉석이 혼자 앉아 있던 곳. 모래주머니 두 개가 놓여 있다.


봉석이 바지 뒤춤에 쑤셔 넣었던 보자기를 꺼내서 망토처럼 좌악 펼친다.

태풍을 머금은 바람에 노란색 보자기가 멋지게 ㄹㄹㄹㄹㄹ 휘날린다.

아이들이 오오 하고 입을 모은다. 봉석의 발이 정글짐을 박차고 뛴다.

**[슬로 모션]** 봉석의 몸이 부웅 뜨더니 아이들의 머리를 넘어 하늘을 난다.

**봉석na** 그 순간, 나는야 영웅 번개맨. 나는야 하늘을 나는 히어로.


**[슬로 모션]** 노란색 보자기를 펄럭이며 10미터 넘게 날아서 멋지게 착지한다.

아이들이 환호성을 지른다. 망토아이 주변에 있던 아이들이 봉석에게 몰려온다.

**봉석na** 영웅이 된 기분이었다.


몰려오는 아이들 뒤에, 혼자 서 있는 망토아이가 보인다.

봉석이 보란 듯이 보자기를 펄럭이며, 우쭐한 표정으로 망토아이를 쳐다본다.

망토아이의 표정이 무너진다.

**cut to_ 학교 운동장 밖 시점**

운동장 밖 낮은 담벼락 뒤에 주차된 승용차.

승용차의 살짝 열린 유리창 사이로 조래혁의 눈이 보인다.

# #26 [과거] 봉석 집/옥상 (저녁)

옥상의 빨랫줄에 걸린 빨래들이 바람에 흔들리기 시작한다.
펄럭펄럭 소리 커지고, 그 위로 뉴스 앵커 멘트.

**앵커F** 한편, 일본 남동쪽 해상에서 발달한 11호 태풍 '나리'가 우리나라로 북상하고 있습니다. 기상청은 18일 화요일부터 수도권을 비롯한 전국에 강풍을 동반한 많은 비가 내릴 것으로 예상하고…

# #27 [과거] 초등학교/교무실/복도 (저녁)

한산한 교무실. 미현과 봉석이 학부모 면담을 하고 있다.
선생님 앞에, 모처럼 정장을 입은 미현과 책가방을 멘 봉석이 나란히 앉아 있다.
봉석은 무거운 책가방과 발목의 모래주머니가 불편하기만 하다.

**선생님** 봉석이가 학교에서 좀 위험하게 놀았나 봐요. (웃는) 얼마나 멀리 뛰었는지 애들 눈엔 그게 나는 것처럼 보였나 봐요. 아이들이 그럴 수 있죠. 하지만 교내 안전사고 재발 방지 방침에 따라 어머님을 모실 수밖에 없었어요.

**미현** (고개 숙인) 죄송합니다. 다친 아이는 괜찮은가요…?

**선생님** 그게… (봉석에게) 봉석아. 잠깐 나가 있을래? 선생님 엄마랑 얘기 좀 할게.

**봉석** (얼른 일어서는)

## cut to_ 교무실 앞 복도

텅 빈 복도 끝. 봉석이 저 멀리 혼자 복도를 서성인다.
복도 유리창으로 교무실 안이 보인다. 미현과 선생님이 차분하게 대화를 나눈다.

선생님이 조심스럽게 말을 꺼내자, 미현의 표정이 멍해진다.
멍한 얼굴로 듣고 있던 미현이 깊게 고개를 조아린다.

# #28 [과거] 초등학교/운동장 (저녁)

텅 빈 운동장을 모자가 걸어간다.
미현이 말없이 걷고, 봉석이 눈치를 보며 따라간다.

**미현**　(걷다가 한참 만에) 왜 그랬니.

**봉석**　(우물쭈물) 난… 그냥 영웅이 되고 싶었어요.

**미현**　영웅…?

**봉석**　하늘을 나는 히어로요.

**미현**　하늘을 날면 히어로니?

**봉석**　멋있잖아요.

**미현**　멋있게 보이고 싶었어?

**봉석**　걔가 먼저 잘난 척했어요. 날지도 못하면서 나는 척했어요.

**미현**　(멈춰 서는) 봉석아. 엄마 말 들어. 앞으로는 절대로 하지 마.

**봉석**　나는 어쩌면 날 수 있을지도 몰라요. 나야말로 진짜 멋진 히어로가 될 수 있는데 왜 난 하면 안 되는데. 초능력이 있는 건 나라고요.

**미현**　초능력? 그게 뭐가 중요해. 사람의 진짜 능력은 공감 능력이야.

**봉석**　(무슨 말인지 모르는)

**미현**　다른 사람의 마음을 이해하는 능력. 그게 가장 중요한 능력이야.

미현이 봉석을 똑바로 내려다본다.
봉석이 입을 삐죽이며 대답하지 않는다.

**미현**　니가 한 행동은 하나도 멋있지 않아. 히어로는 그런 게 아니야. 다른 사람의 마음을 아프게 하는 게 무슨 히어로야?

봉석이 멍하니 미현을 쳐다보는데, 저 뒤로 정글짐이 보인다.

**미현**  한밤중에 놀이터 꼭대기에 올라간 그 아이의 마음을 생각해봤어?

**인서트**
깊은 밤. 운동장 정글짐에 혼자 올라가 있는 망토아이의 실루엣.

**미현v.o**  그 애가 그 위에서 얼마나 무서웠을지 생각해봤어?

**인서트**
정글짐 위에 서 있는 망토아이의 겁먹은 표정. (c.u)

**미현v.o**  그런데도 뛰어야 했던 이유를 생각해봤어?

**인서트_ #25**
봉석이 착지했을 때 몰려오는 아이들. 뒤에 혼자 서 있는 망토아이.

**미현v.o**  용기를 내서 해낸 아이에게, 그건 별거 아니라는 것을, 일부러 니가 더 잘났다는 것을, 그 애와 그 애 친구들 앞에서 보여줬잖아.

**인서트_ #25**
망토아이의 무너지는 표정.

봉석은 운동장에서 봤던 망토아이의 표정이 생생하게 생각난다.

**인서트**
깊은 밤. 정글짐에서 뛰어내리는 망토아이의 뒷모습.

아이의 뛰어내리는 뒷모습에, 미현의 속상한 얼굴이 겹쳐지며—

**미현**    그 아이는 다리가 부러졌어.

**봉석**    ……!!

봉석이 너무 놀라서 어쩔 줄 몰라 한다.
미현이 봉석의 눈을 똑바로 보며 말한다.

**미현**    히어로? (단호하게) 아니야. (낮은 목소리로) 다른 사람의 마음을 헤아리
지도 못하는 거. 그건 무엇도 아니야.

정글짐을 바라보는 봉석의 표정이 무너진다. 운동장에 흙바람이 분다.

## #29  [과거] 봉석 집/외관/옥상 (밤)

1층 현관문에 '임시 휴업' 종이가 붙어 있다.
옥상 간판의 불은 밝게 켜져 있다.
옥상 간판의 불빛 아래 쏟아지는 빗방울이 강풍에 밀려 옆으로 내린다.
빨랫줄에 걸린 빨래들이 세차게 펄럭이다가 하나둘 강풍에 날아간다.

## #30  [과거] 봉석 집/봉석 방 (밤)

봉석이 노란 보자기를 손에 쥐고 휴지통을 쳐다본다.
유리창을 때리는 빗소리. 봉석이 고개를 돌려 창밖을 바라본다.
깜깜한 밤하늘로 휘몰아쳐 날아가는 빨래들이 보인다.
봉석의 눈. 저 멀리 하늘 높이 날아가는 빨래들. 멀어지고 멀어진다.

## #31  정형외과/병실 (저녁)

다리 깁스를 한 아이의 침대 옆에 과일 바구니가 놓여 있다.

아이 엄마가 씁쓸한 표정으로 미현을 본다.

미현이 머리 숙여 사과한다.

병실의 TV에서 앵커 멘트가 나온다.

**앵커F** 11호 태풍 나리의 영향으로 서울 경기 수도권 일대에 많은 비와 강풍이 불고 있습니다. 기상청은 태풍 나리가 내일 자정을 기점으로 동해상으로 빠져나가 소멸될 것으로 보고 있으며…

## #32 [과거] 봉석 집/옥상 (밤)

**빗소리/천둥소리E** 쏴아아아아아아아아!!! 꽈릉!! 꽈르릉!!!

폭우와 강풍이 몰아치는 옥상에 봉석이 혼자 서 있다.

빨래가 모두 날아가고 빨랫줄만 바람에 펄럭인다.

봉석의 허리에 찬 개줄이 길게 늘어져 옥상 문손잡이에 묶여 있다.

봉석의 손에 보자기가 들려 있다. 보자기에 매직으로 쓴 ㄹ자가 빗물에 젖어 번진다.

손을 들어 올리자, 보자기가 강풍에 휘말리며 세차게 펄럭거린다.

봉석이 망설이던 손을 놓는다. 노란 보자기가 비바람을 타고 하늘 높이 날아간다.

어두운 밤하늘을 날아가는 노란 보자기. 봉석의 표정이 일그러진다.

노란 점처럼 멀어지다 밤하늘 어둠에 묻혀 보이지 않는 보자기.

봉석이 급기야 울음을 터뜨린다.

**(E)** 쏴아아아아아아아아아……!!!

쏟아지는 빗소리에 봉석의 울음소리가 섞인다.

그때, 봉석의 발이 떠오른다.

**(E)**     까라라라라라락!!! 팅!!!

쇠사슬로 된 개줄이 팽팽해지며, 봉석의 몸이 연처럼 공중에 떠오른다.
비바람이 몰아치는 태풍 속에서 봉석의 얼굴이 파랗게 질린다.

**(E)**     번쩍!!!!!!!!!!!!!! 쫘릉!!!

칠흑같이 깜깜한 밤하늘에 번개가 친다.
하늘에 뜬 봉석이 겁에 질려 울부짖는다.

**봉석**     (소리쳐 울부짖는) 으아아아아!!!!! 엄마!!!!!!!! 엄마아!!!!!!!!!
**미현**     응. 봉석아.

봉석의 뒤에서 들려오는 미현의 침착한 목소리.
어느새 옥상에 올라온 미현이 개줄의 끝을 붙잡고 있다.

**미현**     (아이를 진정시키는 너무나 침착한 음성) 괜찮아. 엄마가 있어.

봉석은 빗물 눈물 콧물이 범벅인 얼굴로 엄마를 내려다본다.
미현이 태풍에 몸을 휘청거리면서도, 있는 힘껏 버티고 서서 개줄을
잡아당긴다.
봉석이 하늘에서 휘청거릴 때마다 미현의 몸도 위태롭게 휘청거린다.
비바람이 거세게 불어 머리카락이 얼굴에 들러붙는다.
온몸이 흠뻑 젖은 미현이 비바람과 맞서며 쇠사슬을 당긴다.

**(E)**     휘우우우우우웅………!!!

바람이 무섭게 몰아칠 때마다, 봉석의 몸이 태풍 속으로 빨려갈 듯이
휘청거린다.

(E)    번쩍!!!!!!!!!!!! 쾌릉!!!

깜깜한 밤하늘을 갈라놓는 번개.
당장이라도 정신이 나갈 듯한 봉석의 겁먹은 표정.

봉석    (겁에 질려 울부짖는) 으아아아앙!!! 무서워!!! 엄마 나 무서워!!!

미현이 이를 악물고 쇠사슬을 허리에 감아 봉석을 끌어당긴다.
봉석이 태풍에 나부낄 때마다, 쇠사슬이 미현의 허리와 팔뚝을 긁고
조여 피가 난다.
미현은 상처에 아랑곳하지 않고, 오직 바람에 휘날리는 봉석과 눈을
맞춘다.

미현    (공중에 뜬 봉석을 똑바로 쳐다보며) 봉석아. 엄마 봐. (봉석과 눈을 맞추며 옅
       게 웃는) 괜찮아. 엄마가 여기 있어. (차분하게 말하는 미현의 눈에 눈물이
       고인다) 엄마만 보면 돼. 엄마가 잘할게.

침착한 엄마 목소리에 봉석이 울음을 삼키며 줄을 마주 잡는다.

미현    엄마가 널 지켜줄게.

엄마와 아들이, 탯줄처럼 이어진 개줄을 붙잡고 태풍 속을 버틴다.
[과거 시점 끝]

## #33 [현재 시점 시작] 재개발지구/등하굣길 (아침)

비가 촉촉하게 내린다. 흐린 하늘에 노란색 '분양' 애드벌룬이 떠 있다.

## #34 버스 정류장 (아침)

우산을 쓴 봉석이 버스를 기다리고 있다.
봉석이 버스 정류장 저 멀리 떠 있는 '분양' 광고 애드벌룬을 물끄러
미 바라본다.
한쪽 눈을 감고 엄지손가락을 들어 '분양'에서 ㄴ자를 가려본다. 부양.

**봉석na**  부양. 돌보다. 부양. 떠오르다.


엄지손가락으로 글자를 가린 '부양' 애드벌룬을 바라본다.

**봉석na**  엄마의 부양으로 나는 부양하지 않았다.

**(E)**  빠앙!!!


버스 경적 소리가 봉석의 상념을 깬다.
어느새 정류장에 버스가 와 있다.
고무장갑을 낀 버스 기사(전계도)가 버스 앞문을 연다.

**봉석**  (타지 않고 꾸벅 인사) 안녕하세요!

**계도**  (웃는) 뭔 생각을 그렇게 하나? 안 타?

**봉석**  아, 네? 네. (주변을 두리번거리는)

**계도**  지각 아니야? 다음 버스 12분 후야.

**봉석**  (두리번거리며 망설이는)

**계도**  (웃는 얼굴로 재촉하는) 안 타? 간다?

**봉석**  (올라타는) 죄송합니다.

## #35 시내버스/내부 (아침)

봉석이 버스카드 리더기에 교통카드를 갖다 댄다.

| | |
|---|---|
| (E) | 환승입니다. |
| 계도 | (생각난) 아하, 어제 그 여학생 같이 가려고 기다렸구나. |
| 봉석 | (얼떨결에) 네… (퍼뜩) 네? |
| 계도 | (피식) 여친은 먼저 갔겠지. 좀 더 늦으면 지각이야. |
| 봉석 | (당황하며) 에에…? |
| 계도 | (버스 출발하며) 아니야? |
| 봉석 | 아. 저 그냥 같은 반 학생인데요. |
| 계도 | 우리 학교 교복 아니던데? |
| 봉석 | (갸우뚱) 우리…? 아. 어제 전학 왔어요. |
| 계도 | 그러냐? 그럼 그냥 친구? |
| 봉석 | 네. 네…. |

계도가 봉석의 이쉬운 표정을 보며 또 웃는다.
봉석이 들어가 빈자리에 앉는다.
버스 안에서 라디오의 클래식 음악이 흘러나온다. [#48 봉평이 듣는 채널과 같은]
버스가 달린다. 봉석이 비 내리는 버스 창밖을 본다. 빗방울이 잦아들고 있다.
빗물 방울들이 유리창을 타고 흐르면서 제각각 예쁜 궤적을 그린다.
창밖을 보던 봉석의 시야에 노란 것이 어른거린다.
저 앞에 노란 우비를 머리까지 뒤집어쓴 누군가가 달리기를 하고 있다.
팔다리를 힘차게 휘저으며 비 오는 거리를 전력 질주하는 노란 우비.
우산을 쓴 행인들이 달리는 노란 우비를 쳐다본다.
버스의 속도가 노란 우비를 따라잡는다.

봉석이 버스와 나란히 달리는 노란 우비를 본다.
우비 후드를 눌러쓰고 마스크를 썼지만, 봉석은 한눈에 희수를 알아
본다.

## #36 버스노선 도로/인도 (아침)

희수가 버스와 나란히 달린다.

**희수F**   (마스크 호흡 소리) 후하. 후하. 후하. 후하. 후하.

교복 치마 안에 추리닝 바지를 입고, 그 위에 노란 우비를 입고 힘차
게 달린다.
팔다리를 쭉쭉 뻗을 때마다 노란 우비가 망토처럼 펄럭인다.

## #37 시내버스/내부 (아침)

봉석이 창밖의 희수를 멍하니 본다.
어렸을 때 버려야 했던 노란 보자기와 희수의 노란 우비가 겹쳐진다.
우산을 쓴 출근길 행인들이 희수를 쳐다본다.
희수는 아랑곳하지 않고 달린다.
우산 숲을 가르며 경쾌하게 달리는 희수.
마치 노란 망토를 두르고 나는 것 같다.
봉석이 자기도 모르게 중얼거린다.

**봉석**   (나직하게) 멋있다….

## #38 버스노선 도로/인도 (아침)

희수가 문득, 버스 안의 시선과 눈이 마주친다. 어라? 봉석이네?
멍청한 표정으로 보고 있던 봉석. 희수와 눈이 마주치자 슬그머니 손

을 흔든다.

마스크에 가려진 희수의 입매가 웃는다.

## #39 버스노선 도로/길가 (아침)

봉석을 태운 버스가 버스노선 도로를 달린다.

도로에 택배 탑차가 정차하고 있다.

**(E)** 빵. 빠앙.

계도가 경적을 누르며 지나간다.

## #40 시내버스/내부 (아침)

**계도** (택배 탑차 보는) 외국 살다 왔나. 왜 버스 전용 도로에 서 있어….

계도 시점. 골프 모자를 눌러쓴 프랭크가 운전석에 앉아 있다.

## #41 버스노선 도로/택배 탑차/내부 (아침)

운전석에 앉은 프랭크가 운송장을 들여다본다.

**프랭크** (중얼) Where I go….

프랭크의 손이 운송장 주소록을 훑는데, 언뜻 이미현과 장주원의 영
어 이름이 보인다.

프랭크가 결정을 내렸는지 운송장을 탁 덮는다.

**프랭크** (핸들 꺾으며) Bong pyeong.

## #42 버스노선 도로 (아침)

정차되었던 택배 탑차가 도로를 불법 유턴한다.

## #43 정원고등학교/교문 앞 (아침)

빗방울이 잦아든다. 교문 근처의 나무들에 빗방울들이 맺힌다.
일환이 교문 앞에 버티고 서서 손목시계를 본다.

**일환**   (소리 지르는) 야 이놈들아!!! 여덟 시다아!!! 10분이나 봐줬다아!!! 지
금부터 열 세고 교문 닫는다아아!!!

**(E)**   우두두두두……!!!


지축을 울리는 발걸음 소리들이 들려온다.
교문 주변 가로수들에 맺혀 있던 빗방울들이 후두두둑 떨어진다. (우
스꽝스러운)

**일환**   (교문 닫으며) 하나!

**(E)**   두두두두두두두……!!!


교문 앞 골목 코너에서 지각생들이 우르르 쏟아져 나온다.
우산이 뒤집어지고, 서로 밀고 밀치고, 앞서거니 뒤서거니, 좀비 떼처
럼, 버팔로 떼처럼, 지각생들이 달려와서 교문을 통과한다.

**일환**   (소리치며) 열 셀 때까지~ 둘! 못 들어오면~ 삼! 오늘 무조건 청소다~
네엣! 예외는 없다~ 오!


교문이 점점 닫힌다. 개떼처럼 달려오는 학생들의 뒤쪽, 봉석이 달린다.
봉석이 연신 뒤를 힐끗거리며 달린다. 학생들이 봉석을 앞질러서 교

문으로 뛰어든다.

**일환**   (교문 거의 다 닫은) 여섯! 뛰어라 이 녀석들아!!! 칠! 닫힌다아~ 팔!

닫히는 교문 사이로 아슬아슬하게 들어가는 지각생들.
학생들이 모두 들어가고 봉석만 남았다. 교문이 거의 닫히고 있다.
다급한 봉석의 표정 뒤로, 노란 우비가 골목 밖으로 달려 나온다.
봉석이 쏜살같이 뛰어오는 희수를 보며, 닫혀가는 교문에 필사적으로
손을 뻗는다.

**일환**   (교문을 한 뼘으로 닫는) 아호오오오오오옵…. [슬로 모션]
**봉석**   (손 뻗으며) 즈아아암끄아안만요오우우…. [슬로 모션]

봉석이 몸을 거의 날리듯 달려들어 닫히는 교문을 막으려 든다.
그때, 희수가 교문으로 쇄도한다.
닫히는 교문을 막으려는 봉석과 열린 교문 틈으로 뛰어들려는 희수기
충돌한다.

**(E)**   투웅…!!!

찰나의 순간, 봉석의 몸이 기묘하게 수평으로 부웅 떠서 저만치 나뒹
군다.

**희수/일환** (동시에) 어?

봉석은 저만치 모로 쓰러져 있고, 잠시 정적이 흐른다.
다소곳하게 쓰러져 있던 봉석이 부스스 일어나 엉덩이를 툭툭 턴다.

내가 지금 뭘 본 거지 표정으로 봉석을 쳐다보는 일환과 희수.

일환의 전자 손목시계에서 8시 정각을 알리는 알람이 울린다.

**(E)**    삐삑.

알람 소리에 정신 차린 일환이 교문을 닫는다.

**(E)**    철컹!

**일환**    열. 땡. 너희 둘 다 지각.

**봉석/희수** (동시에) 네에~?!!

**일환**    무려 10분이나 봤췄다. 오늘 수업 끝나고 둘 다 화장실 청소.

**희수**    우리 고3인데요?!

**일환**    너 바보냐. 내가 니네 담임인데 그걸 모르겠냐?

**희수**    그러니까요. 담임이니까 좀 봐줘요. (봉석에게 너도 좀 보태라 눈짓)

**일환**    안 돼. 원칙은 원칙이야. 우리 반이니까 더 안 되지. 공평해야지.

**봉석**    선생님 말씀이 맞는 것 같습니다. (일환의 뭐냐 이건 표정) 친분보다 원
          칙이 우선이죠. (희수의 속 터지는 표정) 작은 것부터 원칙이 지켜져야
          사회가 공평해지고, 더 나아가 사람이 사람을 신뢰할 수 있는…

**일환/희수** (동시에) 넌 시끄러. (같은 말 하고 마음 맞는)

**일환**    (희수 보며 봉석 턱짓) 애 아주 헐리웃 액션 쩔더라? 자기 몸무게 반 정
          도 되는 애랑 부딪쳐놓고 그렇게 멀리 나가떨어져?

**희수**    (일환 보며 폭풍 끄덕) 반이 훨씬 안 되죠. 근데, 난 내가 무슨 멧돼진 줄.
          살짝 부딪쳤는데 나가떨어지더라고요. 쟤 오바 쩔어요. 진짜.

**일환**    (주거니) 얘 왜 그런 걸까?

**희수**    (받거니) 혹시 나 때매 못 들어갔다고 하려고?

**일환**    (쿵) 어서 엄살이야.

**희수**    (짝) 지만 살겠다고.

| 일환 | (순식간에 정색) 아무튼 둘 다 지각. 청소. |
|---|---|
| 희수 | (배신감) 에에?!! |

희수와 일환의 정신없는 수다에 어버버 아무 말도 못 하고 서 있는 봉석.

| 희수 | (억울한) 선생님. 내일부턴 진짜 안 늦을게요. 충분히 올 수 있는 거리였는데 비가 와서 늦었어요. 저 집에서부터 뛰어 왔다구요. |
|---|---|
| 일환 | (피식) 어이구~ 그러셨어요? |
| 봉석 | (끼어들며) 선생님. 희수 진짜 뛰어서 왔습니다. 제가 버스 타고 오면서 봤습니다. |
| 일환 | (봉석 말 듣고, 희수 보며 어쭈) |
| 희수 | 운동 시작했어요. 저 체대 가려구요. |

희수의 말에 봉석과 일환이 의미심장한 표정을 짓는다.
일환은 미묘하게 웃고, 봉석은 벌써부터 응원의 눈빛이다.

| 희수 | (분위기 타는) 네. 선생님. (감동 주겠다는 의도가 다분한) 저는 목표가 생겼어요. 제가 집에서부터 달려온 것도 잠시도 시간을 허비할 수 없었기 때문이에요. 저에겐 그만큼 시간이 소중해요. 때문에… |
|---|---|
| 일환 | (싹둑) 그래도 안 돼. 체대 갈 놈이었으면 더 빨랐어야지. 청소. |
| 희수 | (발끈하는) 아, 쫌. 선생님! |
| 일환 | (지시봉으로 희수 옷 가리키며) 너 어차피 복장 불량. 끝나고 청소. |
| 희수 | 오늘 교복 사러 갈 거예요! 교복 살 돈도 가져왔어요! |
| 일환 | 아니. 어디 교복이든. 누가 교복을 그 꼴로 입으래. |
| 희수 | 아…? |

추리닝 바지 위에 치마를 입은 희수.

달리느라 치마가 상의까지 말려 올라가 있다.
희수는 말문이 막혀 더 항의하지 못한다.

**일환**    (돌아서서 앞장서며) 들어가자. 1교시 시작하겠다.

희수가 기운이 빠져 축 늘어지자, 봉석은 어쩔 수 없다며 어깨를 으쓱
한다.
희수가 째려보자 봉석이 눈을 피한다. 희수와 봉석이 일환의 뒤를 따
라 걷는다.
걸어가는 봉석의 뒷모습. 넘어졌던 쪽의 팔꿈치가 까져 있다.

## #44  정원고등학교/경비실 (아침)
밖을 내다보고 있는 수위 아저씨(황지성)의 뿔테안경이 클로즈업된다.

## #45  정원고등학교/운동장 (아침)
**(E)**    딩동 댕동~ ♪ ♫

수업 시작종이 울리는 운동장. 내리던 비가 멎었다.
학생들의 흙 묻은 발자국들이 학교 안 복도까지 이어져 있다.

## #46  정원고등학교/교실 (오전)
수업 중인 교실. 교실 뒤 옷걸이에 희수의 노란 우비가 걸려 있다.
맨 뒷자리에 앉은 희수가 제 옷깃을 당겨 땀 냄새를 맡고 코를 찡그린다.
희수가 계속 킁킁거리자 강훈이 뒤를 돌아본다.

**희수**    (속삭이며) 냄새나?
**강훈**    (끄덕)

| 희수 | 심해? |
|---|---|
| 강훈 | (끄덕) |

희수가 의자와 책상을 슬그머니 뒤로 당겨 앉는다.

| (E) | *끄기기기기익*……. |
|---|---|

강훈이 이내 다시 앞을 본다.
의자와 책상을 앞으로 밀지 않고 그대로 앉아 있다.
희수가 노트 사이에서 체대 입시 리스트를 꺼낸다.

**인서트**

체대 입시 리스트. 체대 실기시험 각 종목 만점이 적혀 있는 배점표.

건너편에 앉은 방기수가 희수의 체대 입시 리스트를 본다.
희수가 배점표를 들여다보며 책상 밑으로 다리 스트레칭을 한다.
기수의 시선이 희수의 치마 밑으로 드러난 허벅지와 종아리를 본다.
희수가 스트레칭하며 발목을 돌릴 때마다 종아리 근육이 몽실몽실 드러난다.
기수가 희수의 다리 근육을 유심히 본다.
기수의 시선이 희수의 몸을 훑는데, 앞자리의 강훈이 어깨너머로 기수를 보고 있다.
오해받을 만한 기수의 시선. 기수를 보는 강훈의 표정에 미묘한 분노가 묻어난다.

## #47 헌책방 골목 (오전)

헌책방 골목에 택배 탑차가 주차되어 있다.

골목 입구의 CCTV 렌즈가 깨져 있다.

## #48 헌책방/내부 (오전)

벽을 메운 헌책들이 빼곡하게 들어차 있다.

천장까지 쌓인 헌책들이 창문을 가렸고, 흐린 형광등 몇 개만 내부를 밝히고 있다.

책장들 사이 길고 좁은 통로에도 책들이 쌓여 있어 한 사람이 겨우 지나다닐 만하다.

통로 맨 안쪽. 60대 남자가 계산대 겸 책상에 앉아 책을 읽고 있다.

남자(봉평)의 책상 위에 오래된 라디오와 낡은 사진 액자가 놓여 있다.

오래된 라디오에서 클래식 음악이 흘러나온다. [계도의 버스 라디오 채널과 같은]

**(E)** 끼익….

책방 문이 열리며 택배기사(프랭크)가 문가에 선다.

**봉평** (돋보기안경 위로 보는) 택배 시킨 게 없는데….

프랭크가 철제 셔터를 내린다.

**(E)** 까라라라라랑… 철컹!

외부의 빛이 차단되고, 헌책방 안에 흐릿한 형광등 불빛만 남는다.

철제 셔터가 내려지자, 라디오 주파수가 막히는지 클래식 음악에 노이즈가 섞인다.

**봉평**     (차갑게) 뭐 하는 짓이요.

프랭크가 대답 없이 책장의 가격표를 읽는다. [헌책/권당 3,000원/전집 20,000원]

**프랭크**   (가격표 읽으며) 헌책… 세컨핸드북? 올드북? 댓츠 굿. 헌책 좋아요.
**봉평**     (유창한 영어와 섞인 서툰 한국말에 유심히 쳐다보는)
**프랭크**   (운송장 들여다보며) 유어 네임… 봉평?
**봉평**     (눈빛 번뜩이는)

봉평이 미동도 하지 않고 프랭크를 쳐다본다.
프랭크가 책들로 가득한 벽을 훑으며, 좁은 통로 안쪽으로 한 발 한 발 다가온다.

**프랭크**   (벽 훑으며) 진천. 봉평. 당신네 나라 코드네임 참 재밌어요.
**봉평**     당신네 나라? 외국인인가.
**프랭크**   (으쓱) 애니웨이. 진천에게 물어볼 걸 그랬어요. 알아보니, 충청도 진천. 당신은 강원도 봉평. 봉평 이즈 유어 벌쓰플레이스? 고향?
**봉평**     (질문 무시하고) 진천은 어떻게 됐지?
**프랭크**   (무심하게) 죽었어요. 내가. 아, 죽였어요. 내가.

봉평이 프랭크를 뚫어지게 쳐다본다.
프랭크는 나른한 표정으로 벽을 훑어본다.

**봉평**     (읽고 있던 책 덮으며) 우리를 어떻게 찾았지?
**프랭크**   (운송장 흔들며) 히어 유 아.
**봉평**     명단인가.

**프랭크** 은퇴자 명단이죠.

**봉평** 은퇴자를 왜. (자리에서 천천히 일어서는)

**프랭크** 벗… 캔 비 어 세컨핸드북. (왼손으로 벽 훑으며 오는)

**봉평** (오른손을 들어 벽 가까이 뻗는다)

**프랭크** 리싸이클링… 음, 재.활.용? 돈트… 디스카드? 뭐라고 하죠. 재활용 못하게 하는 거? (벽을 훑던 손이 한 지점에서 멈춘다)

**봉평** 폐기. (벽에 뻗은 오른손에서 검지와 중지를 내민다)

**프랭크** 예스! 폐기. 재활용 못 하게 폐기를 슈어리, 확실하게 해야죠.


봉평이 손 뻗은 벽에 전기 콘센트가, 프랭크가 손 뻗은 벽에 전기 차단기가 있다.
벽 콘센트의 두 구멍과 봉평의 두 손가락 사이에서 스파크가 튄다.


**프랭크** 안 그래? 일렉트릭 맨? (차단기를 내려버린다)

**(E)** 철컥…!!!


정전. 콘센트 구멍 안으로 스파크가 빨려 들어가듯 사라지면서 봉평의 손가락에 튀었던 불꽃이 꺼진다. 형광등 불빛이 꺼지면서 헌책방 안이 암흑에 휩싸인다.
시야가 어둠에 익을 때까지, 간격을 좁히지 못하고 대치하며 서 있는 봉평과 프랭크.


**봉평** (어둠 속에서) 나를 자세히 알고 왔군. 명단에 나와 있나.

**프랭크** 리스트가 정확한 건 아니에요. 확인을 해야 하죠. 노말 오어 슈퍼.

**봉평** (어둠 속에서 왼손이 달각거린다) 그래? 확인이라….

**프랭크** (뭔가 이상한) …Wait?

정전이 됐는데도 여전히 클래식 음악이 들린다는 것을 깨닫는다.

프랭크    Radio…?


클래식 음악이 멈춘다.
봉평이 어느새 라디오에서 건전지를 빼서 손에 움켜쥐었다.
건전지를 쥔 봉평의 왼손에서 스파크가 일어난다.
봉평이 오른손을 콘센트에 댄다.


프랭크    (벼락같이 달려들며) Fuck!! Battery…!!!
(E)     파지지지직…!!!
봉평     (스파크가 튀는 주먹 들어 올리며) 확인해봐.


건전지를 움켜쥔 주먹에서 눈부신 빛이 새어 나온다.

# #49  헌책방/외부 (오전)
잠시의 정적. 내려진 철제 셔터 틈으로 눈부신 빛이 폭사된다.
헌책방 골목 근처의 깨져 있는 CCTV에서 스파크가 튄다.

# #50  정원고등학교/교실 (오전)
교실 천장의 벽걸이 선풍기에서 갑자기 '부와앙' 소리가 나더니 선풍
기가 일제히 꺼진다.
수업을 받던 학생들이 일제히 천장을 올려다본다.

# #51  시내도로/버스 정류장 (오전)
버스 정류장의 배차시간 전광판이 오류를 일으키며 꺼진다.
버스 정류장에 진입하던 계도가 꺼진 전광판을 보고 갸우뚱한다.

미세한 스파크가 튀는 전광판.

계도의 얼굴에 알 수 없는 불안감이 스친다.

버스 라디오에서 클래식 음악이 계속 이어진다.

## #52 치킨집/내부 (오전)

주원이 의자에 올라서서 유선 전기드릴로 벽에 TV 거치대를 달고 있다.

그때, 천장 조명이 지나치게 밝아지고 전기드릴이 멈춘다.

주원이 전기드릴에서 탄내를 맡는다. 고개를 들어보면 실내등 전구가 나갔다.

어둑한 실내. 주원의 눈썹이 꿈틀거린다.

## #53 정원고등학교/운동장 (오후)

**(E)**  딩동댕동~ ♪ ♫


점심시간 종소리. 학생들이 학교 후문 밖 편의점으로 질주한다.

## #54 정원고등학교/교실 (오후)

점심시간 종이 울린다. 학생들이 우르르 급식실을 향해 달려간다.

봉석이 책상에 앉아 2리터 생수병을 벌컥벌컥 들이켠다.

왜 저러나 보던 희수가 봉석에게 성큼성큼 걸어간다.


**희수**  (등 툭 치며 대뜸) 너 활동복 있어?

**봉석**  (물 마시다 사레) 크컥. (코로 물 나오는)

**희수**  (더러워…)

**봉석**  (입 닦으며) 어? 어. 뭐?

**희수**  넌 무슨 물을 그렇게 많이 마시냐? 활동복 있냐고.

**봉석**  응. 사물함에 있어. 왜?

희수 나 좀 빌려줘. (자기 옷 냄새 맡으며) 우비 입고 뛰었더니 땀 냄새 때문에 수업 시간에 죽는 줄 알았어. 내일 빨아서 갖다 줄게.

봉석 내, 내 옷은 클 텐데….

희수 뭐 어때. 좀 빌려줘. 나 이 학교에서 아는 애가 너뿐이야.


봉석의 멍청한 얼굴 클로즈업. "너뿐이야."만 에코로 들린다.


희수 뭐 해? 싫어?

봉석 (넋 나간) 좋아.

희수 (응? 하는 표정)

봉석 (응? 하는 표정)

희수/봉석 (동시에) 응?


강훈이 봉석과 희수를 본다.
실랑이하는 둘의 모습이 상당히 친해 보인다.
봉석이 자기 사물함에서 활동복을 꺼내 희수에게 건넨다.


희수 (옷 건네받으며) 학교에 샤워실 없지?

봉석 학교에 무슨 샤워실이 있어.

희수 쩝.


희수가 옷과 수건을 챙겨서 교실 밖으로 나간다.
망설이던 강훈이 조용히 따라 나간다.


# #55 정원고등학교/화장실 앞/복도 (오후)

강훈 장희수.

희수 (여자 화장실로 들어가려다가) 어. 왜.

강훈  너 강당 열쇠 있지. 강당 제어실 안에 교직원 샤워실 있어.

희수  오. 진짜? 역시 반장이네. 고마워.

희수가 수건을 펄럭거리며 복도를 뛰어간다.
강훈이 돌아서려다 멈칫한다. 복도 끝. 기수가 희수의 뒤를 밟고 있다.

## #56  헌책방/내부 (오후)

어두운 헌책방. 타버린 옷 조각들이 재처럼 날리고 곳곳에 스파크가 튄다.
비좁은 통로 끝. 옷이 타서 반라가 된 프랭크가 뒤돌아 서 있다.
프랭크가 우두커니 서서 까맣게 타 죽은 봉평의 시신을 내려다본다.
눈을 부릅뜨고 죽은 봉평. 오른손 손가락을 콘센트에 쑤셔 박은 채 죽었다.
봉평의 왼손. 건전지를 움켜쥔 왼손이 깨진 액자 속의 사진 한 장을 쥐고 있다.
사진은 가장자리가 얼룩덜룩 타버렸다.
프랭크가 사진을 잡아 빼서 보면, 엄지손가락으로 잡았던 부분이 까맣게 탔다.

프랭크  (죽은 봉평을 보는) Your son?

프랭크가 봉평의 부릅뜬 눈을 어쩐지 외면한다.

## #57  정원고등학교/강당/로비 (오후)

기수가 강당 복도를 휘적휘적 걸어가는데 강훈이 부른다.

강훈  방기수.

기수    (뒤돌아보며) 뭐야.

강훈    여긴 왜 왔냐.

기수    내가 어딜 오든 가든 니가 뭔 상관이야.


기수가 사나운 표정으로 뒤돌아선다.
강훈이 무표정한 눈빛으로 마주 본다.
텅 빈 로비에 둘만 있는데, 강당 밖에 부담임교사(윤성욱)가 서 있다.


기수    (살벌한 눈빛) 너 최일환한테 귀여움 좀 받는다고 존나 나대는데, 너 그러다 나한테 개처발리는 수

강훈    (말 끊는) 왜 왔냐고.

기수    이 개새끼가…

강훈    (처다보는)

기수    내 맘이다. 왜.

강훈    뭐 하게. 씨발아.


## #58 헌책방/외부 (오후)

(E)    달칵…! 까라라라라랑… 깡…!


모자를 눌러쓴 반라의 프랭크가 헌책방 셔터를 올리고 나온다.
프랭크가 헌책방 문을 닫으며 저 안쪽에 죽어 있는 봉평을 바라본다.
어둠 속. 부릅뜨고 죽은 봉평의 눈. (c.u)
프랭크가 문을 닫으려다 멈춘다.
봉평의 눈이 끝까지 프랭크를 보고 있는 것 같다.


**플래시백**

[1981년/송탄 기지촌] 닫히는 현관문. 돌아서 있는 여자의 모습.

프랭크가 그 시선을 마주 보지 못하고 돌아선다.

열린 문으로 연기가 새어 나온다. 프랭크가 헌책방을 나와서 골목 밖으로 걸어간다.

옷이 삭아서 걸을 때마다 재처럼 나부낀다. 행인들이 반라의 남자를 보고 당황한다.

프랭크가 골목 입구에 주차해놓은 택배 탑차에 올라탄다.

연기 나는 헌책방을 들여다본 행인이 비명을 지른다. 사람들이 몰려들어 사진을 찍는다.

## #59 봉석 집/1층/주방 (오후)

조리대 앞에 우두커니 서서 핸드폰을 들여다보고 있는 미현의 뒷모습.

냄비에서 돈가스 소스가 끓어 넘치고 있다.

**인서트**

미현의 폰 화면. 인스타그램 검색창. 해시태그 목록. #사고 #목격 #의문사

## #60 정원고등학교/강당/로비 (오후)

샤워를 마친 희수가 강당 문을 열고 나온다. 큼지막한 봉석의 옷을 입고 있다.

강당 문을 잠그고 돌아서는데, 로비 바닥에 피가 몇 방울 떨어져 있다.

희수가 고개를 갸우뚱하더니 교실로 돌아간다.

**희수**  (중얼) 이 학교는 진짜 공부 빡세게 하나 보다….

## #61 정원고등학교/교실 (오후)

점심시간. 희수가 교실에 들어서면, 교실에 봉석이 혼자 앉아 있다.

**희수**  벌써 밥 먹고 왔어?

**봉석**  어, 어? (뭐라고 말하려다 마는) 어….

**희수**  옷 고마워. 빨아서 내일 줄게. (활동복 밑단 펴며) 근데 이건 뭐야?

희수가 입은 봉석의 활동복 밑단에 K.B.S. 글자가 자수 되어 있다.

**봉석**  어. 그거 내 이름이야.

**희수**  (아… 하다, 품) 난 또 무슨 공영방송인 줄.

**봉석**  우리 학교는 명찰이 따로 없어서 교복 소매나 밑단에 이름 이니셜 새기는 애들이 많아. 옷을 잃어버리지 않는 방법이기도 하지.

**희수**  (봉석 책상의 앞 의자에 앉으며) 설명충이니… 사람이 농담을 할 때는 같이 좀 웃어주고 그래라. 아무튼 그래서?

**봉석**  뭐가 그래서?

**희수**  니 이름 뭔데? 나 아직 니 이름도 모른다?

**#1/희수v.o**  왜 안 가르쳐줘? 나랑 친해지기 싫어?

**봉석**  (퍼뜩) 어, 어! 미 미안. 아니야. 정말 아니야.

**희수**  아니긴 뭐가 아니야. 맨날 아니래.

**봉석**  (정색하고 진지하게) 내 이름은 김.봉.석.이야.

**희수**  (진지함에 살짝 당황) 그래. 김.봉.석. (웃으며 불러보는) 봉석아.

**봉석**  (머엉)

**희수**  (뭐야 또, 웃는)

희수의 웃는 얼굴을 보는 봉석의 멍한 표정. (c.u)

**인서트_ 2화 #1**

공중에 뜬 희수가 웃는다.


책상 밑 봉석의 발뒤꿈치가 들썩인다.
책상 가방걸이에 걸린 봉석의 묵직한 가방.
봉석이 슬그머니 책상을 움켜잡는다.

## #62  국정원/기획판단실 (오후)

여운규 팀장이 민용준 차장 앞에 난감한 표정으로 서 있다.
민 차장의 책상에 '2급 기밀' 도장이 찍힌 노란색 서류 파일이 놓여 있다.
파일을 들추면, 진천의 신상서류 앞 장에 봉평의 신상서류가 있다.
서류를 훑으면, 성명: 전영석. 암호명: 봉평. 경력사항의 맨 밑. 소재:
불명.


**민 차장**  (봉평의 서류 보며) 누구 짓인지 아직도 파악이 안 됐나.

**여 팀장**  죄송합니다. 알아내는 대로 바로 조치하겠습니다.

**민 차장**  (잠시 생각에 잠긴) 아니. 일단 알아만 봐. 조금 더 지켜보지.

**여 팀장**  네?


민 차장이 봉평의 서류에서 '불명'을 지우고, '사망'으로 체크한다.

## #63  암사동 한강 둔치/주차장 근처 갈대밭 (오후)

암사동 한강 둔치 공용 주차장. 나들이객들이 차에서 텐트와 돗자리
를 꺼내며 웃는다.
가족 단위의 나들이객들이 삼삼오오 웃으며 잔디밭으로 걸어간다.
주차장에서 멀리 떨어진 곳, 갈대가 무성한 곳에 택배 탑차가 주차되
어 있다.
택배 탑차의 화물칸 문이 살짝 열려 있다.

**#64  암사동 한강 둔치/탑차 화물칸/내부 (오후)**

화물칸 바닥에 보조배터리들과 옷가지들이 어지럽게 널려 있다.

바닥에 매트가 깔려 있고, 여기저기 물병과 빵 봉지들이 굴러다닌다.

알몸의 프랭크가 낮은 천장 아래 꾸부정하게 서서 옷을 갈아입는다.

프랭크의 온몸에 크고 작은 흉터들이 가득하다.

프랭크가 구형 PDA폰을 꺼내 보내는 문자에 'Delete' 단어를 찍어 보낸다.

PDA폰 배터리가 한 칸밖에 안 남았다. 보조배터리 하나를 집어 PDA폰을 충전한다.

프랭크가 끄응 소리를 내며 매트에 눕는다.

고요한 정적.

프랭크가 화물칸 문틈으로 바깥을 내다본다.

어두운 화물칸. 좁게 열린 문틈으로 보이는 풍경. 한강변의 무성한 갈대밭이 보인다.

프랭크가 공허한 시선으로 강바람에 흔들리는 갈대밭을 바라본다.

프랭크의 시점으로— 바람에 흔들리는 갈대밭에서 포커스 아웃 되며, 좁게 열린 화물칸 문에 포커스 된다.

화물칸 문이 삐이거억 삐이거억 바람에 흔들린다.


**플래시백**

[1981년/송탄 기지촌] 닫히는 현관문. 돌아서 있는 여자의 모습.


프랭크가 화물칸의 문을 닫아버린다. 완전한 어둠에 싸이는 화물칸.

적막한 어둠이 계속되고 '띵-!' 알람 소리와 함께 PDA폰의 액정이 밝아진다.

PDA폰의 회신 문자에 'Next' 단어가 뜬다. 'Next'를 물끄러미 들여다보는 프랭크.

짙은 어둠 속 액정 화면 불빛에 비치는 프랭크의 얼굴.

# #65 정원고등학교/교실 (오후)

최일환이 종례를 한다.

**일환**  학원 갈 사람은 반장한테 학원 등록증 검사받고 가고, 나머지는 학교에서 자율학습한다. (보다가) 어? 방기수 어디 갔어.

학생들이 기수 자리를 보면 책상이 비어 있다. 학생들은 저마다 '어 그렇네' '어디 갔어' '언제부터 없었어' 등등을 말한다. 학생들 누구도 기수에게 관심이 없었다.

**강훈**  (손 들고) 방기수, 아까 몸이 안 좋다고 조퇴했습니다. 제가 말씀드리는 걸 깜빡했습니다.
**일환**  (한숨) 그래. 알았다. (지시봉 안테나 접으며) 이상. 반장. 인사.
**강훈**  (자리에서 일어서며) 차렷, 경례.
**학생들**  (일동) 수고하셨습니다~!!

일어선 강훈의 교복 아랫단에 피가 묻어 있다.

# #66 정원고등학교/복도 (오후)

강훈은 학생들의 학원 등록증을 검사하면서도 자꾸 희수에게 눈길이 간다.
등록증 검사를 마치고 희수에게 가려는데, 봉석이 먼저 희수에게 다가가 말을 건다.

**봉석**  가자.

**희수**　어딜?

**봉석**　화장실 청소.

**희수**　(헐) 야이. 무슨 고3이 화장실 청소야. 말이 되냐?

**봉석**　약속은 약속이야.

**희수**　이게 무슨 약속이야. 선생님이 일방적으로 시킨 거지. 나 운동하러 가야 돼.

**봉석**　(보다가) 그럼 넌 운동 가. 난 청소하고 갈게. 하지만, 나는 이렇게 생각해. 나와의 약속도 약속이야. 약속이란, 일단 하기로 했으면 온당히 지켜야 할 그 어떤 규칙이며

**희수**　(싹둑) 하면 되잖아.

**봉석**　응.

**강훈**　(애써 지나가는 말투로) 너희, 학원이야. 야자야.

**희수**　아 몰라. 우리 오늘 쌍으로 지각이라, 쌍으로 화장실 청소해야 돼.


희수가 대충 대답한다.
둘의 대화에 끼어든 것처럼 무안해진 강훈이 돌아선다.


**봉석na**　(머엉) 우리… 우리라고 했다….

**희수**　(얜 또 왜 이러니) 에이, 나랑 같이 어디 좀 가달라고 하려고 했는데.

**봉석**　어디를?

**희수**　교복 사러. 학교 앞에서 판다는데 어딘지 몰라서.

**봉석**　같이 가줄게.

**희수**　(놀란) 어? 그래도 돼? 청소랑 야자는 어쩌고?

**봉석**　바로 앞이야. 잠깐 다녀오면 돼. (앞장서는)

**희수**　(보면 봉석이 가방을 메고 있다) 야. 갔다가 다시 올 건데, 가방은 뭐 하러 가져가.

**봉석**　(더듬으며) 으, 응. 난 가방을 안 들면 불안, 아니 허전해서.

강훈이 교실 밖으로 나가는 봉석과 희수를 본다.

나란히 함께 걷는 둘의 사이가 좋아 보인다.

강훈의 표정에 미묘한 쓸쓸함이 스친다.

## #67 정원고등학교/강당/외부 (오후)

강당 건물 뒤. 방기수가 정신을 잃고 쓰러져 있다.

얼굴이 온통 멍투성이고 교복에 피가 묻었다.

기수가 퍼뜩 정신을 차린다.

신음 소리를 내며 겨우 일어나 주변을 둘러본다. 아무도 없다.

자신을 돌아보니 엉망진창이다. 기수의 이 사이에서 웃음이 새어 나
온다.

**기수**  (허탈한) *크크크*… 씨팔… (스스로 어이없는) *크크크흐흐흐흐*… (서서히
독 오르는) 이 개새끼… 내 이럴 줄 알았다… *크크크크*….

## #68 봉석 집/1층/식당/외부 (오후)

1층 현관문 앞에 '임시 휴업' 종이가 붙어 있다.

## #69 치킨집/내부 (오후)

벽에 걸린 TV에서 뉴스가 나온다.

주원이 내부공사를 하다 말고 TV를 보고 있다.

**앵커F**  오늘 오전 11시 30분경. 원인을 알 수 없는 대정전으로 시민들이 잠
시 불편을 겪었습니다. 정전은 강동구 송파구 일대와 하남시 일부까
지 발생했으며 일시적인 과전력 공급이 원인이었던 것으로 추측됩니
다. 한전은 정확한 사고 원인 파악을 위해 정밀조사를…

TV를 보는 주원의 표정이 굳어진다.

## #70 헌책방/외부 (오후)

미현이 핸드폰을 들여다본다.

### 인서트

미현의 폰. 해시태그 '#목격'과 함께 찍힌 헌책방 캡처 사진.

미현이 핸드폰을 내리면, 사진과 같은 장소다.
화재 사고가 난 헌책방치고 주변이 깨끗이 정리되어 있다.
미현이 주변을 돌아본다. 골목 입구의 CCTV 렌즈가 깨져 있다. (c.u)

## #71 교복집/실내 (오후)

탈의실 문이 열리고, 희수가 깔끔한 새 교복을 입고 나온다. 봉석이
헤벌쭉 웃는다.
희수가 교복 핏을 보다가 거울에 비친 봉석을 본다.

**희수**　(왜 저래) 뭐 하냐?

**봉석**　(급 딴청) 뭐가.

**희수**　(교복집 사장에게) 특별히, 교복에, 체육복에, 활동복까지 세트로 한 번
에 쫙 샀으니까 할인 좀 되죠?

**사장(중년女)**　(사무적인 말투) 아니. 다들 그렇게 사가. 정가야. 다 해서 21만 원.

**희수**　(아쉽다는 듯) 그럼 이니셜은 새겨주죠?

**사장**　아니. 그건 세탁소 가서 따로 부탁해야지.

**희수**　(과장되게) 히엑. 이르케나 많이 사는데 써비스 안 돼요?

**사장**　아니. 요 밑 세탁소에서 오버로크 쳐줘. 오천 원이던가.

**희수**　이 옷들 다요?

**사장**   아니. 이름 하나당이겠지.

**희수**   다 아니래… (중얼) 교복 하나. 활동복 하나. 체육복 둘. 2만 원이네….

희수가 봉석을 힐끗 본다. 교복 상의 밑단에도, 소매에도, 바지에도, 하다못해 가방까지 다 K.B.S.가 자수로 새겨져 있다.

**희수**   너네 집 되게 부자구나….

**봉석**   아, 아니야. 이거 울 엄마가 직접 한 거야. 너도 엄마한테 부탁해.

**희수**   (아무렇지 않게) 나 엄마 없어. 나 어렸을 때 돌아가셨어.

**봉석/사장** (급 숙연) …….

**희수**   (봉석 옷의 이니셜 자수 보며) 야. 그리고 이걸 엄마면 다 하냐? 이건 보통 솜씨가 아니신데?

**봉석**   (괜히 미안한) 우리 엄마가 재봉틀을 좀 잘하셔서… (다급하게) 우리 엄마한테 부탁해볼까?

**희수**   됐거든? 별걸 다. (사장에게) 얼마라구요?

**사장**   (무표정) 19만 원.

**희수**   잉? 방금 전에…

**사장**   (무표정) 아니. 19만 원. 정가야.

희수가 고개를 갸우뚱하며 교복 값을 치른다. 사장은 여전히 무표정하다.
희수가 교복이 담긴 봉투를 드는데, 봉석이 빌려줬던 자기 활동복을 따로 챙긴다.

**희수**   뭐 해. 내일 준다니까?

**봉석**   어. 왜?

**희수**   아 됐어. 이리 줘. 내 땀 냄새 잔뜩 밴 걸. 빨아서 내일 줄게.

| 봉석 | (옷 냄새 맡으며) 괜찮은데? |
| 희수 | (옷 확 잡아채며) 미쳤나봐. |

희수가 나가고 봉석이 엉거주춤 따라가는데, 뒤에서 "바보냐." 소리가
작게 들린다.
봉석이 얼른 뒤돌아보는데 사장은 아무 표정 변화가 없다.
봉석이 머리를 긁적이며 다시 얼른 쫓아 나간다.
사장이 여전히 무표정한 얼굴로 입만 움직이며 다시 말한다. "바보네."

## #72 거리/학교 근처 (오후)

희수와 봉석이 학교를 향해 잰 발걸음을 옮긴다.

| 희수 | 아 배고파. |
| 봉석 | 나도. |
| 희수 | 난 점심 못 먹었거든. |
| 봉석 | (얼결에) 나도. |
| 희수 | 왜? |
| 봉석 | (아차) 아니. 뭐. 그냥. |
| 희수 | (처다보는) |
| 봉석 | (딴청 하는) |
| 희수 | (생각난) 너 혹시 아까 점심시간에 나 기다리다가 점심 놓친 거였어? |
| 봉석 | 너 학교에 아는 사람이 나뿐이라며. |
| 희수 | (옅게 웃는) 그래서, 나 혼자 밥 먹게 될까봐? |
| 봉석 | 응. |

빠르게 걷던 희수의 발이 늦춰진다.
봉석이 걷다 돌아보면, 희수가 지그시 보고 있다.

| 희수 | 편의점 들렀다 가자. 내가! 컵라면에 삼각김밥 쏜다! |
|---|---|
| 봉석 | 어? 야자는? |
| 희수 | (뭐 어때) 땡땡이. |
| 봉석 | (고지식) 그건 좀…. |
| 희수 | 가자. 사줄게. |
| 봉석 | (주저하는) |
| 희수 | 고마워서 그래. |
| 봉석 | ……. |
| 희수 | 너 어제부터 오늘까지, 이틀 동안 다 고마웠어. |

희수가 씩씩하게 편의점으로 앞장선다.
봉석이 자꾸 교문을 바라보며 주저하다 에라 모르겠다 따라간다.

| 희수 | (걷다 홱 돌며) 야. 이건 분명히 알아둬. 나 같은 슈퍼 짠순이가 컵라면 에다 삼각김밥까지 쏘는 건 진짜 대단한 거야. 보통 컵라면과 삼각김 밥이 아니라고. |
|---|---|
| 봉석 | 그래. 고마워. |
| 희수 | 진짠데. |
| 봉석 | (웃는다) 그래. 나도 진짜. |

봉석의 선한 웃음을 보는 희수 얼굴에 옅은 미소가 번진다.

## #73 암사동 한강 둔치/주차장 근처 갈대밭 (저녁)

강변에 노을빛이 물든다. 갈대 수풀이 무성한 곳에 택배 탑차가 숨겨 져 있다.

## #74 암사동 한강 둔치/탑차 화물칸/내부 (저녁)

어둑한 화물칸 내부를 비추는 작은 랜턴 불빛.

프랭크가 캔 옥수수를 퍼 먹으며 작은 랜턴으로 사진을 들여다본다.

봉평이 죽으면서까지 지웠던 사진을 뚫어지게 들여다본다.

봉평과 함께 사진을 찍은 사람. 얼굴은 알 수 없지만 고등학교 교복을
입고 있다.

**프랭크**  (사진을 유심히 보며) High school uniform…?


프랭크가 교복 상의의 앞주머니에 랜턴을 바짝 가져다 댄다.

사진 속 얼굴이 가려진 학생이 입은 교복의 로고. (c.u)

로고가 너무 작아 보이지 않자, 랜턴의 렌즈 마개를 풀어 렌즈를 빼낸다.

랜턴 렌즈(볼록렌즈)에 대고 불빛을 비추자, 교복의 로고가 확대된다.


**프랭크**  JUNGWON HIGH SCHOOL… (이어서 한국말) 정.원.고.등.학.교.


프랭크가 교복 로고의 정원고등학교를 또박또박 읽을 때—

### 인서트

편의점에서 컵라면을 먹고 있는 희수와 봉석. 교복의 정원고 로고.


랜턴 불빛에 비치는 프랭크의 무표정이 살벌하다.

제3화
# 1+1

**정원고등학교/화장실 (저녁)**

남녀 화장실 가운데 벽. 대걸레 두 자루가 나란히 벽에 기대어 서 있다.
길쭉한 대걸레 두 자루가 1과 1 같다.
타이틀 '무빙'이 뜨고, 두 자루의 대걸레와 겹치면서 뜨는 소제목
'제3화: 1+1'.

**정원고등학교 후문 앞/편의점 (저녁)**

계산대에 컵라면과 삼각김밥이 두 개씩 놓여 있다.
희수가 어림짐작으로 계산하며 돈을 센다.
편의점 사장이 바코드를 찍으려는데,

**봉석**    (뒤에서 불쑥) 잠깐!

**희수/사장** (돌아보는)


봉석이 아직 진열되지 않은 물류 박스에서 삼각김밥 한 쌍을 꺼내 든다.

**봉석**    (진지한 표정) (편의점 사장에게) 이걸로 바꿔주시죠.

**희수**    왜?

**봉석**    이건 원 플러스 원이야.

**희수**    오오. 알뜰해. (손에 쥔 돈에서 천 원 빼는)

**봉석**    (또 한 쌍을 올려놓는) 같은 가격에 두 개씩 먹을 수 있어.

**희수**    (다시 천 원 넣는) 장하다.

**봉석 집/1층/식당/주방/옥상 (저녁)**

묵직한 고기 망치를 내려놓는 손. 연육이 잘된 돼지고기.
**[부감숏/요리 프로그램 앵글]** 돼지고기에 소금 후추 뿌리고, 계란 물에 담
갔다가 빵가루를 묻힌다. 요리 과정이 리드미컬하고 능숙하다.

미현이 뻐근한 목을 꺾다가 벽시계를 보면 6시다.

양손에 계란 물과 빵가루를 잔뜩 묻힌 채 주방에서 나온다.

주변을 둘러본 후 슬리퍼에서 발을 스윽 빼더니, 다리를 사악 올려 발 가락으로 간판 스위치들을 탁탁탁탁탁 (굉장히 유연한) 올린다.

'남산 돈까스 심야식당' 대형 간판에 불이 환하게 켜진다.

## #4 편의점/내부 (저녁)

컵라면 두 개. 삼각김밥 두 개.

희수와 봉석이 테이블 바에 나란히 서서 밥을 먹는다.

**희수**     (삼각김밥 포장 막 까며) 돈까스 집 아들이면 돈까스 자주 먹겠다.

**봉석**     (삼각김밥 포장 신중하게 뜯는) 응. 엄청.

**희수**     나도 그렇게 되겠지. 난 닭이고 넌 돼지네.

**봉석**     (삼각김밥 한입에 통째로 넣는 중) 아?

**희수**     (봉석 보며 정색) 그런 뜻 아니었다.

**봉석**     (한입에 통째로 쏙) 웅?

**희수**     우리 집 치킨집 해.

**봉석**     (세상 부러운) 오! 치킨 많이 먹겠다! (밥풀 튀기는)

**희수**     그래.

## #5 치킨집/외부/내부 (저녁)

주원이 현관에 붙은 '오픈 준비中'을 떼고 나름 반듯하게 쓴 '신장개 업'을 붙인다.

어깨를 으쓱거리며 뿌듯한 표정으로 주변을 돌아보는데 행인들은 관 심이 없다.

괜히 머쓱해진 주원이 어깨가 결린 양 주무르며 가게 안으로 들어간다.

'신선한 치킨' 간판에 불이 켜진다.

**편의점/내부 (저녁)**

희수   (한숨) 걱정이야. 우리 아빠 장사 처음 하시는데. 그것도 혼자서.

봉석   우리 엄마도 처음부터 식당 혼자 시작하셨고, 지금도 식당 혼자 하시는데 잘하셔.

희수   아빠는?

봉석   본 적이 없어. 아니. 봤었을 텐데 기억이 안 나.

희수   너 아빠 없어?

봉석   비슷해.

희수   (물끄러미 보는)

봉석   요즘 꿈을 자주 꾸는데… (창밖 보며) 방기수…?

기수가 봉석의 시선을 따라가면, 기수가 후미진 뒷담을 힘겹게 넘고 있다.
쿵 떨어진 기수가 벽을 짚고 일어서는데 얼굴은 멍투성이고 교복엔 피가 묻었다.

희수   쟤 우리 반이지? 왜 저래?

봉석   …싸웠나?

희수   아니, 저건 싸운 정도가 아니라 되게 많이 맞은 것 같은데.

비틀거리며 걷는 기수의 모습이 딱 봐도 안 좋아 보인다.
봉석이 젓가락을 내려놓고 밖으로 나가려는데,

희수   어디 가?

봉석   도와주려고.

희수   냅둬.

봉석   왜?

**희수**   참견하지 마. 괜히 엮이면 피곤해져.

봉석은 자꾸 기수에게 시선이 간다.
기수가 벽을 짚으며 느릿느릿 걸어간다.
안절부절못하는 봉석을 보는 희수의 눈에 이채가 스친다.

**희수**   쟤랑 친해?
**봉석**   아니.
**희수**   남 일에 왜 끼어들려고 해?
**봉석**   그게 아니라… 봤으니까.
**희수**   (가만히 보다가) (중얼) 넌 다르구나.
**봉석**   응?
**희수**   아니야.

희수가 말없이 다시 라면을 먹는다. 기수가 담벼락 뒤로 멀어진다.
기수가 사라지고 나서야 봉석도 다시 라면을 먹는다.

**봉석**   (중얼) 이상하네. 쟤가 맞을 리가 없는데… 쟤 싸움 되게 잘하거든.
**희수**   일진이야?
**봉석**   쟤도 2학년 때 전학 왔는데, 그때 이미 통합 짱이었어. 일진 중 찐 일진.
**희수**   (그게 뭐, 하는 표정)
**봉석**   쟤도 체대 입시생이었어.
**희수**   (멈칫) 체대 입시?
**봉석**   선생님 권유로 체대 준비하다가 다리 다쳐서 관뒀지만. 이후로 완전
          막 나가는 수포자 됐어. 아무도 못 건드려. 선생님도 못 본 척해.
**희수**   아무도 못 본 척하는데 넌 왜 그래.
**봉석**   (대답할 말이 궁색해서 한 말 또 하는) 봤으니까.

**희수**　(쳐다보는)

희수가 봉석의 당연한 표정을 물끄러미 보며 라면을 먹는다.

**희수**　(문득) 근데, 반장이 쟤 아까 조퇴했다고 하지 않았었나?

## #7　정원고등학교/교실 (저녁)

야간자율학습하는 학생들. 빈자리가 듬성듬성한 교실. 지도교사 없는
산만한 분위기.
집중하기 어려운 교실 분위기 속에 강훈이 정자세로 앉아 공부하고
있다.
강훈의 교복 아랫단에 묻어 있는 핏방울. (c.u)

## #8　편의점/내부 (저녁)

젓가락을 탁 내려놓는 희수.
옆을 보면 봉석은 이미 다 먹고 얌전히 기다리고 있다.

**희수**　안 모자라?
**봉석**　잘 먹었어. 고마워.
**희수**　고맙긴, 내가 고맙지. 너 나 밥 먹을 친구 없을까봐 기다려줬잖아.
**봉석**　사실 나도 밥 먹을 친구 없었어.
**희수**　아싸야?
**봉석**　(부끄러운 끄덕)
**희수**　(쿨한) 나도야.
**봉석**　에이. 넌 막 전학 왔으니까 그렇지.
**희수**　아니야. 나 이전 학교에서도 친구 별로 없었어.
**봉석**　어? 니가? 넌 인기 되게 많았을 것 같은데.

| 희수 | 왜? |
|---|---|
| 봉석 | 성격 좋고. |
| 희수 | (쳐다보는) |
| 봉석 | 인성 좋고… |
| 희수 | 같은 말 아니야? (계속 쳐다보는) |
| 봉석 | 예, 예쁘잖아. (말해놓고 지가 부끄러워하는) |
| 희수 | (킥) 왜 지가 민망해해. |
| 봉석 | (눈 못 마주치는) 아무튼, 인기 많았을 것 같은데…. |
| 희수 | (한숨) 흠. 그랬지. 나중엔 다 필요 없더라. |
| 봉석 | 무슨 일 있었어? |
| 희수 | (싹둑) 그런 게 있어. 다 먹었음 가자. |

희수가 원 플러스 원으로 받은 삼각김밥을 교복 담은 봉투에 넣는다.
봉석이 희수가 먹은 컵라면 그릇까지 같이 치우는데,

| 희수 | 잠깐? 그렇다면 말이야. (의미심장한) 나도 친구가 없고, 너도 친구가 없으니, 나도 너랑 밥을 같이 먹어준 거기도 하네? |
|---|---|
| 봉석 | 내가 그 말 한 건데…. |
| 희수 | 그럼 아이스크림 사. |
| 봉석 | (헐) |

## #9 치킨집 / 주방 (저녁)

튀김기. 먹음직스러운 소리와 함께 튀겨지는 닭 조각들.
주원이 온몸의 근육을 긴장시키며 심각한 표정으로 튀김기를 쳐다본다.
양손에 집게를 쥔 주원의 팔뚝에 터질 듯이 힘줄이 돋아나 있다.
주원 팔뚝에 있는 동그란 흉터가 울끈불끈하다.
쿠킹 타이머가 '삐삑!' 3분을 알리자 벼락같이 집게를 놀려 치킨들을 꺼낸다.

세상 신중한 표정으로 기름을 털고 기름 채반에 옮겨 담는데 모든 행동이 어설프다.

치킨을 다 옮기고 뿌듯한 표정으로 돌아보면, 주방이 기름 범벅으로 난장판이다.

**주원**    (지저분한 주방 외면하며) 쉽네, 뭐. 초벌 튀김은 끝났어. (몸을 휙 틀어 전화기에 손가락 총 쏘며) 이제 주문만 오면!

전화기 옆에 잔뜩 접어서 쌓아놓은 치킨 포장용 종이상자들. 의욕이 넘쳐 보인다.

종이상자들 옆에 치킨 쿠폰이 쌓여 있다. '열 장 모으면 한 마리 서비스'. (c.u)

치킨 쿠폰에 그려진 치킨 마스코트가 웃고 있다.

## #10    편의점/내부 (저녁)

희수가 양손에 아이스크림을 하나씩 들고 있다.

봉석이 아이스크림 하나를 입에 문 채 두 개째를 까고 있다.

**희수**    원 플러스 원 진짜 좋아하네….

**봉석**    (의기양양한 표정으로 아이스크림 크게 베어 먹는)

희수가 포장을 서툴게 까서 아이스크림을 핥아 먹는다.

**희수**    근데, 나 아빠한테 아직 체대 준비한다고 말 못 했다?

**봉석**    왜?

**희수**    괜히 걱정하실까봐.

**봉석**  몰라서 걱정하지. 알면 걱정 안 하셔.

**희수**  응?

**봉석**  울 엄마가 그러셨어. 걱정은 잠깐이고, 응원하게 된다고.

**희수**  그래?

**봉석**  (두 번째 아이스크림 먹는) 마음에 안 들어도 걱정은 잠깐이고, 결국 응원할 수밖에 없대. 그게 부모 마음이래.

**희수**  그런가. 난 그런 얘기 해주는 엄마가 없어서 그런 거 잘 몰랐네. 우리 아빠 맨날 맨날 쎈 척만 하시거든.

**봉석**  말씀드려. 부모는 그런 게 되게 서운한가봐.

**희수**  (생각하는)

**봉석**  널 돕고 싶으실 텐데 응원할 방법을 모르시는 거잖아. 알게 하셔야지.


희수가 물끄러미 봉석을 쳐다본다.
봉석은 벌써 아이스크림 두 개째를 다 먹어간다.


**봉석**  (먹으며) 너도 방금 아빠 걱정했잖아. 너도 아빠 응원하고 싶잖아.

**희수**  (쳐다보는)

**봉석**  같은 거 아니야?

**희수**  (쳐다보다가 자기 아이스크림 건네며) 이것도 너 먹어라.

**봉석**  응?

**희수**  난 충분히 플러스 됐어.


### #11  정원고등학교/교실/복도 (저녁)

**(E)**  딩동댕동~ ♪ ♬


석식 시간 종이 울리고 학생들이 일제히 기지개를 켠다.
학생들이 교실을 나가는데 봉석과 희수가 뒤늦게 들어온다.

강훈이 보면, 둘은 뭐가 재밌는지 희희낙락 즐겁다.

**봉석**    반장. 아까 기수 집에 갔다고 하지 않았어?

**강훈**    (무표정) 응. 왜.

**봉석**    좀 전에 후문 쪽에서 학교 나오는 거 봤거든.

**강훈**    다시 왔나 보지. 왜.

**봉석**    무슨 일이 있었던 것 같아서. 보니까 기수가

**희수**    (끼어들어 말 끊는) 별거 아냐. 몰라도 돼. (봉석에게 눈짓) 가자.


희수의 태도에 강훈이 순간 소외감을 느낀다.

자기들끼리만 비밀을 나누는 모습에 강훈은 저도 모르게 유치해진다.


**강훈**    야자 시간에 어디 갔었어?

**봉석**    (민망한)

**희수**    (당당한) 밥 먹고 왔지.

**강훈**    땡땡이야. 그거.

**희수**    뭐 어때. 야간자율학습인데. 자율.

**강훈**    (말문 턱) (보다가) 너희 잘 어울려 다닌다? 잘 맞나봐?


언뜻 유치하고 까칠한 강훈의 말투.

희수와 봉석이 마주 본다. 잠깐의 정적.


**희수**    (강훈에게) 응. 우리 은근히 공통점이 있더라고.

**강훈**    (쳐다보는)

**희수**    학교에 친구 별로 없고. 부모님 자영업 하시고.

**강훈**    (멈칫)

강훈이 뭔가 말하려고 입술을 달싹이다가, 그대로 일어나서 교실 밖으로 나간다.

## #12 정원고등학교/복도 (저녁)

복도에 급식실과 편의점에 가는 학생들이 가득하다.
학생들이 두셋씩 옹기종기 떠들면서 걷는데 강훈이 혼자 걸어간다.

## #13 봉석 집/1층/식당 (저녁)

손님들이 가득 찼다. 미현이 혼자 서빙하고, 테이블 치우고, 주문을 받는다.
숙달된 미현의 행동이 재빠르고 군더더기 없다.
등산복을 입은 손님들이 많은데 불륜 남녀도 앉아 있다.
불륜남이 미현에게 "왕 하나. 보통 하나." 주문하자, 불륜녀가 "왕 둘이요." 한다.
미현이 주문을 받고 돌아서는데, 맞은편 테이블의 등산복 남자 손님 둘이 말을 건다.


**등산남1** (한잔 걸치고 왔는지 불콰한) 예쁜 사장님. 여기 맥주 한 병.

**미현** 술은 안 팔아요.

**등산남2** (반말) 그런 게 어딨어. 식당에서 술을 왜 안 팔아?

**미현** (대꾸하지 않는)

**등산남1** (등산 가방에서 주섬주섬 막걸리 꺼내는) 됐어. 됐어. 안 판다잖아. 우리 먹던 거 먹으면 되지. (미현에게) 예쁜 사장님, 같이 한잔할래?

**미현** (차분한) 여기 술 안 돼요.

**등산남2** (발끈) 거, 사장님 예쁘게 생겨갖고 되게 빡빡하게 구네. 빨리 먹고 나가라는 거야 뭐야. 장사 이딴 식으로 하면 그때, 거대한 남자가 돼지고기 덩어리를 둘러메고 들어온다.
위압감이 느껴지는 남자를 본 등산남들이 찔끔한다.


**미현**   (선뜻 반말) 왔니?

**정육점남**   이모. 이거 어따 놔아.

**미현**   주방에 갖다 놔.

**정육점남**   웅. (등산남들 스윽 보며 주방 들어가는)

**미현**   (등산남들에게) 술 안 돼요.

**등산남들**   네.


## #14   치킨집/홀/주방 (저녁)

냅킨 위에 곱게 놓여 있는 포크. 오밀조밀 붙어 있는 테이블들. 반짝
반짝 빛나는 바닥.
하지만 손님이 한 명도 없다. 입구에 대기석까지 만들어놨는데 홀이
텅 비어 있다.
벽걸이 TV에선 먹방이 나오고, 출연자들이 호들갑 떨며 하필이면 치
킨을 먹고 있다.
TV 속의 치킨집은 손님들이 가득하다.


주방으로 들어서면, 기름 채반에 초벌 튀김을 마친 치킨들이 쌓여 있다.
주원이 팔짱을 끼고 계산대의 전화기를 노려본다.
울리지 않는 전화기/전화기를 노려보는 주원의 눈/잠잠한 전화기/주
원의 눈/전화기/파리가 날아들어 주원의 눈동자에 앉는다/깜박이지
않는 눈/그때, 울리는 전화기!


**(E)**   따르륵…

**주원**   (잽싸게 수화기 낚아챈) 네. 죽었어도 신선한, 신선한 치킨입니다. (듣는)


160

네? 네에… 아니요. 대출 이미 많이 받았습니다. 네. 네. 수고하십시오.
네. 네에. (전화기 내려놓는)

주원이 실망한 표정으로 수화기를 내려놓는다.
잔뜩 쌓인 치킨 쿠폰의 치킨 마스코트가 웃고 있다.

**주원**   (그림에 괜히 시비) 뭐 좋다고 웃냐.

주원이 고개를 푹 숙이며 한숨을 쉰다.
고개 숙인 주원의 눈에, 바닥에 떨어져 있는 메모지 한 장이 보인다.

## #15  봉석 집 / 1층 / 식당 (저녁)

등산남들이 계산대 앞에서 괜히 서로 계산하겠다고 꾸물꾸물 실랑이
한다.

**등산남1**  여기 계산!

주방에서 미현이 고기 써는 칼을 들고 나온다.

**등산남1**  이요.

## #16  정원고등학교 / 운동장 / 교문 (저녁)

야간자율학습을 마친 학생들이 삼삼오오 교문 밖으로 나간다.
오전에 내린 비로 운동장이 젖어 있다.
학생들이 보도블록을 따라 걷는다.
다정하게 두셋씩 걷는 학생들의 뒤에 강훈이 친구도 없이 혼자 걸어
간다.

## #17 정원고등학교/2층/화장실 앞 (저녁)

남녀 화장실이 나뉘는 수돗가에 청소도구함이 있다.
청소도구함 벽에 삐뚜름하게 대충 기대 놓은 대걸레 두 자루.
대걸레를 향해 비장하게 걸어가는 봉석과 마지못해 따라가는 희수.
봉석이 빗자루와 대걸레를 집어 희수에게 건넨다.

**봉석**   (대걸레 하나 건네며) 잘 들어. 먼저, 빗자루질을 해. 그다음에 호스로 물을 한 번 쫙 뿌리고, 다시 빗자루질을 해. 그리고, 물로 바닥을 한 번 쓸어낸 다음에 대걸레로 바닥을 닦으면

**희수**   (싹둑) 오케이. 거기까지.

**봉석**   (희수, 여자 화장실로 이미 들어간) 걸레는 다시 빨아서… 여보세요?

## #18 정원고등학교/남자 화장실 (저녁)

차근차근 꼼꼼하게 청소하는 봉석의 모습이 이어진다.

- 화장실 손잡이에 걸려 있는 봉석의 가방과 보조 가방.
- 봉석의 귀에 꽂혀 있는 이어폰. 음악이 흘러나온다.
- 화장실 구석구석 빗자루질 한다.
- 수도꼭지에 호스를 연결하고 틀면 호스 여기저기에 구멍이 나서 물이 줄줄 샌다.
- 호스로 바닥에 물을 뿌리며 다시 빗자루질 한다.
- 대걸레가 부러져라 바닥을 싹싹 닦아낸다.

봉석이 열심히 대걸레질을 하는데, 팔꿈치에 흠칫 차가운 감촉이 와 닿는다.
놀라서 돌아보면, 희수가 봉석의 까진 팔꿈치에 연고를 콕 찍고 있다.

**봉석**    (당황) 뭐, 뭐 해?

**희수**    (연고 더 짜며) 가만있어봐. 너 아침에 나랑 부딪쳐서 넘어졌다가 까진 거잖아. (발라주는)

봉석의 팔꿈치를 터치하는 희수의 손가락. (c.u)

**희수**    나 이런 거 처음 해봐서, 이 정도 바르면 되나?

희수가 손가락으로 살살 연고를 발라주고, 봉석은 엉거주춤 굳어 고개도 못 돌린다.

**인서트_ #2**
컵라면과 삼각김밥 계산할 때, 계산대 앞 매대의 연고와 밴드를 얼른 집어 "이것도요." 하고 계산하는 희수.

희수가 밴드를 꺼내 연고 바른 곳에 붙인 후 손바닥으로 꾸욱 눌러준다. 봉석의 얼굴이 벌게지고, 대걸레 자루를 움켜쥔 손에 힘이 들어간다. 희수가 힐끗 쳐다보자, 봉석이 저도 모르게 눈을 피한다.

**희수**    다 됐다. 너 가져. (연고랑 밴드 건네주는)
**봉석**    (어버버) 그…
**희수**    난 이런 거 필요 없거든. (봉석의 주머니에 쏙 넣어준다)

봉석이 대걸레자루를 양손으로 꼭 쥐고 아무 말도 못 하고 서 있다.

**희수**    난 다 했는데, 넌 아직 멀었어? 대충 하면 되지 뭘 그렇게까지.
**봉석**    (말 못 하고 끙끙대는)

봉석의 이마에 땀이 송골송골 맺힌다.
대걸레자루를 꽈악 움켜쥔 손이 하얗게 된다.

**희수**  왜 말을 안 해?

**봉석**  (아주 작게 중얼) 삼쩜일사일오구이육오삼…

**희수**  뭐?

**봉석**  (끙끙) 머, 먼저 가.

**희수**  어?

**봉석**  (끙끙) 먼저 가라고.

**희수**  (약간 서운한) 그래? 흐음. (이내 쿨하게) 그럼. 수고~ (나가버리는)

희수가 화장실 문을 닫고 나가자마자 봉석의 발이 미끄러지더니― 공
중에 떠오른다.
대걸레 자루를 쥐고 떠오르는 봉석의 모습.
그 모습이 마치, 스탠딩 마이크를 쥐고 고음 절정부를 부르는 가수 같다.
봉석의 몸을 지탱한 대걸레가 호스를 누르고, 구멍 숭숭 뚫린 호스에
서 분수 같은 물줄기가 박수갈채처럼 솟구쳐 나온다.

## #19  정원고등학교/화장실 앞 (늦은 저녁)

봉석이 대걸레를 들고 남자 화장실에서 나온다.
빈 물병에 다시 물을 잔뜩 받아 채웠는지 보조 가방이 묵직하다.
남녀 화장실 가운데 벽. 희수가 대걸레를 빨아 거꾸로 벽에 기대어 놓
았다.
봉석이 희수의 대걸레 옆에 자기 대걸레를 나란히 기대어 놓는다.
길쭉한 대걸레 두 자루가 1과 1 같다. [#1/오프닝의 대걸레]

## #20  언덕길 (밤)

강훈이 편의점 앞을 지나 언덕길을 걸어 올라간다.

언덕 위. 슈퍼마켓 앞 평상에 빛을 등진 재만이 웅크리고 앉아 있다.

## #21 강훈 집 앞/슈퍼마켓 (밤)

강훈이 평상 앞에 다다르자, 재만이 고개를 든다.

재만의 손목시계. 매 시각 정시를 알리는 알람이 울린다. [PM 08:00]

| | |
|---|---|
| **(E)** | 삐빅! |
| **재만** | (어눌한 말투) 강훈이 왔니…. |
| **강훈** | (건조한 말투) 네. 아버지. 다녀왔습니다. |

**인서트_ #11**

**희수v.o** 우리 은근히 공통점이 있더라고.

재만이 강훈을 보며 그저 헤벌쭉 웃는데 어딘가 모자라 보인다.

강훈이 무표정한 얼굴로 아버지를 보다가 고개를 들면 낡은 간판. '훈이네 슈퍼마켓'.

**인서트_ #11**

**희수v.o** 학교에 친구 별로 없고. 부모님 자영업 하시고.

재만이 강훈과 함께 마트로 들어가자 윤영(강훈 모)이 반긴다.

마트 안쪽에 집과 연결된 현관문이 보인다. 집으로 들어가는 가족의 뒷모습.

**강훈na** 나도 그래.

다시 마트 밖 평상. 재만이 앉았던 평상의 자리.
매일 같은 자리에 앉아서 아들을 기다렸을 그 자리만 장판 색이 바랬다.

## #22 시장 거리/골목/치킨집 (밤)

경쾌하게 걷는 희수의 발걸음. 활동복을 입은 희수가 시장 거리를 걷는다.
하루를 마무리하는 점포들 앞에서 상인들이 떨이를 외친다.
희수의 발걸음이 시장 거리를 벗어나 치킨집으로 향한다.
불을 밝히고 있는 '신선한 치킨' 간판. 희수의 발걸음이 멈칫한다.
희수가 치킨집 안을 보면, 테이블은 텅 비어 있고 주원이 혼자 오픈키친에 있다.
주원이 팔지 못한 식은 치킨을 꾸역꾸역 먹고 있다.
그 모습을 보는 희수의 뒷모습. 미동도 하지 않고 아빠의 모습을 본다.
한참을 우두커니 서 있는 희수. 상가 유리에 비친 자기 모습을 본다.
껄렁하게 아무렇게나 입은 활동복. 희수가 상가 건물 화장실로 들어간다.

**cut to**
교복으로 갈아입은 희수가 상가 건물에서 나온다.
희수가 옷매무새를 단정하게 다듬는다.

## #23 치킨집/주방/홀 (밤)

가게 문 열리는 소리가 들리자, 주원이 먹던 치킨을 내려놓고 주방에서 나오며

**주원**  (크게) 어서 옵 (희수 보고) 왔니?

**희수**  (팔 쫙 펼치며) 새 교복 어때?

| 주원 | (입가의 치킨 자국 닦는) 이쁘다. 마음에 들어? |
|---|---|
| 희수 | (한 바퀴 빙 돌며 활짝 웃는) 응. 아빠가 사줬잖아. |

희수의 밝은 모습. 주원의 얼굴에 하루의 피로가 녹는 웃음이 번진다.
주원의 주름살 가득한 웃음. 희수의 얼굴에 옅은 미소가 피어난다.

| 봉석v.o | 울 엄마가 그러셨어. 걱정은 잠깐이고, 응원하게 된다고. |
|---|---|
| 희수 | 아빠. |
| 주원 | 응? |
| 봉석v.o | 응원할 방법을 모르시는 거잖아. 알게 하셔야지. |
| 희수 | (웃는) 나 응원이 필요해. |

## #24 정원고등학교/화장실 (밤)

깨끗이 빨아서 벽에 가지런히 기대 놓은 대걸레 두 자루.
희수의 대걸레가 스르르 미끄러지더니 봉석의 대걸레에 기대어진다.

## #25 치킨집/내부 (밤)

텅 빈 홀. 희수는 의자에 앉아 있고, 주원은 팔짱을 끼고 서 있다.
희수는 웃는 낯인데 주원은 잔뜩 성이 났다.

| 주원 | (붉으락푸르락) 아빠한테 말 한마디 없이 진로를 결정했다고?!! |
|---|---|
| 희수 | 지금 말하잖아. |
| 주원 | (버럭) 그걸 지금 말이라고 하는 거야! 문과 지망하던 니가 왜 갑자기 체대야! 왜 그걸 갑자기 결정한 건지 아빠한테 말해야 할 거 아냐! |
| 희수 | (웃으며) 아 맞다! 아빠 오픈 축하해! |
| 주원 | 그래 고맙… 이 녀석이 말 돌리고 있어! 왜 갑자기 체대냐고 묻잖아!! |
| 희수 | 오늘 닭 많이 팔았어? |

| 주원 | 두 마리 팔았… 이 녀석이 자꾸 말 돌리네!! 왜 갑자기 체대냐고!! |
|---|---|
| 희수 | 나 아빠 닮아서 튼튼하고 운동 잘하잖아. |
| 주원 | 너 지금 그게 이유가 된다고 생각해!! |
| 희수 | 아빠, 나 학원비도 안 들어. |
| 주원 | (멈칫) |
| 희수 | (차근차근) 담임선생님이 체육 과목이시거든. 선생님이 학교에서 다 가르쳐주신대. 그래서 체대 입시 학원 다닐 필요도 없어. |
| 주원 | (말문이 막힌) |
| 희수 | (웃는) 아빠 걱정 마. 내가 알아서 할게. |
| 주원 | (잠시 말문이 막혀 쳐다만 보다 버럭) 아빠가 묻는 건 그게 아니잖아! |
| 희수 | 어우 소리 좀 그만 질러. |
| 주원 | 지금 소리 안 지르게 생겼어!! 아빠랑 한마디 상의도 없이 자기 맘대 |
| 손님 | (하필 그때, 가게 문 열고 들어오며) 여기 후라이드 반 양념 반 ㅍ |
| 주원 | (버럭) 안 팔아! |
| 희수 | (얼른) 팔아요! 어서 오세요! 잠깐만 기다리세요! |

희수가 겁먹은 손님을 얼른 붙잡아 대기석으로 안내한다.

## #26 시장 거리 (밤)

희수가 후련한 표정으로 시장 거리를 걷는다.
화장품 가게 유리에 '폐업 세일 1+1' 종이가 붙어 있다.
'1+1'을 보고 희수가 웃는다.

## #27 치킨집/주방 (밤)

주원이 주머니에 손을 넣고 주방에 서 있다.
멍하니 서서 튀김기 온도가 올라가는 것을 보고만 있다.
튀김기 온도계가 올라간다. 빨간 램프. 150도.

**희수v.o** 아빠, 나 학원비도 안 들어.

**주원na** 학원비가 들지 않는다는 말에 멈칫하고 말았다.


온도계가 올라간다. 빨간 램프. 160도.
주원이 주머니에서 종이쪽지를 꺼낸다.


### 인서트_ #14

바닥에 떨어져 있던 메모지.


주원이 종이쪽지를 펼쳐보면 희수가 학원비를 메모했던 종이.


### 인서트_ 메모

희수 뒷주머니에서 떨어진 메모지. 여러 학원에서 상담받은 수강료들. 고민의 흔적이 느껴지는 동그라미 빗금 엑스표들.


희수의 메모를 멍하니 보는 주원.
기름통 안의 기름방울이 끓어오른다. 온도계가 올라간다. 빨간 램프. 170도.
메모지를 보는 주원의 눈시울이 붉어진다.
온도계가 올라간다. 180도. 파란 램프가 켜진다.
주원이 손으로 얼굴을 가린다. 주원의 뒷모습. 어깨가 들썩인다.
계산대 위에 희수가 두고 간 삼각김밥이 놓여 있다.


### cut to

대기석에서 아직도 치킨을 기다리는 손님.
이러지도 저러지도 못하고 마냥 기다린다.

## #28 버스 정류장/버스 (아침)

비가 내린다. 우산을 쓴 봉석이 주변을 두리번거린다.
희수를 기다리던 봉석이 정류장의 시계를 보며 아쉬워한다.
버스가 정류장에 서며 문이 열린다.
문이 열리자마자 봉석이 인사를 하는데,

**봉석**  (기운 넘치게) 안녕하! (버스 기사 확인하고 목소리 조금 낮아진) …세요.


버스 기사가 매일 이 시간에 운행하던 전계도가 아니다.
봉석이 갸우뚱하며 버스에 올라탄다.

## #29 버스/도로 (아침)

버스 안에 빈자리가 있는데 봉석은 인도 쪽의 창문 앞에 가서 선다.
버스가 출발하고 봉석이 서서 창문 밖을 내다본다. 버스가 느리게 간다.
얼마나 지났을까. 인도 저 뒤쪽에서 노란색이 눈에 들어온다.
희수가 노란 우비를 뒤집어쓰고 인도를 달려오고 있다.

**슬로 모션**

- 버스 안의 봉석과 버스 밖의 희수의 눈이 마주친다.
- 희수가 달리며 버스노선 도로 앞쪽과 봉석을 번갈아 본다.
- 희수와 눈이 마주치자, 봉석이 손을 살짝 흔들며 웃는다.
- 눈만 내놓은 희수가 봉석을 보며 안타까운 눈썹을 한다.
- 희수가 버스를 앞질러 달린다.


희수가 안타까운 표정으로 자꾸 봉석을 돌아보며 쭉쭉 달려 나간다.
봉석은 자꾸 돌아보는 희수 모습에 그저 좋아서 입이 헤 벌어진다.

**봉석**    (헤벌쭉) 오늘따라 더 빠르네… 멋있다….

### cut to

버스 차선의 앞쪽. 도로 한복판에 도로 복구 공사 표지판. 인부들이 차도의 움푹 팬 웅덩이를 메우는 공사 중이다. 버스 앞쪽 차도가 공사로 인해 교통이 정체된다.

길가에 걸린 플래카드들. '지반침하 우려에도 강행하는 굴착공사 반대한다' '우리 집 밑으로 지나가는 고속도로 터널 반대한다' '싱크홀 불안에 못 살겠다. 재발방지 대책 마련하라'.

버스 안에서, 영문도 모른 채 히죽거리고 서 있는 봉석의 얼굴.

### #30  정원고등학교/교문 앞 (아침)

넋 나간 표정의 봉석 얼굴. 일환이 한심한 표정으로 봉석을 본다.

닫힌 교문 밖에 봉석이 후줄근하게 서 있다.

커다란 궁서체 자막. **지각.** 비바람이 후우우우웅 분다.

### #31  정원고등학교/교실 (아침)

조회 시간. 기수의 자리가 비어 있다.

**일환**    방기수랑 연락 되는 사람 아무도 없어? (학생들 조용) 아무도 몰라?

봉석이 손을 들려고 움찔거리는데, 희수가 하지 말라는 눈짓을 보낸다. 움찔하는 봉석에게 희수가 고개를 젓는다. 봉석이 손을 내린다. 강훈이 곁눈질로 봉석과 희수를 본다.

**일환**    (재차 묻는) 방기수랑 친한 사람 아무도 없었어?

조용한 교실. 학생들이 서로를 볼 뿐 아무도 대답하지 않는다.

일환     (한숨) 방기수 보면 나한테 오라고 해라.

학생들   네~

일환     장희수. 4교시 자습 시간에 체육복 입고 강당으로 와라. (나가며) 자.
        이상. 모두 수업 준비해라.


봉석이 엉거주춤 일어서려 하자, 희수가 쓰읍 참견하지 말라고 눈짓
한다.
일환이 교실에서 나가자마자 학생들이 저들끼리 떠들거나 책상에 엎
드린다.


강훈     (뒷자리 희수 보며) 너희 뭐 봤어?

희수     아니.

강훈     뭔데.


희수가 가까이 오라고 손짓한다. 강훈이 머뭇대다가 몸을 돌려 앉는다.


희수     (얼굴 바짝 대고 속삭이는) 너야말로 뭐 알아?

강훈     (희수가 바짝 붙자 살짝 당황하는) 왜, 왜. 뭐.

희수     (목소리 더 낮추는) 어제 봤거든. 방기수, 누구랑 싸운 것 같았어. 뭔 일
        있었던 것 같아.

강훈     (말할까 말까 쳐다보는)

희수     괜찮겠지 뭐. 걔 일진이라매. 체대도 준비했었고.

강훈     (멈칫) 그런 건 어떻게 알아?

희수     봉석이가.


172

강훈이 고개를 돌리면, 저쪽에서 곁눈질로 보던 봉석과 눈이 마주친다.

**강훈**   많이 친해졌나 보네. (다시 앞으로 돌아앉는)

**희수**   뭐야. 왜 말을 하려다 말아.

## #32  치킨집/내부/외부 (오전)

주원이 치킨집 앞에 큼지막한 종이 한 장을 더 써서 붙인다.

**[매장으로 전화 주시면 치킨 반 마리도 신속 배달. 배달비 무료. 새벽 2시까지 영업]**

물끄러미 쳐다보던 주원이 핸드폰을 꺼내 검색창을 연다.

자판을 누르는 손가락. 검색창 화면. [ㅊ]

## #33  정원고등학교/교실 (오전)

빗방울이 잦아진다. 운동장 곳곳에 팬 웅덩이에 빗물이 고여 있다.

## #34  정원고등학교/강당 (오전)

멈춰 있는 환풍기. 농구대 벽에 설치된 서전트 점프대. 바닥에 널려 있는 핸드볼 공들.

강당 바닥 곳곳에 주황색 라바콘이 놓여 있고 매트가 깔려 있다.

스톱워치를 든 최일환이 희수를 코치하며 각종 체력 측정을 한다.

윤성욱(부담임)이 옆에서 실기 배점표에 점수를 매긴다.

**몽타주**

- 라바콘 사이를 오가며 20미터 왕복 달리기를 하는 희수.

- 제자리멀리뛰기 하는 희수. 자세를 잡아주는 일환.

- 핸드볼 공을 힘껏 던지는 희수. 일환이 공 던지는 자세를 하나하나 잡아주며 열성적으로 가르친다. 성욱이 왜 저렇게까지 하나 쳐다본다.

- 윗몸일으키기 하는 희수. 일환이 다리를 잡아주며 카운트를 센다.

- 너무 열심히 코치하는 일환을 미묘한 표정으로 쳐다보는 성욱.
- 서전트 점프하는 희수. 점프 자세를 지적하는 일환.
- 희수가 점프판을 때릴 때마다 점프판과 농구대가 함께 들썩인다.
- 성욱이 농구대의 낡은 너트를 유심히 쳐다본다. 너트가 삐걱댄다.

## cut to_ 시간 경과

먼지가 폴폴 날린다. 희수가 거친 숨을 몰아쉬면서도 일환 앞에 꼿꼿하게 서 있다.

**성욱**  (기침) 쿨럭! 어우 먼지… (배점표 보며) 잘하는데. 갈 길이 머네.

**희수**  (거친 호흡) (실망하는)

**일환**  기초체력을 위해 우선 오래달리기에 집중해라.

**희수**  (숨 몰아쉬는) 네.

**일환**  20미터 왕복 달리기, 윗몸일으키기, 제자리멀리뛰기, 핸드볼 공 던지기, 서전트 점프가 대부분 공통 포함이야. 선택과 집중이야. 남은 기간, 이 중에 만점 가능한 종목에만 집중하자.

**희수**  (숨 고르며) 제 목표는 올 만점이에요.

**성욱**  (끼어드는) 올 만점? 패기도 좋다.

**희수**  올 만점 받아야 인서울 장학금 가능해요.

**성욱**  (배점표 건네며) 니 기록 요거야. 그렇게 쉽게 말할 만한 게 아니야.

희수가 배점표를 보면 자신의 기록이 만점에 미치지 못한다.

**희수**  쉽게 말한 거 아니에요. 난 여기에 인생 걸었어요.

**성욱**  (피식) 겨우 열아홉 주제에 뭘 인생까지 걸어.

**희수**  (입 꾹)

**일환**  오늘은 여기까지. 코치 받은 거 잊지 말고, 개인 훈련 매일 해라. (돌아

174

서며) 정리하고 밥 먹으러 가.

**희수**   (바짝) 네!

일환이 꺼져 있는 환풍기를 올려다보며 강당 밖으로 나간다.

**일환**   윤 선생. 수업 전에 여기 환기 좀 시켜.
**성욱**   아니, 그걸 왜 나한테… (먼지에 재채기) 헷취!

윤성욱이 먼지를 휘휘 손으로 저으며 밖으로 나간다.
강당 문이 닫히고 나서야, 희수가 후들거리는 다리를 이기지 못하고
주저앉는다.
먼지가 풀썩 날리고, 텅 빈 강당에 혼자 앉아 있는 희수.

## #35 정원고등학교/교실 (점심)

수업 종료 벨이 울리고, 학생들이 급식실로 달려간다.
여전히 자리에 앉아 있는 봉석.
보조 가방에서 2리터 물병을 꺼내 벌컥벌컥 마신다.
텅 빈 교실. 물 한 병을 다 마시고 한 병을 더 꺼내는 봉석.

## #36 정원고등학교/급식실 앞 복도 (점심)

성욱이 복도에서 강훈과 마주치고 대화를 나눈다. [묵음]

## #37 정원고등학교/급식실 (점심)

점심시간 끝 무렵. 급식실이 한산하다.
교복으로 갈아입은 희수가 봉석과 마주 앉아서 밥을 먹는다.
희수가 허겁지겁 밥을 먹고, 봉석은 식판에 밥과 반찬을 산처럼 쌓아
놓고 앉아 있다.

| 봉석 | 왜 이렇게 늦었어. |
|---|---|
| 희수 | 땀 냄새 나서 교복 갈아입고 오느라. |
| 봉석 | 천천히 먹어. |
| 희수 | (와구와구) 뛰었더니 너무 배고파. 늦게 왔더니 반찬도 없네. |
| 봉석 | (씨익 웃으며 자기 식판 밀어주는) 자. 여기. 반찬 많아. |
| 희수 | 넌…? |
| 봉석 | 나 좀 전에 먹었어. 두 판째야. |
| 희수 | (감동) 너…. |
| 봉석 | (웃는) |
| 희수 | (식판 끌어당기며 웃는) 근데 너무 많다. 남기면 아까운데…. |
| 봉석 | (식판 끝 살짝 잡으며) 반찬 덜어가라고. 나 원래 두 판 먹어. |
| 희수 | (감동 와장창) |

## #38 정원고등학교/강당 (저녁)

희수가 다시 강당으로 들어온다.

강당 구석에 리스킹카(전동청소차)가 서 있다.

강당 창문들이 모두 열려 있고, 천장의 환풍기가 요란하게 돌아간다.

희수가 강당 구석에서 교복을 벗고 활동복으로 갈아입는다.

길지 않은 머리카락을 야무지게 모아 뒤로 묶는다.

## #39 정원고등학교/외부 전경/담 (저녁)

비가 멎었다. 운동장에 어둠이 내려앉고 교실의 불들이 밝게 켜진다.

정문 밖 담장 옆에 택배 차량 한 대가 서 있다.

## #40 정원고등학교/강당 (저녁)

환풍기 돌아가는 소리 속에 라바콘 치는 소리.

**(E)** 퉁!

20미터 간격의 라바콘을 왕복하며 터치하는 희수.

**(E)** 퉁!
**희수na** 대학 합격이 인생의 전부는 아니라고들 말한다.
**(E)** 퉁!

터치하고 달리는 희수.

**희수na** 지금 당장 선택하지 않아도 되는 사람들은 쉽게 말한다.

라바콘 터치하는 손.

**(E)** 퉁!
**희수na** 지금 고3인 나에겐 인생의 전부다.
**(E)** 퉁!

터치하고 달리는 희수.
쉼 없이 왕복하고 달리며 라바콘 터치하는 희수.

**(E)** 퉁!
**(E)** 퉁!
**(E)** 퉁!

### cut to
서전트 점프판. (c.u)

점프판을 손끝으로 올려 신장에 맞게 조정하는 희수.

**(E)**    끼리리리리릭…!

희수가 탄마 통에서 흰색 탄마가루를 잔뜩 묻힌다. (c.u)
서전트 점프대 밑에서 팔을 앞뒤로 휘젓는 희수.
희수가 있는 힘껏 뛰어올라 팔을 쭉 뻗어 서전트 점프판을 때린다.

**(E)**    파앙!

점프판에 선명하게 찍히는 희수의 손바닥 자국. (c.u)
희수가 다시 뛰어오른다.

**(E)**    파앙!

강당을 울리는 소리.

**(E)**    파앙!
**(E)**    파앙!

### cut to_ 시간 경과
농구대에 고정된 서전트 점프대.
점프판에 무수히 찍힌 희수의 손바닥. 맨 위의 손끝. 54cm. (c.u)
희수가 한숨을 쉬며 손바닥에 탄마가루를 묻힌다.

### 인서트
실기 배점표. 서전트 점프 여자 만점 60cm.

희수가 다시 숨을 고르며 팔을 앞뒤로 크게 휘젓는다.

**희수na**  수단과 방법을 가리지 않겠다. 무슨 짓을 해서라도 대학에 가겠다.

이를 악물고, 있는 힘껏 뛰어오르는 희수.

**희수na**  어떻게 해서든, 더 빨리, 더 높게 뛰어야 한다.
**(E)**  따앙!!!

요동치는 점프판. 점프대에 연결된 농구 골대가 출렁인다.

**슬로 모션**
- 떨어지며 점프판을 보는 희수의 시선. 탄마가루 손끝. 56cm.
- 실망하는 희수의 표정. 고개가 젖혀지며 균형을 잃는 희수.
- 그대로 내동댕이쳐지듯 바닥으로 떨어지는 희수.

**(E)**  쩍! 콰당탕!!

무시무시한 소리와 함께 희수가 바닥에 나뒹군다.
마침 강당에 들어오던 봉석. 놀라서 비명을 지르며 뛰어든다.

**봉석**  히수야아아아아악!!!!!!!!!!
**희수**  응.
**봉석**  어?

봉석이 삐끗하며 나동그라진다.
희수가 부스스 일어나 웅크리고 앉는다.

| 희수 | (돌아앉은 채) 왜. |
|---|---|
| 봉석 | 너… 너 방금…! |
| 희수 | (앉아서 뒤돌아보며) 뭐가. |
| 봉석 | 괘, 괜찮아? |
| 희수 | 응. |
| 봉석 | 진짜…? |
| 희수 | 너 언제 왔어? |

너무 놀라 넘어졌던 봉석이 엉거주춤 일어나 희수에게 간다.
희수가 다리를 주무르더니 끙차 일어서서 몸을 툭툭 턴다.

| 봉석 | 정말 괜찮아?! 방금 되게 잘못 떨어진 것 같았는데 안 다쳤어? |
|---|---|
| 희수 | (허리 쭉 펴며) 응. 괜찮아. 나 안 다쳐, 안 다쳤어. |

봉석이 얼떨떨한 표정으로 보는데,
희수는 몸을 쭉 펴며 스트레칭을 한다.
멀쩡해 보이는 희수. 갸우뚱하던 봉석이 안도한다.

## #41 정원고등학교/교실 (늦은 저녁)
야자를 하는 학생들 사이. 강훈의 자리가 비어 있다.

## #42 정원고등학교/강당 (늦은 저녁)
희수가 스트레칭 하는데, 봉석이 강당을 올려다보고 있다.
봉석이 (자꾸 신경 쓰이게) 추억에 젖은 눈빛으로 천장을 보고 있다.
희수가 묻는다.

| 희수 | 그래. 왜. 뭐. |
|---|---|

봉석    (아련) 아니… 여기만 오면 옛 생각이 나서….

희수    (건성) 그랬구나.

봉석    (애써 사연 많은 눈빛) 나 있잖아… 어렸을 때 이런 데서 살았거든… 이
        렇게 넓고… 천장이 높은….

희수    좋겠다. 큰 집 살았어서.

봉석    (옅은 미소) 그게 아니라… (사연 한 자락 늘어놓을 기세)

희수    (싹둑) 너 몸무게 많이 나가지?

봉석    에?


**인서트**

실기 배점표. 윗몸일으키기 여자 만점. 65개 이상.


희수가 매트에 누워 심호흡하고, 봉석이 희수의 다리를 잡고 있다.
스톱워치를 손에 쥔 봉석이 잔뜩 긴장한다.


봉석    준비. 시이이… (스톱워치 누르며) 쫙!

희수    (윗몸일으키기 시작) (호흡) 훅! 훅! 훅! 훅! 훅! 훅! 훅!


희수의 허리가 접힐 때마다, 봉석과 얼굴이 거의 맞닿는다.
다리를 잡아주고 있는 봉석의 얼굴이 점점 벌게진다.


희수    (호흡) 훅! 훅! 훅! 훅! 훅! 훅! 훅!


희수가 몸을 일으킬 때마다 희수의 발등을 깔고 앉은 봉석의 엉덩이
가 들썩인다.


봉석na  (속으로 원주율 외는) 3.1415…9… 26535…897…


181

희수   (호흡) 훅! 훅! 훅! 훅! 훅! 야! 머해? 1분 안 됐어?! 훅! 훅! 훅!

봉석   어, 어?!! (그제야 폰 보는) 땡!

희수   (벌렁) 푸하! 허억… 허억… 허억….


벌렁 누운 희수가 거세게 숨을 몰아쉴 때마다 가슴이 오르락내리락한다.
봉석이 멍하니 보다가 퍼뜩 고개를 돌리는데 얼굴이 터질 듯이 빨갛다.


희수   (호흡 고르며) 허억… 허억… 나 몇 개야?

봉석   (멍청한 얼굴로 딴소리) 삼쩜일사일오구이…

희수   뭐?

봉석   어?

희수   뭐.

봉석   아.


## cut to

다시 윗몸일으키기 자세 잡고 앉은 희수와 봉석.


희수   좀 더 꽉 잡아.

봉석   (다리 꽉 잡는) 응.

희수   이번엔 잘 세.

봉석   (스톱워치 꽉 쥐고) 응.

희수   나 이거 아주 중요해.

봉석   (끄덕) 응.

희수   오케이. 난 준비됐어.

봉석   준비. 시이이이 (스톱워치 누르며) 작!

희수   (호흡) 훅! 훅! 훅! 훅! 훅! 훅! 훅!

봉석   (스톱워치에 집중하며 속으로 숫자 세는)

**희수**    (호흡) 훅! 훅! 훅! 훅! 훅! 훅! 훅! 훅!

봉석이 애써 스톱워치만 보고 있는데, 희수의 숨결이 자꾸 봉석의 얼굴을 간지럽힌다.
봉석이 안간힘을 쓰면서 희수를 외면한다.
하지만 계속 코끝을 스치는 희수의 머리카락에 봉석이 힐끗 희수를 보고 만다.
열중하는 희수의 얼굴에서 눈을 떼지 못하는 봉석. 봉석의 얼굴이 벌게진다.
윗몸일으키기를 할 때마다 희수의 몸이 들썩이고 봉석도 덩달아 들썩인다.
희수의 발등을 깔고 앉은 봉석의 엉덩이. (c.u)
크게 반동하는 희수의 몸. 안간힘 쓰는 봉석.
희수가 힘껏 몸을 일으키는 순간, 봉석의 엉덩이가 들린다. (c.u)

**희수**    어?

봉석의 몸뚱이가 희수를 넘어 뒤로 날아간다.

**(E)**    쿠웅…!!

희수가 놀라서 뒤를 보면, 저만치 날아가 바닥에 엎어져 있는 봉석.
봉석이 하프라인의 센터서클 안에 대자로 엎어져 있다.

**희수**    (벌떡) 봉석아!!!!!!
**봉석**    (신음) 끄으….

봉석이 아파서 꿈틀거리면서도 애써 발목의 모래주머니를 감추며 돌아앉는다.

| | |
|---|---|
| **희수** | (달려와서 슬라이딩으로 미끄러지며) 봉석아!! 괜찮아?! |
| **봉석** | (그 와중에 널브러진 가방 끌어안는) 으…응? 괜찮아 하하. |
| **희수** | 너… 너 방금…! |
| **봉석** | (억지웃음) 뭐가? |
| **희수** | 너… 방금 되게 이상했는데…!! |
| **봉석** | (헤헤) 아닌데? 아무렇지도 않았는데? (코피 주르륵) |
| **희수** | 야. 너 코피! |
| **봉석** | (쓰윽 닦으며 헤헤) 연고 바르면 돼. (지가 뭔 말 하는지도 모르는) |

희수가 의심 가득한 눈으로 봉석을 보는데,
그때 강당에 미화원 아주머니가 들어온다.

| | |
|---|---|
| **미화원** | (조선족 말투) 학생들~ 여기메 청소루 해야 되는데~ |
| **봉석** | 네! 나갈게요! |

미화원이 리스킹카에 시동을 걸며 강당 바닥을 닦는다.
봉석이 희수와 함께 매트를 옮긴다.
봉석이 자꾸 가방을 추키며 단단히 고쳐 멘다.
희수가 봉석을 유심히 쳐다본다. 봉석이 저도 모르게 눈을 피한다.

| | |
|---|---|
| **희수** | 나 야자 시간에 운동할 건데, 이따 편의점 같이 갈래? |
| **봉석** | 나 청소해야 돼. |
| **희수** | (헐) 또 지각? 또 화장실 청소? |
| **봉석** | (당당) 아니. 선생님도 이젠 지쳤나봐. 아무 데나 하래. 화장실은 어제 |

했으니 오늘은 복도 청소할라구. 효율적이지.

**희수**   (한심) 효율적.


희수와 봉석이 강당 문으로 걸어간다.
봉석이 리스킹카가 닦은 바닥을 비잉 돌아서 걷는다.
희수가 따라서 비잉 돌아서 걸어가며 웃는다.


## #43 정원고등학교/전경 (밤)

깊은 밤에도 교실들의 불빛이 켜져 있다.


## #44 정원고등학교/외부/담 (밤)

수위 아저씨(황지성)가 교문 밖으로 걸어 나온다.
담장을 따라 걸어가더니, 담 옆에 주차한 택배 탑차 운전석 유리창을
두드린다.
운전석 유리창이 지이잉 내려가고, 택배기사(프랭크)가 고개를 내민다.


**지성**   누구요?

**프랭크**   (어눌한 한국말) 택배기사입니다.

**지성**   여기서 뭐 하는 거요? 계속 주차 중이던데?

**프랭크**   암… 그게… 아임 쏘 타이어드….

**지성**   (뿔테안경 고쳐 잡으며) 뭐라고요?

**프랭크**   (어색하게 웃으며) 쉬고 있었어요.

**지성**   딴 데로 가요. 여기 거주자 주차 구역이라 차 대면 안 돼요.

**프랭크**   거주자주추구… 왓?

**지성**   (뿔테안경/c.u) (지그시 쳐다보는) 교포요?

**프랭크**   오케이. 오케이. 어웨이. 다른 곳으로 갈게요. (시동 거는) 오케이?

**지성**   (물러서는)

| 프랭크 | 웨잇. 잠깐만요? (지성 다시 쳐다보는) 암… 학교가 몇 시에 끝나요? 나우… 지금 밤인데 수업이 왜 아니 끝나요? 여기 정원 하이스쿨… 정원고등학교만 이런 건가요? |
| --- | --- |
| 지성 | (물끄러미 보다가) 고등학교는 다 이래요. |
| 프랭크 | (이해가 안 되는) 왓 더… 와이? |
| 지성 | 여기 한국이오. |
| 프랭크 | (어이없는) |

지성이 계속 쳐다보자, 프랭크가 탑차를 몰아 학교에서 떠난다.

### cut to_ 택배 탑차 안

프랭크가 사이드미러로 보면, 뿔테안경을 쓴 지성이 끝까지 지켜보고 있다.

## #45 정원고등학교/운동장 (밤)

교실의 불들이 하나둘 꺼진다.
야자를 마친 학생들이 건물에서 쏟아져 나온다.
학생들이 진창이 된 운동장을 피해 보도블록으로만 걸어간다.
학생들의 맨 뒤로 강훈이 혼자 학교 건물을 나온다.
강훈이 보도블록을 걷다가 멈춰 선다. 희수가 혼자 운동장을 달리고 있다.
어두운 운동장에서 숨이 턱에 받치도록 달리는 희수의 모습.
한참을 바라보던 강훈이 고개를 돌려 보면, 후문 밖의 편의점 불빛이 밝다.
잠시 망설이는 강훈. 열심히 달리는 희수. 강훈이 그냥 지나쳐 걸어간다.

## #46 정원고등학교/운동장/복도 (화면 2분할/밤)

**cut to_** 젖은 운동장을 밟는 운동화.

**cut to_** 가방을 멘 채 대걸레를 물에 빠는 봉석.

**cut to_** 철벅 철벅 진흙이 묻어나는 희수의 운동화.

**cut to_** 가방을 멘 채 복도 바닥을 닦는 봉석의 대걸레.

**cut to_** 희수 얼굴. 땀이 송골송골 맺힌다.

**cut to_** 봉석 얼굴. 땀이 송골송골 맺힌다.

**cut to_** 운동장을 달리는 희수. **[롱숏]**

**cut to_** 가방을 멘 채 복도를 걸레질하는 봉석. **[롱숏]**

### #47 정원고등학교/복도 (밤)

봉석이 벽에 대걸레를 기대어 두는데, 미화원 아주머니가 리스킹카에 편안하게 앉아 복도를 한 번에 닦으면서 유유히 지나간다.

봉석이 나 뭐 한 거지 하는 허탈한 표정으로 리스킹카를 본다.

### #48 정원고등학교/운동장 (밤)

학교 교실들에 불이 꺼져 운동장에 어둠이 내려앉았다.

희수가 어두운 운동장을 점처럼 달린다.

### #49 정원고등학교/교실 (밤)

봉석이 보조 가방을 챙기다 창밖을 보면, 희수가 어두운 운동장을 달리고 있다.

봉석이 창가에 서서 운동장을 내려다본다.

**희수v.o** 후하. 후하. 후하. 후하. 후하. 후하. 후하. 후하.


봉석의 귀에 희수의 거친 호흡 소리가 들린다. 봉석의 귀. (c.u)

**희수v.o** 후하. 후하. 후하. 후하. 후하. 후하. 후하. 후하.

## #50 정원고등학교/운동장 (밤)

카메라, 운동장을 달리는 희수의 뒤를 타이트하게 따라간다.

**cut to_ 운동장** 운동장을 뛰는 희수의 발.
**cut to_ 복도** 복도를 걷는 봉석의 발.
**cut to_ 운동장** 운동장을 뛰는 희수의 발.
**cut to_ 교실 문** 문을 열고 들어서는 봉석의 발.
**cut to_ 운동장** 운동장을 뛰는 희수의 발.
**cut to_ 복도** 복도를 걷는 봉석의 발.

희수가 운동장을 달리는데 주변이 점점 밝아진다.

**희수** (호흡) 후하. 후하. 후하. 후하. 후하. 후하. 후하. 후하.

달리던 희수가 어? 고개를 든다. 교실들에 불이 하나둘 켜진다.
희수가 운동장을 한 바퀴 돌 때마다 교실들의 불이 켜진다.

**희수** (호흡) 후하. 후하. 후하. 후하. 후하. 후하. 후하. 후하.

어느덧, 대낮처럼 환해진 운동장. 희수가 계속 달린다.
학교 건물에서 누군가의 실루엣이 나온다. 봉석이다.
희수의 얼굴에 웃음이 번진다.

**희수** (호흡) 후하. 후하. 후하. 후하. 후하. 후하. 후하. 후하.

봉석이 지나가면서 불쑥 말한다.

**봉석**   파이팅.

저 멀리 봉석이 생색도 내지 않고 잰걸음으로 걸어간다.
봉석의 담담한 배려에 희수가 더 열심히 달린다.
희수가 운동장을 둥글게 돌아 멀어지고, 봉석이 교문으로 걸어간다.

**희수**   (호흡) 후하. 후하. 후하. 후하. 후하. 후하. 후하. 후하.

봉석은 교문 밖으로 나가고,
희수가 전광판처럼 불을 환하게 밝힌 운동장을 달린다.

**희수**   (호흡) 후하. 후하. 후하. 후하. (호흡 소리 웃음소리와 섞이는) 후하. 후하.
후하. 하. 하. 하. 하. 하. 하.

희수가 웃는다. 희수가 달리면서 손을 번쩍 치켜든다.
땅에 비치는 희수 그림자가 파이팅을 외치는 모습이다.
카메라 멀어지며— 대낮처럼 밝은 운동장을 희수가 달린다.

# #51  봉석 집/1층/식당 (밤)

봉석이 현관 유리문을 통해 식당 안쪽을 기웃거린다. 문 위의 방울. (c.u)
미현이 주방 안쪽에서 뒤돌아서서 설거지를 한다.
봉석이 아주 아주 조심스럽게 (방울이 울리지 않게) 문을 연다.
숨 막히는 긴장감. 눈을 질끈 감고 1초에 1밀리미터씩 문을 열고 들어
오는데,

| 미현 | 김봉석. |
|---|---|
| 봉석 | (종소리 딸그랑!) 네. 네. |

어느새 나온 미현이 허리에 손을 짚고 서 있다.
봉석이 문을 잡은 채 엉거주춤 굳는다.

| 미현 | (차가운) 너 지금 몇 시야. |
|---|---|
| 봉석 | (꿀 먹은 벙어리) |
| 미현 | 늦게 다니지 말랬지. |
| 봉석 | 지각해서 청소했어요. |
| 미현 | 청소가 이렇게 오래 걸려? |
| 봉석 | (우물쭈물) 그… 친구… |
| 미현 | 니가 친구가 있어? |
| 봉석 | 네. |
| 미현 | (가만히 보다가 한숨) 앞으론 늦지 마. |
| 봉석 | 네. |

봉석이 들어가려는데, 미현이 체중계를 가리킨다.

| 미현 | 몸무게. |
|---|---|
| 봉석 | 또요? |
| 미현 | (쓩) |

봉석이 마지못해 체중계에 올라선다.

## #52 정원고등학교/강당 (밤)

깜깜한 강당. 조용하다. 멀리 서전트 점프대가 보인다.

카메라, 점프대로 서서히 다가가며 클로즈업된다.

점프판에 무수히 찍힌 희수의 탄마가루 손바닥.

카메라, 그 위로 더 올라가면,

사람의 손이 닿지 않을 높이의 벽에 손바닥이 찍혀 있다.

## #53 주공아파트/희수 집 (아침)

빗방울이 톡톡 떨어진다. 낡은 주공아파트 벽에 상반된 입장의 플래카드가 붙어 있다.

'경축: 강일주공 3.4.5단지 재건축 승인 – 강일주공 재건축추진위원회'

'단결: 지반침하 우려되는 고속도로 터널공사 결사반대 – 강일주공 주민자치위원회'

## #54 희수 집/거실/안방 (아침)

희수가 활동복 위에 우비를 덧입으며 방에서 나온다.

건너 안방 문이 살짝 열려 있고, 주원이 피곤했는지 코를 골며 자고 있다.

거실을 울리는 코 고는 소리에 희수가 옅게 웃는다.

식탁 옆 벽에 희수 어렸을 때 찍은 가족사진 액자가 걸려 있다. (c.u)

횅할 정도로 세간살이가 단출한 거실.

희수가 신발을 신으려고 현관에 섰다가 멈칫한다.

현관에 아식스 배구화 두 켤레가 놓여 있다.

**인서트_ #32**

주원이 핸드폰 검색창을 연다. 자판을 누르는 손가락. 검색창 화면. [ㅊ] 연이어 치는 자판. [체대 입시 준비물] 검색창에 뜨는 답변들을 꼼꼼하게 읽는 주원. [체대 입시생에겐 배구화가 필수예요. 갈아 신을 것까지 두 켤레는 있어야 해요. 한 켤레에 5만 원 정도 하는데…]

두 켤레의 배구화. 희수가 현관가에 쪼그리고 앉아 한참을 본다.
열려 있는 안방 문. 돌아누워 자고 있는 주원의 뒷모습.
주원의 코 고는 소리가 크게 들려오고 희수의 코끝이 찡해진다.

**봉석v.o** 응원할 방법을 모르시는 거잖아. 알게 하셔야지.


희수가 웃는다.

## #55 버스 정류장 (아침)

비가 내린다. 봉석이 정류장에 서 있다. 버스가 들어온다.
버스 문이 열리는데, 오늘도 버스 기사가 전계도가 아니다.
봉석이 갸우뚱, 가볍게 묵례하며 버스에 올라탄다.

## #56 버스/도로 (아침)

봉석이 탄 버스와 나란히 달리는 희수. 버스 안에서 봉석이 희수를 본다.
마스크 밖으로 나온 희수의 눈이 웃는다. 날아갈 듯이 달리는 희수.
새 신발. (c.u)

## #57 정원고등학교/교문 (오전)

교정의 감나무 잎에 똑똑 떨어지는 물방울들. 비가 멎었다.
황지성이 교문을 활짝 연다.
검은색 세단이 들어오는데 뒷좌석에 조래혁이 앉아 있다.
황지성이 꾸벅 고개 숙여 인사하고 래혁이 무심한 눈인사를 하며 지나친다.
젖은 운동장 한복판을 가로질러 건물 앞에 주차하는 세단.

## #58 정원고등학교/복도 (오전)

쉬는 시간. 학생들로 어수선한 복도. 뒷짐 지고 걸어가는 조래혁의 뒷모습.

학생들이 지나치며 수군거린다. "어? 교장선생님이네?" "나 올해 처음 봐." "ㅋㅋㅋ나도. 난 맨날 영상으로만 봐서 돌아가신 줄."

교사들이 흠칫 인사하면, 래혁이 대충 인사를 받으며 지나간다. 학생들이 "야 선생님도 교장 보고 놀란다." 하고 킥킥거린다.

래혁이 교내 곳곳에 설치된 CCTV들을 보며 만족스러운 표정으로 걷는다.

래혁의 발걸음이 3학년 3반 교실 앞에서 늦춰진다.

교실을 들여다보는 시선이 강훈, 봉석, 희수에게 머문다.

래혁이 스치듯 주의 깊게 바라보더니, 시익 웃고, 그대로 복도를 걸어간다.

윤성욱이 헐레벌떡 달려 나와 래혁의 뒤를 따라간다.

**#59** **정원고등학교 / 1층 / 교장실 (오전)**

지나치게 크고 넓은 교장실.

각종 트로피와 감사패가 진열된 큼지막한 유리장이 있다.

래혁이 책상 의자에 앉아 있고, 일환과 성욱이 맞은편에 서 있다.

| | |
|---|---|
| **래혁** | 잘 되죠? |
| **일환** | 네. |
| **래혁** | 쿵. 볼 수 있을까? |
| **일환** | 보안 원칙상 보여드릴 수 없습니다. |
| **래혁** | (쳐다보는) |
| **일환** | 학생들은 제 소관입니다. |
| **래혁** | 학교는 내 소관이야. |

래혁과 일환의 미묘한 신경전. 가운데 낀 성욱이 긴장한다.

| 래혁 | (일어서며) 쿵. 그렇지. 보안 원칙이 중요하지. 아무튼, 한 학기 남았으니까 그때 보면 되겠죠. 쿵. 그만 가볼게요. (성욱에게) 잘해요. 이제 기간제도 곧 끝나니까. 윤 선생도 제 일 찾아야지. |
|---|---|
| 성욱 | (꾸벅) 네. 열심히 하겠습니다. |
| 래혁 | 여기 관리 잘하고. |
| 성욱 | 네. |
| 일환 | (교장실을…?) |
| 래혁 | (일어나는) 먼저 가볼게요. 쿵. 수고들 해요. |
| 성욱 | (꾸벅) 네. 들어가십시오. |
| 래혁 | (문 열고 나가다가, 일환에게) 인사 안 하나? |
| 일환 | 네. 교장선생님. 안녕히 가십시오. |
| 래혁 | (쳐다보다가) 선생 다 됐네. (나가는) |

래혁이 교장실을 나가고, 성욱이 멀뚱멀뚱 서 있다.

| 일환 | 안 가나. |
|---|---|
| 성욱 | (웃는) 여기 정돈 좀 하고요. |
| 일환 | (슥 보며) 사회생활 잘하네. (나간다) |

## #60 [몽타주] 정원고등학교 (오전 오후 시간 경과)

cut to_ 수업 중인 교실. 자는 학생들. 공부하는 학생들. 비어 있는 방기수 자리.

cut to_ 교문 앞의 CCTV를 점검하는 황지성.

cut to_ 점심시간. 급식실. 밥 먹는 학생들. 한 테이블에 앉아 밥을 먹는 봉석과 희수.

cut to_ 복도에서 학생들을 인터뷰하고 있는 한별.

cut to_ 진학지도실. 일환과 대화 중인 강훈.

cut to_ 교장실 앞을 서성이는 미화원 아주머니.

cut to_ 일환이 종례를 하고, 희수가 활동복을 챙겨서 일어선다.

cut to_ 학생들이 야간자율학습을 한다.

cut to_ 운동장에 다시 비가 내린다. 운동장이 어두워지고, 교실마다
불이 켜진다.

## #61 정원고등학교/강당 (밤)

희수가 멀리뛰기 매트를 펼쳐놓고 혼자서 제자리멀리뛰기 연습을 한다.
양팔과 무릎 반동으로 있는 힘껏 뛰는 희수.
착지 후, 뒤를 보면 매트에 무수히 찍혀 있는 탄마가루 발자국들.
채점표에 기록을 체크하는데, 전부 2m 15cm 언저리에 머물러 있다.
배점표를 보면 여자 만점 2m 30cm. 희수가 한숨을 쉰다.
희수가 다시 고개를 들다가, 강당 한가운데 센터서클을 본다.
센터서클을 바라보는 희수의 미묘한 표정.
희수가 배점표를 다시 들여다본다.

## #62 편의점/내부 (밤)

편의점의 라디오에서 날씨 뉴스가 들린다.

앵커F 장마전선의 영향으로 서울과 경기 지역에 장맛비가 내리고 있는 가운
데, 올해 장마전선은 짧은 시간 강한 빗줄기를… (줄어드는)

## #63 정원고등학교/교실 (밤)

야간자율학습 중인 교실.
운동을 마친 희수가 조용히 뒷문을 열고 들어온다.

봉석이 희수를 보며 싱긋 웃고 다시 공부한다.

희수가 의자에 앉으면서도 끝까지 봉석을 유심히 쳐다본다. "흐음….."

강훈이 힐끗 뒤돌아보면 희수가 봉석만 쳐다보고 있다.

## #64 정원고등학교/교실 (밤)

야자를 마친 학생들이 사물함에 실내화를 넣고 운동화로 갈아 신는다.

희수는 우비를 챙기느라 다른 학생들보다 늦다.

## #65 정원고등학교/복도 (밤)

희수와 봉석이 복도로 나서면, 학생들이 지나간 복도가 온통 흙 발자 국으로 가득하다.

복도 맞은편. 미화원 아주머니가 리스킹카를 몰고 오며 복도 청소를 한다.

봉석이 리스킹카를 피해서 깨금발로 지나간다. 희수가 힐끗 본다.

## #66 편의점/내부 (밤)

(E)     우르르릉…!


멀리서 천둥 울리는 소리가 들린다.

스탠드 테이블에 나란히 서서 컵라면과 삼각김밥을 먹는 봉석과 희수.

봉석이 핸드폰 카메라로 컵라면과 삼각김밥을 찍는다.


희수     인스타 해?

봉석     아니. 엄마한테 문자 보내.

희수     왜?

봉석     (문자 보내며) 친구랑 뭐 먹느라 늦는다고.

희수     그런 걸 일일이?

| 봉석 | 이래야 늦게 갈 수 있어. 우리 엄만 내가 야식 먹는 건 좋아해. |
|---|---|
| 희수 | (응?) |

희수가 라면을 먹으며 봉석의 신발을 본다.
흙탕물이 잔뜩 묻은 봉석의 신발.

| 희수 | (생각난 듯) 맞다. 나 배구화 사물함에 두고 왔다. |
|---|---|
| 봉석 | 배구화? |
| 희수 | 응. 아빠가 사주신 건데, 운동할 때 신는 거야. 깜빡했네. |
| 봉석 | 내가 갖다줄게. (삼각김밥 한입에 쏙) 난 다 먹었어. (나가려는) |
| 희수 | 야. 다시 올 건데 가방은 두고 가. |
| 봉석 | 버릇돼서. 이게 편해. |
| 희수 | (테이블에 남은 삼각김밥 보고) 야. 너 다 안 먹었잖아. |
| 봉석 | 그건 니 거야. 원 플러스 원이었어. (나가는) |

희수가 삼각김밥을 물끄러미 본다.
먹기 좋게 깔끔하게 포장을 뜯어놓았다.
삼각김밥을 먹으며 봉석의 뒷모습을 계속 바라보는 희수.
봉석이 담을 돌아 교문으로 들어가고— 운동장을 가로질러 걸어가고— 건물 앞에 이르기까지— 삼각김밥을 천천히 씹으며 봉석에게서 시선을 떼지 않는다.
봉석이 건물에 들어가는 순간, 희수가 화라락 우비를 뒤집어쓰고 쫓아 나간다.

# #67 정원고등학교/운동장/현관/복도 (밤)
희수가 빗속을 달리는데, 이전의 장면들이 희수 시점에서 다시 교차된다.

**플래시백_ 1화 #21**

통학길. 버스 유리창에 얼굴을 박고 있는 봉석.

희수가 달려가는 가속도로 학교 담벽을 발로 짓쳐 파팍 담장을 뛰어 넘는다.

**플래시백_ 2화 #43**

교문. 희수와 부딪쳐 수평으로 날아가는 봉석.

(E)    우르릉!!! 번쩍!!!

천둥이 울리고 뇌우가 친다.
운동장이 확 밝아진 순간 운동장 한복판에 도드라져 보이는 노란 우비.
희수가 비 쏟아지는 운동장을 가로질러 달린다. 철벅철벅 진창이 되는 운동화.

**플래시백_ 3화 #42**

강당. 윗몸일으키기 잡아주다 날아가는 봉석.

희수가 현관문으로 들어선다.
1층 계단 옆에 봉석이 쓰고 온 우산이 놓여 있다.

(E)    우르릉!!! 번쩍!!!

번개가 치고 눈부시게 밝은 빛이 복도 바닥을 비춘다.
1층 복도 바닥에 앞서 지나간 봉석의 진흙 발자국들이 찍혀 있다.
희수가 발을 뗀다. 돌아보면 복도 바닥에 희수의 진흙 발자국이 찍혀 있다.
다시 앞을 보면, 봉석의 진흙 발자국이 계단으로 이어져 있다.
희수가 바닥에 찍힌 봉석의 진흙 발자국을 쫓아 계단으로 걸어간다.

**플래시백_ 3화 #42**
강당. 리스킹카가 닦은 바닥을 돌아서 가는 봉석.

계단에 찍힌 봉석의 진흙 발자국을 조심스럽게 따라 올라가는 희수.
한 계단. 두 계단. 숨 막히는 긴장감. 진흙 발자국을 따라가는 희수의
얼굴. (c.u)

**플래시백_ 3화 #65**
복도. 리스킹카를 피해서 가는 봉석의 뒷모습.

**(E)**  찔걱. 찔걱. 찔걱.

고요한 계단을 울리는 희수의 발자국 소리.

**(E)**  찔걱. 찔걱. 찔걱.

자기 발자국 소리가 자꾸 신경 쓰이는 희수.
계단을 다 올라와서 2층 복도에 들어서려는데, 희수가 멈칫한다.
계단 위 복도부터 봉석의 흙 발자국이 갑자기 끊겼다.
희수가 조심스럽게 2층 복도에 한 발을 내디뎠다가 떼어본다.
자신의 발에선 여전히 흙이 묻어난다. 희수의 눈이 커진다.

**(E)**  우르릉!!! 번쩍!!!

벼락이 치면서 복도를 밝게 비춘다. 발자국 없이 깨끗한 복도.
희수가 숨을 죽이고 복도 코너 뒤 벽에 붙어 선다.

(E)  드르륵….

복도에서 교실 문 닫는 소리가 들린다.
한참을 기다려도 걸어오는 소리가 들리지 않는다.
숨 막히는 긴장감. 희수가 복도로 확 뛰쳐나가며

**희수**  (소리치는) 김봉석!!!!!!
(E)  꽈르릉…!!! 번쩍!!!

## #68 정원고등학교/운동장 (밤)

(E)  꽈르릉……!!! 번쩍!!!

눈부시게 밝아지는 운동장.
운동장 한복판을 가로질러 간 봉석과 희수의, 두 개의 발자국.

## #69 정원고등학교/복도 (밤)

**봉석**  응.

희수가 굳은 듯이 선다.
복도 저쪽, 교실에서 나오던 봉석이 양말만 신은 채 서 있다.
한 손에는 흙투성이가 된 자기 신발이, 다른 한 손에는 희수의 배구화
가 들려 있다.

**봉석**  왔어?

**희수**   (침착) 응.

**봉석**   왜?

**희수**   너 왜 신발을 손에 들고 있어.

**봉석**   바닥 더러워질까봐.

**희수**   응.

## #70   편의점/내부 (밤)

편의점 사장이 쿨러에 이온음료를 채워 넣는다.

이온음료 진열대 밑에 붙은 스티커. [캔 음료 여름맞이 1+1 행사]

## #71   정원고등학교/1층/계단 (밤)

희수와 봉석이 계단에 나란히 앉아서 대화를 나눈다.

**봉석**   (어색하게 크게 웃는) 아하하하하하 야 그게 말이 돼? 아하하하… 하하.

**희수**   (민망한) 웃지 마. 너 정말 뭔가 달랐단 말이야.

**봉석**   하아하하아하… 하….

**희수**   너 나 윗몸일으키기 잡아줬을 때, 그 삼쩜일사일오구 그건 뭐였어?

**봉석**   (흠칫. 아무렇지 않은 척) 원주율이잖아.

**희수**   그러니까. 그걸 왜 외우는데?

**봉석**   그냥, 버릇 같은 거야.

**희수**   (실망) 난 또 그게 무슨 주문 같은 건가 하고….

**봉석**   주문? (또 어색하게 크게 웃는) 하하하하! 아하하 하. 하. 하. 하….

**희수**   (쳐다보며) 재밌냐?

**봉석**   하. 하아… 음. 음. 크흠.

희수가 토라진 듯 빤히 쳐다보자,

봉석이 웃음을 삼키며 꿀꺽 침을 삼킨다.

그러고 보니, 어두운 계단에 단둘이 나란히 앉아 있다.

**(E)**    쿵쾅 쿵쾅 쿵쾅 쿵쾅 쿵쾅

봉석은 자신의 심장 뛰는 소리를 듣는다.

**봉석**    (급하게 말 돌리는) 아. 나 편의점에서 라면 살 때 이것도 샀는데.

봉석이 보조 가방에서 이온음료 두 개를 꺼낸다.

**봉석**    운동할 땐 이온음료가 좋다며. 원 플러스 원이길래.

희수가 이온음료를 물끄러미 본다.

**희수**    야. 김봉석.
**봉석**    응.
**희수**    너 왜 나한테 잘해주냐.
**봉석**    뭘 잘해줘. 그냥 별생각 없이 한 건데.
**희수**    그게 잘해주는 거야.

희수가 봉석을 물끄러미 쳐다본다. 봉석의 얼굴이 붉어진다.

**(E)**    쿵쾅 쿵쾅 쿵쾅 쿵쾅 쿵쾅 쿵쾅 쿵쾅 쿵쾅 쿵쾅

문득, 희수가 봉석의 팔꿈치를 본다.

**희수**    야. 너 아까 내가 준 연고랑 밴드 있지.

**봉석**  어? 어.

**희수**  줘봐.

봉석이 무심코 등에 멘 가방을 풀어서 연고와 밴드를 꺼내 준다.

**희수**  (팔꿈치 들며) 이렇게 해봐.

보면, 봉석의 팔꿈치에 붙여놓은 밴드가 빗물에 젖어 너덜너덜하다.

**희수**  (밴드 떼고) 이거 빗물에 다 떨어졌다 야. (연고 짜서 다시 발라주는) 가만 있어 봐. 일어나지 말고. 일어나지 말라…니… (멈칫)

희수의 눈이 커진다.
봉석의 몸이 공중에 떠오른다.

**봉석na**  망했다. 가방 하나만큼의 무게였다.

미처 메지 못한 봉석의 가방이 계단 바닥에 놓여 있다.

제4화
비밀

# #1 정원고등학교/계단 (밤)

당황한 봉석이 공중에 떠 있다.
놀란 희수가 입을 쩍 벌리고 올려다본다.

| | |
|---|---|
| **희수** | (입 쩍) 세상에…. |
| **봉석** | (계단 천장에 개구리처럼 붙어서 허우적대는) |
| **희수** | 점프가 아니라… 몸이 떠? |
| **봉석** | *끄응….* (겨우 몸을 틀어서 아래를 내려다보는) |
| **희수** | 너 뭐야…? |

위의 봉석과 아래의 희수 사이, 타이틀 '무빙'과 소제목 '제4화: 비밀'
이 둥실 뜬다.

멋있는 모습과는 거리가 먼, 중심을 못 잡고 뒤뚱거리며 떠 있는 봉석.
희수가 사과나무에 열린 수박 보듯 놀라서 올려다본다.
봉석이 천장에 떠서 제 몸도 못 가누고 쩔쩔매다가 기껏 한다는 말이,

| | |
|---|---|
| **봉석** | (다급하게) 가, 가방 좀…! |
| **희수** | 가방? |
| **봉석** | 무… 무거운 게 필요해. |
| **희수** | 혼자 못 내려와? |
| **봉석** | 커, 컨트롤이 안 돼…. |

희수가 봉석의 가방을 드는데, 지나치게 묵직하다.

| | |
|---|---|
| **희수** | 웃차! (가방을 두 팔 높이 올려준다) 어후 무거워. (안간힘) |

봉석이 가방을 잡으려고 손을 내미는데 잘 닿지 않아 우스꽝스럽게 허우적댄다.
아슬아슬하게 닿지 않는 거리. 희수가 까치발로도 닿지 않자 가방을 다시 내려놓는다.

**봉석**   으으… 더, 던져줄래?

**희수**   야. 이거 던졌다가 잘못 맞으면 죽겠다. (계단 위 돌아보며) 기다려.

희수가 눈대중과 손짓으로 거리와 높이를 가늠하더니 계단 위로 걸어 올라간다.
계단 위 복도에서 더 뒤로 물러나 도움닫기를 준비하는 희수.

**봉석**   너… 뭐 하게?

**희수**   (스타트 자세) 무게만 나가면 되는 거 아니야? 내가 가방보단 무거워.

**봉석**   (기겁) 하지 마! 다쳐!

**희수**   걱정 마. (스타트) 난 안 다친다니까. (도움닫기)

희수가 계단을 박차고 점프해서 공중에 떠 있는 봉석의 몸을 낚아채 끌어안는다.
꼭 끌어안은 채 부우우우(물속에 가라앉듯) 바닥으로 떨어지는 봉석과 희수.

**(E)**   쿵…!!

희수가 봉석을 몸으로 누른 채 손을 뻗어 가방을 쥐여준다.
봉석이 버둥거리며 가방을 멘다. 희수가 봉석의 몸을 눌러준다.
희수가 바짝 붙어 있자, 봉석의 얼굴이 붉어진다.

희수가 조심스럽게 손을 뗀다. 둥실. 봉석이 가방을 멨는데도 뜬다.
떠오르는 봉석을 다시 끌어안아 바닥에 앉힌다.

**희수**　　야. 왜 이래? 가방 멨잖아.

**봉석**　　(얼굴 벌게진) 너… 너 때문이야… 니가 나 안았…

**희수**　　(꼭 안고 있는) 뭔 소리야.

**봉석**　　(얼굴이 터질 것처럼 빨개진) 날 놔줘.


희수가 봉석을 놓으면, 봉석이 다시 떠오른다.


**봉석**　　(울상) 으아. 잡아줘.

**희수**　　(다시 얼른 끌어안아서 앉히는) 어쩌라고!!


희수와 봉석이 꼭 끌어안고 있다.
봉석의 울 것 같은 표정. 좋은데 좋으면 안 되는.

### #2　편의점/내부 (밤)

편의점 사장이 매대에 상품을 진열한다.
사장이 냉장 진열장에 원 플러스 원(스티커로 두 개를 하나로 붙인) 삼각
김밥을 놓는다.
삼각김밥 스티커에 붙은 문구. [1+1 치킨마요+돈가스]
사장의 뒤쪽, 편의점 유리창 밖으로 우산을 쓴 희수와 봉석이 지나간다.

### #3　하굣길 (밤)

봉석이 가방 두 개를 앞뒤로 메고, 희수가 옆에서 봉석의 팔짱을 꼭
끼고 걷는다.
희수의 우비가 봉석의 가방끈에 걸려 있다.

봉석과 희수가 우산을 함께 쓰고 비 오는 밤거리를 걸어간다.
작은 우산을 둘이 함께 쓰고 걷느라 둘의 어깨가 다 젖는다.
봉석의 귓가에 로맨틱한 음악이 흐르고 우산에 튀는 빗방울조차 아름
답다.
봉석과 희수가 발걸음도 맞춰 걷는다. 왼발. 오른발. 왼발. 오른발.
꼭 붙어서 함께 걷는 발걸음. 둘의 표정이 미묘하게 다르다.
걷는 데 집중하는 희수의 표정. 난감과 행복이 혼재된 봉석의 표정.
꼭 붙어 걸을수록 행복감이 더 충만해지는 봉석의 표정.
봉석의 발이 이내 떠오르더니 헛딛는다.

**희수** 야. 중심 안 잡어? [테이프 씹히는 소리/음악 멎는다]

**봉석** (기우뚱) 미, 미안. (작게 중얼) 삼쩜일사일오구이육사, 아니, 오삼…

**희수** 뭐 하냐.

**봉석** (입 꾹)

**희수** (다시 꽉 잡는) 나 언제까지 이래야 돼?

**봉석** 미, 미안.

## #4 버스/내부 (밤)

버스 뒷좌석. 봉석과 희수가 나란히 앉아 있다.
허탈한 표정의 희수와 난감한 표정의 봉석.
희수가 여전히 봉석의 팔짱을 끼고 있다.
교복 차림의 학생 둘이 팔짱 끼고 꼭 붙어 앉아 있으니 승객들이 힐끔
거린다.
승객들의 시선에 봉석은 고개를 숙이고, 희수는 그러거나 말거나 신
경도 쓰지 않는다.
봉석이 마음을 가라앉히려고 창밖으로 시선을 돌린다.
하지만 유리창에 비치는 희수 모습. 안 보려고 해도 자꾸 보게 된다.

팔짱을 꼭 끼고 바짝 붙어 앉은 희수. 예쁘다. 계속 예쁘다.
봉석의 엉덩이가 또 들썩거린다.


**희수**  (봉석 발 콱 밟는) 중심 안 잡지.

**봉석**  (아픈) 아오.

**희수**  나 어디까지 가야 돼?

**봉석**  미, 미안.


## #5  봉석 집/외부 (밤)

'남산 돈까스 심야식당' 간판이 밝게 빛난다.
식당 문에 붙어 있는 '심야영업'.
식당 앞마당. 희수와 봉석이 팔짱을 끼고 서서 간판을 올려다본다.
희수의 어이없는 표정. 봉석의 눈치 보는 표정. (°-°) (-..-ˉ)


## #6  봉석 집/1층/주방/식당 (밤)

압력밥솥 뱀브가 빙글빙글 돌아간다.
미현이 재료통의 음식 재료를 확인한다.
양배추 샐러드가 거의 비어 있다.


**미현**  (혼잣말) 재료를 너무 안 아꼈나… 자제해야지….


미현이 냉장고에서 양배추가 담긴 소쿠리를 꺼낸다.
양배추 하나를 도마에 놓고, 큼지막한 중식도로 썽둥 썬다.
그때, (E) **딸랑** 현관문에 걸린 방울이 울린다. 미현의 귀. (c.u)
미현이 주방에서 얼른 나오며 인사한다.


**미현**  어서 오십 (멈칫)

**봉석**   (어색하게 웃는) 엄마….

**희수**   (밝게 웃으며 꾸벅) 안녕하세요!

식당 입구에 봉석과 희수가 서 있다.
봉석이 엉거주춤 서 있고, 희수가 봉석의 가방을 잡고 있다.
우산 하나를 같이 쓰고 왔는지 둘의 발밑으로 빗물이 뚝뚝 떨어진다.
미현이 멍한 표정으로 쳐다본다.
이 밤중에, 아들이 웬 예쁜 여학생과 함께 왔는데, 그것도 둘이 꼭 붙어 서 있다.

**미현**   (미심쩍은 웃음) 누…구…?

**희수**   (싹싹한) 봉석이 친구예요.

**미현**   (버엉) 봉석이가…?

**희수**   네. 친구요.

**미현**   여잔데…?

**희수**   네. 친군데, 여자예요.

**미현**   예쁜데…?

**희수**   네. 친군데 어쩌다 보니 예쁜 여자인 거예요.

**미현**   아. 그, 그래. 봉석이 친구구나. 하하하. (하고 손으로 입을 가리며 웃는데 손에 중식도가 들려 있어 흠칫 놀라 얼른 내리는) 그치. 친구가 찾아온 거지. (횡설수설 중언부언) 그냥 친구인데 예쁜 여자, 아니, 여자고 학생이니까, 여학생인데 친구인 거지? 봉석이 친구 여학생이 예쁜 거지. 아하하. 그냥 내가 너무 놀라서. 아니, 너무 반가워서. (악수하려고 손 내밀었다가, 손에 쥔 중식도에 또 흠칫, 손 뒤로) 안녕. 난 봉석이 누나 같지만 엄마야.

**희수**   (감탄) 정말 너무 젊으세요. (꾸벅) 장희수라고 합니다.

**미현**   그래. 반가워. 난 봉석이 엄마야. 아 방금 말했지.

대화가 뚝 끊긴다. 미현은 뭘 어떻게 해야 할지 몰라 어색하게 웃고 섰고, 봉석은 엄마의 당황한 모습을 처음 봐서 얼떨떨하고, 희수는 아무도 말이 없으니 그저 봉석의 가방만 잡고 서 있다. 어색한 적막이 흐른다.

그때, (E) 치이이이이이익…!! 주방에서 압력밥솥 김 빠지는 소리가 들린다.

**미현** 바, 밥 먹었니?

## #7 거리/쇼핑센터 (밤)

비 내리는 거리. 쇼핑센터 상가 상점의 대부분이 문을 닫았다.
상가 2층에 불 밝힌 헤어숍 간판이 보인다.

## #8 헤어숍/내부 (밤)

창문 밖에 비가 내린다.
넓은 실내의 고급스러운 헤어숍. 마감 시간이 지나 한산하다.
원장(50대 초반 여성)이 미용도구들을 정리하는데, 닦고 쓸고 각을 맞추는 행동에서 꼼꼼함과 결벽증이 엿보인다.
미용실 안쪽에 샴푸실이 있다. 얼굴에 수건을 얹은 손님이 샴푸대에 누워 있고, 젊은 여성 스태프가 물 온도를 맞춘다.

**스태프** 온도는 괜찮으세요?
**손님** (멈칫) what….
**스태프** 손님?
**손님** (영어 억양) 오, 옹동인 괜찮은데요? 와… 와이?
**스태프** (풉) 엉덩잉ㅋ 아니, 그게 아니고요. 온도요. 물 온도. 괜찮아요?
**손님** (수건으로 얼굴이 가려져 입만 웃는) 아… 하… 마이 미스테이크. 굿. 굿. 물 온도는 좋습니다. 벗… 내가 여기 왜 누워 있어야 하는 거죠?

**스태프**  아하. 외국 분이시구나. 가볍게 샴푸 먼저 하시고, 원장님이 머리 해주실 거예요.

**손님**  머리를… 해요…?

**스태프**  (웃으며) 아하하하. 한국말이 어렵죠. 컷 유어 헤어. 헤어 뷰티.

**손님**  아하. 예쓰. 예쓰.

**스태프**  그럼 샴푸 할게요~

**손님**  (수건으로 가린 얼굴) 잠깐요. 원장님 좀 불러주시겠어요?

**스태프**  네?

**손님**  원장님이… 샴푸…? 샴푸 그거. 원장님이 해달라고요.

**스태프**  샴푸는 제가….

**손님**  (대답하지 않는)

**스태프**  (살짝 기분 상한) 네 알겠습니다. 원장님~ 손님이 찾으세요.


매장을 정리하던 원장이 쳐다본다.
스태프가 입 모양으로 '진상' 속삭인다.
원장이 고개를 끄덕이며 웃는다.
원장이 걸어와서 스태프와 자리를 바꾼다.
원장이 샴푸대 뒤로 돌아가 손님을 거꾸로 내려다보면, 수건으로 눈을 가린 손님의 얼굴을 알 수 없다.


**원장**  (상냥한) 손님. 부르셨습니까. 서비스가 마음에 안 드시나요.

**손님**  (눈 가린 채) 원장님이 샴푸 해주세요. 그리고, 궁금한 게 있어서요.

**원장**  그럼 샴푸 시작하겠습니다. (물 온도 확인하며) 어떤 게 궁금하시죠?

**손님**  (눈 가린 채) 그… 한국말로 뭐라고 하죠? 그… 차일드…

**원장**  네?

**손님**  아이 말고… 썬 앤 도러.

**원장**  (갸우뚱) 음… (웃는) 아. 자식이요?

| 손님 | 아… 자시기. |
|---|---|
| 원장 | 자.식. 아들 딸 합쳐서 그냥 자식이라고 해요. |
| 손님 | (따라 하는) 자.식. |
| 원장 | (웃는) 굿. |
| 손님 | 실례지만 혹시 자식이 있나요? |
| 원장 | (웃는) 저요? 그건 왜요? |
| 손님 | 네. 궁금해서요. |
| 원장 | 음… (이상한 느낌이 들지만 상냥함을 유지한) 프라이버시예요. |
| 손님 | 그럼… 헤어 살롱… 왜 이 동네에서 비즈니스하세요? |
| 원장 | 네? 무슨… |
| 손님 | 자식이 정원고등학교 다니나요? |
| 원장 | (멈칫) |

원장이 손님을 내려다본다. 수건에 가려진 손님의 표정을 알 수 없다.
눈 덮은 수건을 유심히 보면, 눈꺼풀 부분이 미세하게 움직이는 게 느
껴진다.
원장은 이 손님이 수건 밑에서 자신을 똑바로 올려다보고 있다는 것
을 직감한다.

| 원장 | 지영아~ |
|---|---|
| 스태프 | 네. 원장님. |
| 원장 | 그만 퇴근해. 내가 마무리할 테니까. |
| 스태프 | (반색하며) 아. 그래도 돼요? |
| 원장 | (물로 손님 머리 적시며) 응. 안내판 돌려놓고 가렴. |

원장이 손님의 머리를 감겨준다.
손님은 머리를 내맡긴 채 가만히 누워 있다.

스태프가 퇴근 준비하는 동안, 원장과 손님은 아무 말이 없다.

묘한 정적과 긴장감이 흐른다. 원장이 한 손을 뻗어 온수 밸브를 최대치로 올린다.

스태프가 문가에서 "내일 뵙겠습니다!" 인사하는데 옷걸이에 걸린 택배 조끼가 보인다.

스태프가 나가면서 문에 걸린 OPEN 표지판을 CLOSED로 돌린다.

문이 닫히고 CLOSED 표지판이 시계추처럼 까딱까딱 흔들리다 멎는 순간—

**나주**    (내려다보며) 나를 아나.

**프랭크**   (누워서) 나주.

**(E)**    쫘악!!


나주가 샤워기를 틀어 프랭크의 얼굴에 뜨거운 물을 뿌린다.

물이 끼얹어졌다고 생각한 순간, 샴푸 의자엔 수건만 남아 있다.

프랭크가 누운 자세로 몸을 틀어 피하며, 나주의 멱살을 잡으려 손을 뻗는다.


**(E)**    쫘라락!!


나주가 샤워기 스틸호스를 뽑아 프랭크의 손목을 샴푸대 헤드에 묶는다. 나주의 전광석화 같은 몸놀림.


**(E)**    콱!!


나주가 프랭크의 머리를 밟고 뛰어넘는다.

손목이 묶인 프랭크가 돌려차기 하는데, 나주가 프랭크의 발끝을 밟고 더 멀리 뛴다.

멀찌감치 날아가 공중에서 몸을 비틀어 착지하는 나주.

프랭크가 호스를 풀어 팽개친다. 바닥에 떨어진 샤워기에서 물이 쏟아져 나온다.

순식간에 벌어진 상황. 제법 멀어진 거리. 나주와 프랭크가 서로를 탐색한다.

프랭크가 거리를 좁히려 한 발짝 내딛는데, 나주가 선반에서 뭔가를 낚아채 던진다.

프랭크의 눈이 커진다. 미처 확인할 새도 없이 무수히 날아오는 물체들.

**(E)**  팡! 파파파! 팡!

프랭크가 수건을 손에 쥐고 날아오는 물체들을 때려 걷어낸다.

자신이 휘두른 수건에 시야가 가려지는 순간, 프랭크가 인상을 찡그린다.

### cut to

헤어숍 벽에 걸린 헤어스타일 사진들. 사진 액자들 사이에 나주가 젊은 사람 여럿과 함께 찍은 단체 사진이 있다. 정원고 교복을 입은 학생들도 섞여 있다. 사진 속의 모두가 밝게 웃는다.

프랭크의 발밑. 눈썹 다듬는 미용칼들이 바닥에 떨어져 있다.

프랭크의 왼쪽 눈두덩이 위에 눈썹칼 하나가 박혀 피가 흐른다.

**프랭크**  (눈썹칼 뽑아내며) 오케이. 브링 잇 온.

**나주**  (영어 못 알아듣은) 한국 왔으면 한국말 써.

**프랭크**  암… (단어 생각하는) 붙어보자…?

**나주**   (허리에 벨트 차며) 접근전은 별로야.

**프랭크**   첩큰… 왓…?

**나주**   (영어 단어 떠듬떠듬) 아이. 돈트. 인파이팅.

나주가 태연하게 찬 미용가위 벨트에 미용가위가 가득 꽂혀 있다.

프랭크가 물 흐르듯 자연스러웠던 나주의 행동에 방심했다.

프랭크가 다급하게 수건 바구니에서 수건 몇 장을 꺼내 손에 겹겹이 쥔다.

나주가 미용가위를 꺼내 양손에 하나씩 손가락에 걸고 빙빙 돌린다.

프랭크가 꼬아 쥔 수건을 양손으로 잡아당겨 방어 자세를 취한다.

**(E)**   팡!

**나주**   (씨익 웃는) 아이. 엠. 어. 아웃―파이터.

나주가 미용가위들을 날린다. 프랭크가 이를 악문다.

## #9  봉석 집 / 1층 / 식당 (밤)

식당 테이블에 봉석과 희수가 마주 앉아 있다.

희수가 테이블에 놓인 돈가스 접시를 본다.

돈가스 세 장이 팬케이크처럼 쌓여 있다.

**희수**   (돈가스 보며 속삭이는) 이게 뭐야…?

**봉석**   왕왕이야.

**희수**   어? (메뉴판 보면 보통과 왕 두 개뿐이다)

**봉석**   이건 특별한 거거든. 내가 늘 먹던 거지.

**희수**   야. 우리 쫌 아까 편의점에서 컵라면 먹었잖아.

**봉석**   그럼 안 먹을 거야?

희수가 슬쩍 주방을 보면, 기웃거리는 미현과 눈이 마주친다.
눈 마주친 미현이 웃고, 희수도 생긋 마주 웃는다.

**희수**     (웃는 입으로 속닥) 아니. 먹어야지.

**봉석**     응.

**희수**     (돈가스 칼 집는다)

## #10  헤어숍/내부 (밤)

날아오는 미용가위들.
프랭크가 양손에 꼬아 쥔 수건을 핸들처럼 휘두른다.
잡아 펼친 수건에 가위들이 날아와 박힌다.

**(E)**     퍼퍼퍼퍽!!!

프랭크의 눈두덩에서 흐른 피가 시야를 가린다. 빨갛게 물드는 왼쪽
시야.
마지막 가위가 궤적을 틀어 왼쪽 시야의 사각으로 날아와 프랭크의
어깨에 박힌다.
프랭크가 "shit!" 욕설을 내뱉으며 나주를 노려본다.
가위를 모두 던진 나주의 가위벨트가 비었다.

**(E)**     파앙!

프랭크가 수건을 털어내자 꽂혀 있던 가위들이 우수수 떨어진다.
수건들을 들춰보면 걸레처럼 찢어져 있다.
찢어진 수건들을 버리고 어깨에 박힌 가위를 뽑으려는데 절묘하게 손
이 닿지 않는다.

널브러진 샤워기에서 물이 계속 흘러나와 바닥이 흥건하다.

**나주**  (차분한) 안 바쁘면 물 좀 잠가줄래?

**프랭크**  (어깨에 꽂힌 가위를 뽑으려 버둥거리는) 바빠.

**나주**  너 누구지.

**프랭크**  (버둥대다 가위 뽑기를 포기하는) Fuck!!!

**나주**  그게 이름이야?

**프랭크**  (나주의 어이없는 농담에 어우 그게 뭐야 표정)

**나주**  미안. 너 누구냐고.

**프랭크**  택배기사. 죽음을 배달하러 왔지.

**나주**  (어우 그게 뭐야 표정) 낭만적이네. 만화 많이 봤나봐. 진짜 용건을 말해.

**프랭크**  용…껀?

**나주**  용건 이즈… 비즈니스?

**프랭크**  아하. 진천. 봉평. 죽였고. 유아 넥스트. 당신. 나주.

**나주**  (눈썹이 꿈틀) 클리너였군.

**프랭크**  (어깨 으쓱)

**나주**  그러니까. 왜.

**프랭크**  노. 노. 말할 수 없어요. 비즈니스, 아니고, 미션이거든요. 미션은 컴플리트하면 되니까. 심플하죠?

**나주**  심플?

**프랭크**  (어깨 으쓱) 예스.

**나주**  복잡하게 해주지.


나주가 미용도구 서랍을 열고 손을 집어넣는다.
서랍에서 손을 꺼내면 나주의 양 손가락 사이마다 끼워져 있는 여덟개의 가위.

**나주** 여기 미용실이야. 가위 이즈 매니 오브 매니 쏘 매니.

**프랭크** (어깨 추욱) 오 노오….

프랭크가 황급하게 샴푸대 옆에 쌓인 수건들을 집어 든다.
다시 양손에 수건을 감아쥐고 파앙! 펼친다.

**나주** 니 수법은 이제 알겠어.

나주가 팔을 크게 휘둘러 가위들을 날린다.
프랭크가 양손을 펼쳐 수건으로 가위를 막으면, 연이어 날아온 가위
들이 양쪽으로 간격을 벌리며 차례대로 수건에 꽂힌다.

**(E)** 퍼퍼퍼퍼퍼픽!!!

그리고 더 이상 펼치지 못할 때,

**(E)** 콱! 콱!

마지막 가위 두 개가 수건을 꼬아 쥔 프랭크의 양손을 꿰뚫는다.

## #11 치킨집/주방 (밤)

**주원** (핸드폰 통화하는) 이거 누구 전화야? 뭐? 친구네? 지금 10시가 넘었는
데? 밥 먹고 온다고? 어이구야. 이거 죄송해서 어쩌냐? 근데 친구 누
구? 여보세요? 희수야? (핸드폰 보면 끊긴)

주원이 다시 핸드폰의 발신번호를 누르려는데, 가게 전화가 울린다.

| **(E)** | 따륵… |
|---|---|
| **주원** | (재빨리 전화 받는) 네. 죽었어도 신선한, 신선한 치킨입니다. 네. 네. 저희 신선한 치킨은 새벽 2시까지 영업합니다. 네. 두 마리 같은 한 마리요. 무 많이요. 네? 오면서 담배 한 갑… 네. 알겠습니다. (받아 적는) 주소가. 명일동 쇼핑센터. 네. 305호요. 네. 곧 가겠습니다. |

주원이 전화를 끊고 튀김기 앞으로 달려간다. 기쁨의 엉덩이 씰룩.

## #12 봉석 집 / 1층 / 식당 (밤)

희수가 봉석에게 핸드폰을 건넨다.

| **봉석** | (핸드폰 받으며 묻는) 아빠? |
|---|---|
| **희수** | 응. |
| **봉석** | 늦었다. 가야겠네. |
| **희수** | 괜찮아. 친구네 있어서 늦는다고 했어. 다 먹고 천천히 가도 돼. |
| **봉석** | (희수 접시에 아직 돈가스 두 장이나 남은) 남겨도 돼. 신경 쓰지 마. |
| **희수** | (속삭이는) 어떻게 신경을 안 쓰냐…. |

주방에서 미현이 자꾸 이쪽을 힐끗거린다.
봉석이 뒤돌아보면, 미현이 딴청 한다.
봉석이 얕은 한숨을 쉬며 희수에게,

| **봉석** | 미안. 엄마가 좀 놀라셨나봐. 나 집에 친구 데려온 게 처음이거든. |
|---|---|
| **희수** | 처음? |
| **봉석** | 응. 태어나서 처음. |
| **희수** | 진짜 태어나서 처음? 집에 친구 데려온 적이 단 한 번도 없었어? |
| **봉석** | 말했잖아. 나 친구 없었다고. |

희수가 담담하게 말하는 봉석을 물끄러미 쳐다본다.

**희수**  그렇구나… 그래서….

**봉석**  (주저하는) 게다가… 너무 늦은 시간이고… 엄만 혹시 니가 내… 그…

**희수**  여자친군가 해서?

**봉석**  (얼굴 붉어져서 끄덕)

**희수**  그게 그렇게 놀라실 일인가?

**봉석**  (목소리 더 작아지는) 말도 안 되는 일이 생기니까….

**희수**  말도 안 될 건 또 뭐야?

**봉석**  (얼굴 더 확 붉어진)


봉석의 엉덩이가 움찔하며 테이블 다리가 들썩인다.
봉석이 갑자기 손을 뻗어 희수의 돈가스 두 장을 포크에 쿡 찍어 한입에 다 넣는다.
희수, 두 손을 살짝 올려 "브라보" 속삭이며 박수를 친다.
봉석이 우걱우걱 씹는다.
봉석의 머리 위로 뜨는 자막. [왕돈가스 한 덩이 = 200g × 2 = 400g]
봉석이 이어서 테이블 위의 물병을 들어 병째 꿀꺽꿀꺽 마신다.
봉석의 머리 위로 뜨는 자막. [물 1L = 1Kg]
테이블 다리가 다시 바닥에 닿는다.
봉석이 (E) 턱! 물병을 내려놓는데, (E) 턱! 과일 접시가 같이 놓인다.
접시에 토끼 모양으로 예쁘게 깎은 사과가 봉분처럼 겹겹이 쌓여 있다.
희수가 멍하니 사과 더미를 본다. 어느새 사과를 깎아 온 미현이 서 있다.

**미현**  이 시간에 뭐 내놓을 것도 없고, 과일이라고는 돈까스 소스에 넣는 사과밖에 없네. 하지만, 내가 사과 좀 키워봐서 잘 아는데 이 사과가 아주 품종도 좋고 달고 맛있어. 입가심으로 먹으렴.

**봉석**  (중얼) 입가심….

**희수**  (웃는) 풉.

희수의 풉 터진 웃음이 미소가 되고, 잔잔한 눈으로 예쁘게 깎은 사과
더미를 본다.

**봉석**  (민망한) 엄마. 이걸 어떻게 다 먹어요.

**미현**  아. 너무 많은가?

**희수**  (웃는) 아니요. 저 이렇게 예쁘게 깎은 사과 처음 봤어요. 우리 아빠는
이런 거 할 줄 모르거든요. 감사합니다. 잘 먹겠습니다.

**미현**  아빠…?

**희수**  (웃는) 네.

**봉석**  (말없이 희수 보는)

**미현**  (갸우뚱)

물끄러미 사과를 보는 희수, 그런 희수를 묵묵히 보는 봉석, 그런 둘
을 보는 미현.
분위기가 묘해지자, 희수가 얼른 사과를 집어 먹는다.

**희수**  잘 먹겠습니다.

**미현**  그래. 천천히 먹고, 편하게 놀다 가렴.

**봉석**  엄마. 애 가야 돼요. 지금 시간이 몇 신데.

**미현**  아 그런가. 내 정신 좀 봐. 너무 늦었네. 아빠 걱정하시겠다.

**희수**  아빠랑 통화했어요. (봉석에게) 아빠께 허락받았는데? 나 괜찮아.

그때, 식당 안에 손님들이 들어온다.

미현이 손님들에게 "어서 오세요." 인사하고,

**미현**　(웃는) 뭐 필요한 거 있으면 얘기하고.

**희수**　아. 저 잠깐 옷 좀 갈아입을 수 있을까요? 교복이 젖어서요.

**미현**　아이코. 그렇구나. 축축하겠다. 갈아입을 옷은 있고?

**희수**　네. 학교 활동복 있어요.

**미현**　봉석아. 2층 화장실에 수건 있으니 친구 안내해줘. 엄만 일해야 돼.

**봉석**　에? (사과 접시 보며) 이건….

**희수**　(얼른 사과 접시 챙기는) 갖고 가서 먹자.

봉석이 가방을 멘 채 엉거주춤 일어서는데, 희수가 얼른 일어나서 봉석의 가방에 손을 얹는다. 미현이 희수의 자연스러운 행동을 힐끗 쳐다본다.

### #13　헤어숍/내부 (밤)

샤워기에서 계속 쏟아져 나오는 물로 바닥이 흥건하다.
물이 흥건한 바닥에 피투성이가 된 프랭크가 쓰러져 있다.
몸 곳곳에 가위가 꽂힌 프랭크가 힘겹게 눈을 뜨고 나주를 본다.
나주가 멀찌감치 떨어진 곳에서 미용도구를 정리한다.
마치 일상적인 영업을 마무리하듯 무심한 얼굴로 정리하고 청소한다.
샤워기 물이 바닥에 흘러 나주의 발치에 닿는다. 물줄기에 프랭크의 피가 섞여 붉다.
바닥의 물줄기가 점점 더 번져오고 나주가 슬쩍 발을 피한다.
나주가 프랭크를 가만히 쳐다본다. 프랭크의 눈이 흐릿해져 간다.
샤워기에서 계속 흘러나오는 물.
나주가 샴푸대 쪽으로 천천히 걸어오며 묻는다.

**나주**    (샴푸대로 다가오는) 자식이 있는지는 왜 물었지?

**프랭크**    (신음) 끄윽… 그게… 마이 미션….

한 걸음. 두 걸음. 세 걸음. 나주가 샴푸대로 다가간다.

**나주**    (샤워기 물 잠그는) 날 죽이는 게 미션이라고 하지 않았나.

**프랭크**    같아.

**나주**    (물 잠그다 멈칫) 무슨 말이지?

프랭크의 얼굴을 내려다보는데, 순간, 프랭크의 흐릿했던 눈에 살기
가 번쩍인다.
나주가 다급하게 뒤로 뛰는데 (E) **촤락!!** 젖은 수건이 나주의 발목을
휘어 감는다.
그리고, 발목에 감긴 수건 위에 찍히는 가위!

**나주**    (비명) 아악!!

발등이 찍힌 나주가 넘어진다.
나주가 가위를 뽑으려는데 수건이 확 잡아당겨진다.
수건의 반대쪽 끝이 프랭크의 손등에 가위로 찍혀 있다.
프랭크가 일어난다. 프랭크가 손에 가위가 찍힌 채로 수건을 잡아당
긴다.
나주가 가위에 찍힌 수건에 질질 끌려온다.

**나주**    (고통에 일그러진) 부, 분명히 두 손을 다…!

**프랭크**    (왼손을 들면서) 헤이.

가위에 꿰뚫렸던 왼손의 상처가 아물고 있다. 나주의 눈이 커진다.
프랭크가 몸에 꽂힌 가위들을 하나둘 뽑는다. 나주의 발 앞에 가위들
이 떨어진다.

**나주**　너. 너…!

**프랭크**　(어깨의 가위 뽑아내며) 아이 돈 인파이팅?

**나주**　초능력자…!

**프랭크**　(얼굴 바짝 대고) 디스 이즈 인파이팅.

프랭크가 가위를 들어 나주의 목에 꽂는다. 피가 튄다.

## #14　봉석 집/1층/주방 (밤)

도마 위 절반으로 잘린 양배추.
미현이 중식도를 쥔 채 생각에 잠겨 있다.
미현이 조금 전의 상황들을 떠올린다.

### 인서트_ #6

봉석 옆에 바짝 붙어 선 희수. 우산 하나를 같이 쓰고 온 흔적. 한쪽 어
깨씩만 젖어 있는 희수와 봉석. 희수 가방에 걸려 있던 우비.

### 인서트_ #12

봉석이 일어서자 얼른 옆에 붙어 가방에 손을 얹는 희수.

**미현**　혹시….

미현의 미간이 깊어진다. 고개를 들어 천장을 올려다본다.

**#15** **봉석 집/2층/봉석 방/1층/주방 (밤)**

활동복으로 갈아입은 희수가 화장실에서 나온다.

봉석이 거실에 엉거주춤 앉아 있다.

거실 테이블에 사과 접시가 놓여 있다.

희수가 다가와 봉석의 앞에 마주 앉는다. 희수가 사과를 집어 먹는다.

왠지 어색한 분위기. 둘이 잠시 아무 말 없이 사과만 집어 먹는다.

조용한 거실에 (E) **아삭 아삭 아삭** 사과 씹는 소리만 들린다.

**cut to_ 1층/주방**

미현이 양배추를 썰지 않고 가만히 서 있다. 미현의 귀. (c.u)

봉석이 포크에 사과 두 개를 쿡 찍어 또 한입에 넣는다.

접시 위의 사과가 줄어든다. 와삭와삭 사과를 씹어 먹는 봉석.

**희수**　야. 좀 천천히 먹어. 왜 이렇게 빨리 먹어?

**봉석**　(민망한) 으, 응….

**희수**　(접시 자기 쪽으로 당기는) 이제 이건 내가 다 먹고 갈 거야.

**봉석**　너 배부르다매.

**희수**　됐거든?

**cut to_ 1층/주방**

미현의 흐음? 하는 표정. 입가에 슬몃 미소가 스친다. (c.u)

희수가 사과를 조금씩 꼭꼭 씹어 먹는다.

봉석은 사과도 못 먹고, 마땅히 뭘 해야 할지 몰라 멀뚱 앉아만 있다.

**희수**　(불쑥) 미안해.

**봉석**    응?

### cut to_ 1층/주방
귀를 쫑긋하는 미현.

**희수**    내가 허락도 없이 니 뒤를 몰래 밟았잖아.
**봉석**    어?

### cut to_ 1층/주방
귀 기울이던 미현의 표정이 살짝 민망해진다.

**희수**    (진지한) 아무리 궁금했어도 그건 예의가 아니었어.
**봉석**    (쳐다보는)

### cut to_ 1층/주방
미현이 가만히 고개를 끄덕, 후우 한숨을 쉰다.
미현이 갑자기 양배추 채를 썬다.

**(E)**    따다다다다다다….

눈부시게 빠른 도마질.
채 써는 소리 커지고, 2층의 소리가 들리지 않는다.

**희수**    미안해. 사과할게.
**봉석**    그래. 사과 받아줄게.
**희수**    (잔잔하게 웃는) 고마워.
**봉석**    (틈새 개그) 사과엔 역시 사과지. (토끼 모양 사과의 엉덩이를 포크로 찍어 깡

충깡충 뛰게 한다)

**희수**   (어우)

**봉석**   (이게 아니구나 싶어 깡충깡충 뛰던 사과를 입에 넣으려는데)

**희수**   내 거라고 했다.

**봉석**   (사과 슬그머니 내려놓는)


희수가 피식 웃으며 사과를 집어 먹고, 다시 (E) **아삭 아삭 아삭** 소리만 들린다.
꼬약꼬약 느리게 사과를 먹는 희수. 담담하게 진심을 털어놓는다.


**희수**   대학 갈 방법을 알게 됐고, 그래서 난 무슨 짓이라도 하겠다고 맘먹었 는데… 멀리뛰기, 서전트 점프, 아무리 노력해도 만점에서 모자랐어. 딱 몇 센티만 더 멀리 높게 뛰면 되는데 그게 도저히 안 됐어. 그래서 내가 많이 조급했나봐.

**봉석**   그랬구나….

**희수**   너랑 친해지면서 니가 뭔가 다르다는 걸 눈치챘거든. 확인하고 싶었 어. 혹시 정말일까. 정말이면 얼마나 좋을까.

**봉석**   (쳐다보는)

**희수**   많이 부러웠어. 그래서 그 비결을 알고 싶었어.


봉석이 희수를 물끄러미 보다가, 가만히 일어나서 바짓단을 걷어 올 린다.
희수의 눈이 커진다. 두껍고 긴 바짓단 속, 발목에 겹겹이 채워진 모 래주머니들.
봉석이 발목의 모래주머니를 뜯어서 테이블 위에 올려놓는다.


**(E)**   턱. 턱. 턱. 턱.

양 발목에 두 개씩. 네 개의 모래주머니.
희수가 물끄러미 보며 중얼거린다.

**희수**   (중얼) 비결이 아니라 비밀이었네….

봉석이 자기 방으로 가며 손짓한다.
희수가 사과 접시를 챙겨 들고 따라간다.
봉석이 방문을 열어 보여준다. 희수가 방 안을 들여다본다.
남학생 방치고 깨끗할 뿐, 별다를 게 없는데 봉석의 시선이 천장을 가
리킨다.

**봉석**   부러울 일 아니야.

희수가 천장을 올려다보면, 천장 전체에 스티로폼이 겹겹이 덧대어져
있다.
겹겹이 다르게 색 바랜 스티로폼들에 세월의 흔적이 역력하다.
얼마나 자주 부딪혔는지 낡은 스티로폼 여기저기에 머리 찧은 자국이
있다.
물끄러미 올려다보는 희수의 눈이 먹먹해진다.

## #16   헤어숍/내부 (밤)

목에 가위가 박힌 나주가 샴푸 의자에 호스로 묶여 있다.
나주의 목에서 새어 나오는 피가 세면대를 서서히 붉게 물들인다.
프랭크가 미용 거울을 보며 수건으로 상처들을 닦는다.

**나주**   (가쁜 숨) 후욱… 후욱… 그냥 끝내….
**프랭크**   자식, 어디 있는지 안 가르쳐줘요?

**나주**   (숨 몰아쉬며 희미하게 웃는)

프랭크가 가만히 나주를 내려다본다.
가쁜 숨을 몰아쉬는 나주의 시선이 공고하다.

**프랭크**   (툭) 왜지…?
**나주**   (가쁜 호흡) 후욱… 클리너치고 넌 참 말이 많아….

나주는 죽음이 임박해서도 흔들리지 않는다.
나주를 보는 프랭크의 눈이 깊어진다.

### 플래시백

[1981년/송탄 기지촌] 닫히는 현관문. 돌아서 있는 여자의 모습.

**프랭크**   나는… (덜컥 진심이 느껴지는) 궁금했어요.
**나주**   (쳐다보는) 뭐가.
**프랭크**   (굳이 영어로) Is all of them like this? Except mine? [번역: 다 이런 건가?
**나만 달랐던 건가?]**
**나주**   …뭔 소리야.
**프랭크**   자식 이야기 안 해줄 겁니까?
**나주**   (숨 몰아쉬는) 후우욱… 아 수다쟁이… 시끄러….

프랭크가 미용 거울에 자신을 비춰본다.
가위에 찍힌 상처들이 서서히 아물어가고 있다.

**프랭크**   당신들은 자식을 숨기려고 해요. 그래서 방법을 찾아냈어요.
**나주**   (숨 몰아쉬는) 방…법…?

**프랭크** 한국은 퓨너럴… 장례식을 3일이나 하더라고요. 그… 상주…? 상주.
자식은 반드시 부모의 장례식에 상주를 하고요.

**나주** (힘겹게 눈 치켜뜨는) 뭐…?

프랭크가 액자들이 걸린 벽으로 걸어가 단체 사진을 본다.
액자 속. 나주와 젊은 사람 여럿이 함께 있다.
프랭크가 사진을 유심히 보며 말한다.

**프랭크** 여기 당신의 자식이 있다면, 당신 장례식에 오겠죠. 상주로.

**나주** (표정 일그러지는)

프랭크가 돌아선다. 나주가 흔들리지 않는 눈으로 프랭크를 마주 본다.
프랭크가 다가와 나주의 목에 박힌 가위를 움켜잡는다.

**프랭크** last chance. 누굽니까.

**나주** (흔들리지 않는 눈)

나주가 제 손으로 가위를 움켜쥔 프랭크의 손을 뽑는다.
프랭크의 눈가가 꿈틀한다. 나주의 목에서 피가 솟구친다.
나주가 끝까지 입을 다문 채 핏발 선 눈으로 프랭크를 노려본다.

**프랭크** (떨리는) Why….

**나주** (밭은 숨) 엄마니까.

나주의 목에서 솟구치는 피. 끝까지 프랭크를 보는 나주의 눈.
프랭크가 어쩐지 나주의 눈을 외면한다.

**봉석 집/2층/봉석 방 (밤)**

이불의 연결고리가 침대 틀에 침낭처럼 고정되어 있다.
희수가 이불로 고정된 침대 틀과 스티로폼으로 덧댄 천장을 번갈아
본다.

**희수** 힘들었겠네. 몸이 자꾸 떠서….

**봉석** (끄덕)

**희수** 그럼… 뜨긴 하는데 컨트롤이 잘 안 된다고?

**봉석** 응. 니가 아까 물어본 거. 그거 버릇이야. 삼쩜일사일오구.

**희수** 원주율?

**봉석** (웃는) 나 수학 싫어하거든. 그래서 뜨려고 할 때마다 원주율 외웠어.

**희수** 왜?

**봉석** 잘은 모르겠는데… 내 마음먹기에 달렸나봐. 마음이 가라앉으면 몸도
가라앉고. 마음이 들뜨면 몸도 뜨고.

**희수** (멀뚱 쳐다보는)

**봉석** 왜….

**희수** (쓰읍) 잘 못 외던데? 자꾸 틀리던데?

**봉석** 까먹은 거지 뭐. 커가면서 나름 익숙해지고, 자주 그러진 않았기 때문
에, 얼마 전까진 외울 필요가 없었거든.

**희수** 얼마 전… (쓰읍) 얼마 전까진, 외울 필요가 없었다. (빤히 쳐다보는)

**봉석** (불안) 왜, 왜 자꾸 그렇게 봐….

**희수** (잽 날리듯 질문 연타) 우리 만난 지 얼마 안 됐잖아?

**봉석** (뜨끔) 그, 그치…?

**희수** (잽) 나 너 그거 외우는 거 벌써 몇 번이나 봤는데?

**봉석** (얼굴 붉어지는)

**희수** (잽) 나랑 있으면 마음이 들떠?

**봉석** (얼굴 시뻘게지는)

**희수**   (잽) 혹시, 지금 고백하는 거야?

**봉석**   (얼굴 터질 것 같은)

**희수**   (어퍼컷) 너 나 좋아하냐?

## #18   봉석 집/1층/식당 (밤)

**(E)**   쿵…!

서빙을 하던 미현이 고개를 든다.
손님들도 이게 뭔 소린가 고개를 든다.

**미현**   (웃는) 별일 아니에요. 맛있게 드세요. (얼른 주방으로 들어가는)

## #19   봉석 집/1층/주방 (밤)

주방에 들어온 미현이 우왕좌왕한다. 궁금하고 초조한 기색이 역력하다.
미현이 자꾸 자기도 모르게 위를 보면서, 귀를 좀 더 천장 쪽으로 틀
게 된다.
미현의 고개가 점점 들리다가… 재빨리 손을 뻗어 중식도를 쥐고 양
배추 채를 썬다.

**(E)**   따다다다다다따다다

아주 가늘게 채 썰린 양배추들이 눈보라처럼 나부낀다.

## #20   봉석 집/2층/봉석 방 (밤)

희수가 침대에 오도카니 앉아 날리는 먼지를 손으로 휘휘 젓는다.

**희수**   안 물어볼 테니까 내려와.

**봉석v.o** (희수 머리 위에서 들리는) 으응….

희수가 사과 접시 위의 먼지를 걷어낸다.
봉석이 천장에 떠서 머리를 박고 있다.

**봉석**   (중얼) 삼쩜일사일… 오구… 이.육.오오오… (생각 안 나는)
**희수**   삼.
**봉석**   삼오팔구칠구삼이….

## #21  봉석 집/1층/주방 (밤)

**(E)**   따다다다다다따다다다

시끄러운 도마질로 2층의 소리를 안 들으려 애쓰는 미현.
눈부신 칼 솜씨. 어느새 또 양배추 한 통이 다 썰리고 없다.
소쿠리에 손을 뻗어 양배추 한 통을 더 집어와 한 통을 더 썬다.

**(E)**   따다다다다다다따다다다다다다

도마 옆에 산더미처럼 쌓여가는 양배추 채.
미현이 양배추 한 통을 다 썰고, 양배추 한 통을 더 집으려고 소쿠리
에 손을 뻗는다.

## #22  봉석 집/2층/봉석 방 (밤)

희수를 보는 봉석 얼굴/사과를 느리게 먹는 희수 얼굴.
봉석 얼굴/희수 얼굴. 마주 본 2분할 화면.

**봉석**   그런데… 좀 의외였어. (옆얼굴 타이트 숏)

희수   (사과 먹으며) 뭐가?

봉석   너 생각보다 안 놀라서. (옆얼굴 타이트 숏)

희수   내가 그랬나? (볼이 불룩. 우물우물 사과 먹는. 옆얼굴 타이트 숏)

봉석   나 처음 들켰거든. 이런 날이 오면 어떡하지, 늘 걱정했었어. 그런데,
      나는 오히려 별로 놀라지 않는 니가 더 놀라웠어. (옆얼굴 타이트 숏)

희수   놀랐지. 이걸 보고 어떻게 안 놀라. 놀랐어. (고개 드는)


2분할된 화면이 멀어지며, 방 전체의 풀숏으로 합쳐진다.
봉석은 여전히 천장에 둥둥 떠 있고,
희수는 침대에 걸터앉아 사과를 먹고 있다.


봉석   덤덤하달까. 너무… 쉽게 받아들이는 것 같아서….

희수   세상엔 이런 사람도 있고 저런 사람도 있고, 너 같은 사람도 있고 나
      같은 사람도 있으니까.


봉석의 눈에 이채가 스친다.
정작 희수는 별말 아닌 듯 담담하고 차분하게 말한다.


희수   (올려다보는) 비밀 지켜줄게.

봉석   (내려다보는) 응.


봉석의 몸이 서서히 내려오기 시작한다.


봉석   넌 왠지 내 비밀을 지켜줄 것 같아.

희수   (웃는)

봉석   내 이상한 모습을 보고도 그렇게까지 놀라지 않았으니까.

희수   이상하다고? 다른 거 아니야?


236

**봉석**  다르다고? 이상한 게 아니고? (허공에서 기우뚱)

**희수**  뭐가 이상해? 특별한 거 아니야?

**봉석**  (기우뚱하던 몸이 덜컥)

**희수**  (쳐다보는)


희수와 봉석이 시선을 맞춘다.
기우뚱하던 몸이 희수와 시선을 맞추면서 바로잡아진다.
내려오면서, 봉석과 희수가 가까워진다.
봉석의 발이 서서히 바닥에 닿는다.


**희수**  너 이상하지 않아. 조금 다르고 특별할 뿐이야.


봉석의 두 발이 모두 바닥에 닿는다.
기우뚱했지만, 희수 앞에 제대로 선다.
희수가 웃는다. 봉석이 웃는다.


**봉석**  고마워.

## #23 봉석 집 / 1층 / 주방 (밤)

**희수v.o**  너 이상하지 않아. 조금 다르고 특별할 뿐이야.


코끝이 시큰한 미현의 얼굴. (c.u)
양배추를 집으려고 뻗었던 미현의 손을 따라가면, 소쿠리에 양배추가
다 썰고 없다. [양배추를 다 썰어버려서 2층의 대화를 들은 미현]

## #24 봉석 집 / 옥상 / 식당 외관 (밤)

옥상의 거대한 '남산 돈까스' 철제 간판에 불빛이 환하다.

빗방울들이 간판을 타고 흐르고, 녹슨 철제를 따라 흘러 낙숫물이 된다.
거대한 간판에 가려 빗물이 미치지 않았던 곳. 메마른 풀 한 포기가
자라나 있다.
풀 한 포기에, 낙숫물이 눈물처럼 똑똑 떨어진다.

## #25 봉석 집/2층/봉석 방 (밤)

희수가 빈 접시에 포크를 놓고 일어선다.

**희수**  (트림) *끄억.* (가슴 콩콩 치는) 휴우. 나 이제 가야겠다.


희수가 빈 접시를 들고 일어서는데, 봉석이 얼른 따라나설 채비를 한다.

**희수**  안 나와도 돼. 요 앞에 나가서 마을버스 타면 돼.
**봉석**  그, 그래도⋯. (테이블에 올려둔 모래주머니들 집는)
**희수**  (웃는)


봉석이 모래주머니를 다시 발목에 차느라 행동이 굼뜨다.
모래주머니를 꼼꼼하게 겹쳐 채우고, 바짓단을 길게 내려서 감추고,
꽤나 부산하다.
희수가 물끄러미 보고 있으니 봉석은 괜히 민망해진다.
정작 희수는 아무렇지 않은데, 봉석은 겸연쩍은 표정으로 굳이 설명
한다.


**봉석**  이거⋯ 컨트롤이 잘 될 때까지만. 날아가 버릴까봐 겁나거든.
**희수**  날아?
**봉석**  날려고 해본 적이 없어서 잘 모르겠어.

**플래시백_ 2화 #32**

태풍에 나부끼며 트라우마를 겪는 어린 봉석의 표정.

**봉석**  (쓰게 웃는) 사실 무섭거든…. 아직은 하늘을 날 용기가 없어.

**희수**  (물끄러미)

**봉석**  (자신 없는 허세) 나중에! 내가 멋있게 날게 되면 보여줄게.

봉석이 멋쩍은 표정으로 모래주머니를 마저 찬다.

**희수**  (가만히 보다가) 꼭 날아야 돼?

**봉석**  (멈칫) 어…?

**희수**  나 너 나는 모습 보고 싶었던 거 아니야. 난 너 뜨는 줄도 몰랐어. 높이 멀리 뛰는 줄만 알았지. 난 너 뛰는 거 보고 싶었던 거였어.

**봉석**  (쳐다보는)

**희수**  궁금하기도 하고. 멋있겠다 싶었거든.

봉석이 멍한 표정으로 희수를 본다. 창밖에 비가 쏟아진다.

## #26 봉석 집/1층/식당 (밤)

봉석과 희수가 계단으로 내려오자, 미현이 주방에서 나온다.

**봉석**  엄마. 눈 왜 그래?

**미현**  (눈가가 살짝 벌건) 응. 양파 썰었어.

도마에 양배추 채가 쌓여 있고, 이제 막 썰기 시작한 양파 '한 개'가 보인다.

| 희수 | (빈 접시 두 손으로 드리며 꾸벅) 잘 먹었습니다. |
|---|---|
| 미현 | (빈 접시 보며) 다 먹었네. |
| 희수 | 맛있었어요. 감사합니다. |
| 미현 | (푸근히 웃는) |
| 희수 | 밤늦게 실례 많았습니다. (또 꾸벅) 안녕히 계세요. |
| 미현 | 조심해서 가고. 또 놀러 와. (봉석 발목 확인, 배웅하라고 눈짓) |

희수가 우비를 입고 나간다.
봉석이 엉거주춤 우산을 쓰고 따라 나간다.

## #27 헤어숍/내부 (밤)

나주가 죽어간다.
프랭크가 택배 조끼를 걸쳐 입는데, 고통스러운지 인상을 쓴다.
모자를 푹 눌러써서 얼굴을 가리는데, 나주의 흐릿한 목소리가 들려
온다.

| 나주 | 어중간하군…. |
|---|---|
| 프랭크 | (모자를 쓰다 멈칫) |

나주가 흐려지는 눈으로 상처 입은 프랭크를 보고 있다.
죽어가면서도 프랭크를 보는 그 눈길이 깔보는 시선처럼 느껴진다.

| 나주 | 넌… 어중간해…. |
|---|---|
| 프랭크 | (돌아보는) |
| 나주 | 진천… 봉평… 나… 나주… 다음은… 구룡포인가…. |
| 프랭크 | 네. |
| 나주 | (흐려지는 눈) 내 동료가… 널 죽일 거야…. |

**프랭크**　(나가려다 뒤돌아보는) 어중간이 뭐죠? 어려워요. 진천도 그러던데.

**나주**　(호흡 꺼져가는) 알게 될 거야… (웃는) 그는… 어중간하지 않거든….

**프랭크**　(중얼) 어중간….


나주가 숨을 거둔다. 프랭크가 돌아선다.


## #28　쇼핑센터/핸드폰 수리점 (밤)

불이 꺼진 어두운 상가 복도. 혼자 불을 밝힌 핸드폰 수리점.
주원이 수리점 문 앞에 서서 손님에게 치킨을 건네며 쩔쩔맨다.
치킨을 건네받는 손님(30대 남성)의 양 팔뚝에 문신이 가득하다.


**문신남**　주문한 게 언젠데 이제 와요? 치킨 다 식었겠네.

**주원**　(헬멧 미러 올리며) 죄송합니다. 제가 길을 잘 못 찾아서.


주원의 헬멧과 판초 우의에서 빗물이 뚝뚝 떨어진다.
문신남의 뒤쪽으로, 수리점 안에서 핸드폰 게임을 하던 30대 남자 둘
이 내다본다.


**문신남**　(은근슬쩍 말 놓는) 하, 존나 말이 되는 소리를 해야. 이 동네에서 이
큰 건물을 못 찾는 게 말이 되나?

**주원**　(꾸벅) 죄송합니다. 제가 좀 심한 방향치에 길치라서요.

**문신남**　아 존나. 그럼 배달 장사를 하질 말아야지. (신용카드 내미는)

**주원**　(당황하는) 죄송합니다. 가게 오픈한 지 얼마 안 돼서 카드가 안 돼요.
카드 단말기를 신청했는데 내일 아침에 나와서요.

**문신남**　(팔뚝 문신 보란 듯이 팔짱 끼며) 와씨. 수수료 아끼려고 존나 수 쓰네? 인
실좆 함 갈까?

**주원**　인…실…?

문신남   카드 결제 거부했다고 구청에 신고해? 영업정지 당할 텐데?

주원    (쩔쩔매는) 죄송합니다. 정말로 아직 단말기가 안 나왔습니다. 수수료
       10퍼센트 빼고, 만 천칠백 원. 아니 만 천 원만 주십시오.

문신남   (짜증) 아 존나 현찰이 없다고!

주원    계좌이체도 되는데요….

문신남   내가 당신 언제 봤다고 이체를 해? 뭐야? 피싱이야?


       문신남의 어깨 너머로 수리점 안에서 킬킬거리며 나누는 대화가 들
       린다. "야. 너 돈 없어?/싫어./저 새끼가 산다고 했잖노./저 새끼 돈 있
       는데 우리가 내줄까봐 저러는 거라 이기야./맞노 맞노./그건 그래ㅋㅋ
       ㅋ" 주원이 못 들은 척 고개를 숙인다.


주원    죄송합니다. (치킨 쿠폰을 치킨 봉투에 넣어주며) 이거 서비스 쿠폰입니다.
       맛있게 드십시오. 내일 오전에 다시 오겠습니다. (돌아서는)

문신남   (바닥에 쿠폰 버리는) 됐고. 담배는?


       다시 돌아선 주원의 발걸음이 멈칫한다.
       문신남의 발밑에 쿠폰이 버려져 있다.
       버려진 치킨 쿠폰을 보는 주원의 얼굴이 고요하다. 하지만 그것도 잠시,


주원    깜빡했네요. (주머니에서 담배 꺼내는) 여기 있습니다.

문신남   (우의 소매 끝에서 물이 튀자 발끈) 아씨. 물 튀어 씨! 담배 젖게 씨!

주원    (엉거주춤)

문신남   내일 카드 단말기 갖고 오면 같이 계산해드릴게.


       문신남이 고맙다는 말 한마디 없이 담배와 치킨 봉투를 들고 들어가
       버린다.

주원이 몇 걸음 걸어가는데, 제대로 닫히지도 않은 문 안쪽에서 대화 소리가 들린다.

"야 그래도 틀딱한테 너무한 거 아니노./내 문신 보고 짝 쫄아갖고 존댓말 하더라 이기야./너 진짜 돈 없었노./돈 없다니까? 니들이 내주던가./구라까지 마. 너 돈 있는 거 다 안다 이기야./모라노. 배째라 이기야." 낄낄대는 소리가 들린다.

주원이 멈춰 선다. 판초 우의에 가려진 주원의 표정을 알 수 없다.
판초 우의에서 물이 뚝뚝 떨어진다. 한참을 우두커니 섰다가 어두운 복도를 걸어간다.

## #29  봉석 집/식당 앞 (밤)

우비 입은 희수와 우산 쓴 봉석, 비 쏟아지는 골목길을 나란히 걷는다.
얼마 걷지도 않았는데 바짓단이 긴 봉석의 바지는 벌써 흙탕물 범벅이 됐다.
비포장도로 곳곳에 물웅덩이가 생겼다. 희수가 봉석의 바지를 본다.
봉석의 바짓단이 물을 잔뜩 먹어 찰싹 달라붙어 모래주머니의 형태가 보인다.
봉석이 우산을 쓰고 어기적어기적 걷는다. 희수는 자꾸 봉석이 신경 쓰인다.
골목을 돌아서자, 마을버스 정류장까지 길게 이어진 등굣길이 보인다.

**희수**  들어가.

**봉석**  어?

**희수**  난 우비 입어서 괜찮아. 이제 됐어. 이 길 끝에 마을버스 정류장 있잖아. 알아서 갈 테니까 들어가.

**봉석**  아니 그래도… 바래다줘야…

**희수**  (불쑥) 왜 바래다주는데?

봉석    (말문 턱)

희수    (빤히 보며 재차 묻는) 왜?

봉석    (아무 말 못 하다가 기껏 한다는 대답이) 너도 나 바래다줬잖아.

희수    (겨우?)

봉석    (우물쭈물)

희수    그건 어쩔 수 없는 상황이었잖아. 난 괜찮아.

봉석    (멍청이) 괜찮아?

희수    응. 나 버스 정류장까지 뛸 거야. 너 나 비 오는 날 뛰는 거 봤잖아. 너랑 같이 가면 늦어. 그러니까 들어가.

봉석    (말문 턱)

희수    괜찮으니까 들어가.


# #30　재개발지구/등하굣길 (밤)

봉석이 멀어지는 희수를 쳐다본다. 희수가 플래카드들 밑을 걸어간다. '경축. 하남 창우지구 재개발사업 통과' '지하철 9호선 연장 공사 착공'. 저만치 가는 희수의 뒷모습. 뛰어간다더니 걸어간다.

낡은 가로등 불빛 밑을 걷는 노란 우비가 선명하다. 봉석이 우두커니 서서 갈등한다.

지금이라도 쫓아갈까 움찔하는데, 발을 내려다보면 물 먹은 모래주머니가 묵직하다.

희수가 문득 돌아보고 손을 흔든다. 봉석이 어색하게 손을 흔든다.

희수가 가만히 보다가 다시 뒤돌아 걸어간다.


# #31　봉석 집/1층/식당 (밤)

미현이 텅 빈 식당에 앉아 생각에 잠겨 있다. 테이블 위의 빈 접시. (c.u) 봉석이 우산을 접으며 현관에 들어선다. 미현이 어이없는 표정으로 봉석을 본다.

미현    너 뭐냐?

봉석    네?

미현    뭐냐고.

봉석    뭐가요?

미현    이 밤중에 혼자 보냈어? 비가 이렇게 쏟아지는데? 한참 나가야 마을
        버스 탈 수 있는 동네에서? 안 바래다주고? 여자 친구를?

봉석    여자친구 아니에요. 그냥 친구예요.

미현    친군데 여자지. 니가 관심 있는.

봉석    (얼굴 확 빨개지며 쳐다보는)

미현    너 다 티나.


        봉석이 우물쭈물 안으로 들어가려는데,


미현    너 바보야?

봉석    자꾸. 그냥 가라고. 자꾸 가라는데, 굳이 바래다주면 부담스러워할 것
        같고. 그게 그러니까… (주저하다 확 말하는) 꼭 남친처럼 군다고 생각할
        까봐. 좀 이상하게 볼까봐.

미현    (앞으로 한 발짝) 뭐가 이상해? 이상하게 보면 안 돼?

봉석    아니. 걘 날 그냥 친구처럼… 그런 거 아니라구요.

미현    (또 한 발짝) 뭐가 아니야.

봉석    (뒤로 주춤) 모르겠다구요.

미현    뭘 몰라.

봉석    (대답 못 하는)

미현    너 바보야?

봉석    왜 자꾸….

미현    어떤 여자애가 한밤중에 관심도 없는 남자애 집에 오겠냐. 그리고, 관
        심도 없는 남자애 방에 들어가서 한참이나 이야기를 나눈다고? (한숨)

야. 내가 양배추를 열 통 넘게 채 썰었다. 저거 다 어떡하냐.

**봉석**   갑자기 웬 양배추….

**미현**   여자는 안 그래. 아주 조금이라도 관심 없으면 아예 안 그래.

**봉석**   (머엉)

**미현**   입으로만 나오는 게 말의 전부는 아니야. 입으로 다 못 하는 말은 행동으로 말하는 거야. 못 다 한 말은 행동으로 알아들어야지.

**봉석**   (머엉)

**미현**   사과 다 먹었더라.

미현의 말에 한쪽 테이블을 보면, 깨끗하게 다 먹은 사과 접시가 놓여 있다.

**인서트_ #15**

"야. 좀 천천히 먹어. 왜 이렇게 빨리 먹어?"

느리게 사과 먹던 희수.

봉석의 표정이 멍해진다.

**미현**   (벽시계 보며) 마을버스 떠날 시간 얼마 안 남았다.

## #32  봉석 집/외부 (밤)

식당 안에서 봉석과 미현의 우당탕탕 대화 소리가 들린다.

**봉석v.o**   엄마! 우비 있어요?!!!

**미현v.o**   우비?

**봉석v.o**   뛰어가야 돼!! 아무거나!!

**미현v.o**   전화를 해. 잠깐 기다리라고.

봉석v.o 걔 핸드폰도 없어요!

미현v.o 여깄다! 이거 손님이 두고 간… 어?

봉석v.o 으악. 이게 뭐야!

## #33 재개발지구/등하굣길 (밤)

철벅철벅 소리가 들리더니 봉석이 헐레벌떡 달려 나온다.

봉석이 어린이용 (모자에 눈과 부리가 달린) 노란 병아리 캐릭터 우비를
입었다.

우비는 작아서 터질 것 같고, 발목의 모래주머니는 무거워서 뒤뚱거
린다.

길게 이어진 등굣길을 보면 저어어어쪽 도로 끝에 희수가 걷고 있다.

이미 너무 멀어져서 희수의 뒷모습이 노란 점처럼 작다.

봉석    (소리치는) 장희수우우우우우우~~~~!!!


반대쪽. 희수가 걸어간다.

저 앞쪽으로 길의 끝에 마을버스 정류장이 보인다. 마을버스는 아직
보이지 않는다.

희수는 저 멀리 뒤에서 쫓아오는 봉석을 보지 못한다.


봉석    (소리치는) 기다려어어어어어~~!!!


봉석이 소리쳐도 저 멀리 떨어진 희수는 돌아보지 않는다.

열심히 달려보지만 우비는 꽉 끼고 몸은 뒤뚱거리고 모래주머니는 무
겁다.

봉석이 뒤뚱거리면서 도로의 끝을 바라본다. 봉석의 커지는 동공. (c.u)

희수가 버스 정류장에 거의 도착했고, 저 멀리서 마을버스의 불빛이

다가온다.
봉석이 멈춰 선다.

### 인서트_ #25
"난 너 뛰는 거 보고 싶었던 거였어."

봉석의 표정에 결심이 스며든다.

### 인서트_ #25
"궁금하기도 하고. 멋있겠다 싶었거든."

### cut to

(E)   턱! 턱!

모래주머니가 하나둘 바닥에 내려놓인다.

희수가 마을버스 정류장에 거의 다 도착했다.

### cut to

(E)   철픽! 철픽! 탁! 탁! 탁탁탁…… 타악!

도움닫기 하는 봉석의 발.

그때, 희수의 귀에 작게 들리는 소리.
"기다려어어어………."
뒤를 돌아보면 저어어쪽 길의 끝에 노란 것이 어른거린다.
희수가 눈살을 찌푸린다. 희수의 얼굴 클로즈업. 희수의 눈이 커진다.

저 멀리. 도로 한복판. 플래카드 위로 봉석이 솟아올랐다 내려갔다 한다.
봉석이 플래카드들을 겅중겅중 뛰어넘어 오고 있다.

## #34 도로/마을버스/내부 (밤)

마을버스가 빗길을 느리게 달린다. 저 멀리 버스 정류장이 보인다.
몇 안 되는 승객들이 모두 핸드폰만 보고 있다.
근시 안경을 쓴 노년의 버스 기사가 창밖을 멀리 보며 눈살을 찌푸린다.
기사 시점(흐릿한 시야)으로 보면 멀리 비가 쏟아지는 밤하늘에 노란
것이 떠다닌다.

**기사**   (눈 찌푸린) 저. 저. 애드벌룬 저거 줄 끊어졌는갑네.

## #35 재개발지구/등하굣길 (밤)

멀리 떠 있는 노란색 '분양' 애드벌룬.
애드벌룬 포커스 아웃 되고, 화면을 꽉 채우며 날아가는 봉석의 노란
우비.

**봉석**   (소리치는) 장희수우우우~~~
**(E)**   부우우우우우웅… 탁!

봉석이 20미터 간격으로 걸려 있는 플래카드를 뛰어서 넘어온다.

**봉석**   (소리치는) 같이 가아아아~~~
**(E)**   부우우우우우웅… 탁!

희수의 시점에서 보면, 플래카드 위로 연신 뛰어올랐다가 내려가는
봉석.

**봉석**    (소리치는) 내가아아아아~~~

**(E)**    부우우우우우웅… 탁!


봉석은 매번 점프할 때마다 모양새가 엉망진창이다. 바람 빠진 풍선처럼, 잘못 튄 럭비공처럼, 집어 던져진 닭처럼, 경중경중 뛰어넘는 봉석의 모습이 하나도 안 멋있다.
희수가 병아리 우비 펄럭이며 넘어 달려오는 봉석을 보고 잔잔하게 웃는다.


**희수**    (중얼) 멋있다.


봉석이 내려다보면, 희수가 웃고 있다. 있는 힘껏 마지막 플래카드를 뛰어넘는다.
봉석이 희수 앞에 (아이언맨처럼 멋지게 착지하려 했지만) 우스꽝스럽게 착지한다.


**봉석**    (소리치는) 바래다줄께에에~~~

**(E)**    부우우우우우웅… 탁 우당탕!


고개 숙인 노란 병아리가 후들거리는 다리를 짚고 일어선다.


**희수**    왜.

**봉석**    (숨 몰아쉬는) 헉… 헉… 왜냐면… 허억…

**희수**    (대답 기다리는)

**봉석**    그러고 싶으니까.

**희수**    그래. (웃는다)

# #36 하늘 - 봉석의 꿈

파란 하늘. 구름 위까지 올라와 있는 노란색 '분양' 애드벌룬.
애드벌룬에 연결된 줄은 저 밑 하얀 구름 속으로 연결되어 있다.
봉석이 구름 위로 치솟은 '분양' 애드벌룬 위에 서 있다.

**두식v.o** 봉석아….

어디선가 들리는 굵고 낮은 목소리.
봉석이 이제는 낯설지 않은 양 친근하게 대답한다.

**봉석** 네.
**두식v.o** 무섭지 않았니?
**봉석** 네.
**두식v.o** 잘했다.
**봉석** 뛰기도 전에 날아갈 것을 무서워했던 것 같아요.
**두식v.o** 참 잘했어….

봉석이 밟고 선 '분양' 애드벌룬.
애드벌룬에서 ㄴ자가 먼저 사라지고, 애드벌룬 전체가 서서히 사라진다.
애드벌룬이 사라졌지만, 봉석이 허공에 꼿꼿하게 서 있다.
파란 하늘에 뜬 봉석이 하늘을 올려다본다. 따뜻한 느낌이 충만하다.

**두식v.o** 잘했어. 우리 봉석이….
**봉석** 우리…?

# #37 봉석 집/2층/봉석 방 (아침)

봉석이 잠에서 깬다. 부스스 일어나보면 침대.

봉석이 잠이 덜 깬 얼굴로 한참을 멍하니 침대에 앉아 있다.

창밖을 보면, 밤새 내린 비는 그쳤고 창틀 처마에 이슬이 맺혀 떨어진다.

봉석이 한참을 멍하니 침대에 앉았다가, 손을 들어 눈가를 훔치면 눈물이 맺혀 있다.

왜 눈물이 나는지 알 수 없는 봉석의 표정.

## #38  봉석 집 / 1층 / 식당 (아침)

봉석이 가방을 메고 살금살금 계단을 내려온다.

계단으로 발이 보이고, 봉석의 얼굴이 드러나면, 머리를 꽤나 신경 써서 멋 부렸다.

조용히 밖으로 나가려는데, 뒤에서 (E) 부이이이잉 소리가 들린다.

봉석    (화들짝 놀라 뒤돌아보며) 어, 엄마!

미현이 어두운 주방에서 양배추 채를 일일이 진공포장기로 소분 포장하고 있다.

봉석을 스윽 보면 유난히 등에 멘 가방이 크다.

미현    오늘 토요일이잖아.
봉석    (찔끔) 토요일도 학교 가도 돼요. 가, 가야 돼요. 저 고3이잖아요.
미현    누가 아니래?
봉석    학교에서 연습, 아니, 자습해요. 진짜예요.
미현    누가 가짜래?
봉석    (얼른) 모래주머니 다 찼어요! 가방도 무거워요! 다녀오겠습니다!!

허둥지둥 나가는 봉석의 뒷모습을 보는 미현. 물끄러미 보다가 미현     (피식) 머리가 저건 아닌데….

# #39 정원고등학교/강당 (오전)

서전트 점프대 밑. 나란히 서 있는 봉석과 희수의 뒷모습.
봉석과 희수의 발밑에 자잘한 시멘트 조각들이 떨어져 있다.
봉석과 희수가 고개를 들어 서전트 점프대 위를 올려다본다.

희수     (올려다보며) 저거 뭐야…?
봉석     손바닥 자국 같기도 하고….
희수     에이 설마… 5미터 훨씬 넘겠는데? 너야?
봉석     아니야.

서전트 점프대의 한참 위.
손바닥 자국 같은 것이 언뜻 보이는데, 벽에 균열이 가서 잘 보이지
않는다.

희수     에이, 몰라. 운동하자.

봉석이 바닥에 떨어진 시멘트 조각을 치운다.
희수가 라바콘을 위치에 갖다 놓으면, 봉석은 핸드볼 공들을 꺼내고
매트를 깐다.
봉석이 매트 각을 신중하게 맞추고 윗몸일으키기 잡아주는 자세를 하
는데, 희수가 창고에서 접이식 싯업보드(윗몸일으키기 기구)를 끌고 나
온다.

희수     (끌고 나오며) 이게, 찾아보니 있더라고.
봉석     (어색하게 입만 웃는) 와아….

**인서트**

봉석의 가방 속에 덤벨들이 가득 들어 있다.

봉석이 실망한 표정을 감춘다. 희수가 문득 봉석을 유심히 본다.

**희수**   근데 너 머리가 왜 그래?

**봉석**   (신경 쓴 머리 알아봐줘서 좋은데 또 막상 쑥스러운) 왜?

**희수**   그건 아닌 것 같아.

**봉석**   (머쓱) 그치. 아니지.

## #40  쇼핑센터/핸드폰 수리점 (오전)

주원이 카드 단말기를 들고 문 앞에 서 있다.
잠이 덜 깬 문신남이 짜증 가득한 얼굴로 주원을 쳐다본다.

**문신남**   (부스스) 아씨, 아침부터. 존나 씨.

**주원**   카드 단말기가 나와서 결제 받으러 왔습니다. 만 삼천 원입니다.

**문신남**   (짜증) 지금이 몇 신데, 진짜 좆같노.

**주원**   (물끄러미)

**문신남**   (주머니에서 카드 뒤지며) 씨발 누가 돈 떼먹냐 이기야.

문신남이 카드를 꺼내다가 주원의 무표정한 얼굴과 마주친다.
발아래를 보는 주원의 표정이 심상치 않다.
문신남이 슬쩍 아래를 보면, 어제 버린 치킨 쿠폰을 제 발로 밟고 있다.

**문신남**   (살짝 긴장) 카드. 여기.

**주원**   근데, 어제부터 궁금했는데, 그거 무슨 말투냐.

**문신남**   (홉뜨는) 냐아…?

문신남이 (반팔인데) 소매 걷는 시늉을 하는데, 팔뚝 문신을 보라는 행동이다.

주원이 무표정하다. 우이씨 더 들이대려는데, 그제야 주원의 팔뚝이 눈에 들어온다.

어젯밤에는 우의에 가려져 있던, 주원의 우람한 팔뚝에 동그란 흉터가 두 개나 있다.

문신남이 잠이 확 깨는지 찔끔한다.

주원　(툭) 마. 니 갱상도가?

문신남　(눈 마주치고 찔끔 눈 까는)

주원　(걸쭉한 포항 사투리) 내 갱상도 포항하고도 구룡포가 고향인데, 니 갱상도 아인 거 같네?

문신남　서, 서울인데…요….

주원　근데 말투가 와 그카는데. 우리 갱상도 욕 멕이나. 와 아무 말끝에나 다 노노 갖다 붙이가 씨부리노. 그카믄 안 되지.

문신남　네…. (두 손으로 카드 내미는)

주원　(카드 받는) 니 담에 또 그 이상한 말투로 씨부리믄 아가리 째뿐다이.

문신남　(덜덜) 네….

주원　(정색. 다시 서울 말투) 예를 들면, 경상도 말은 이렇습니다. 모르시는 것 같아서. (단말기 금액 누르려) 담뱃값도 카드로 결제할까요?

문신남　네….

주원　수수료 카드 10퍼센트 추가해서, 사천구백오십 원입니다.

문신남　네….

주원　(카드 결제하는)

문신남　(우물쭈물하면서도 호기심 못 참는) 저, 저기… 죄송한데요… 사장님 팔뚝에 그… 똥그란 거 두 개… 씹간진데요… 그거 뭐예요? 담배빵…?

주원　(대수롭지 않은) 총알빵.

**문신남**  (농담이라 생각하고 어색하게 웃는)

**주원**  (스윽 보는. 웃어? 표정)

**문신남**  (히익 진짠가)


문신남이 카드와 영수증을 두 손으로 공손하게 받아 얼른 들어가려는데,


**주원**  쿠폰은요?

**문신남**  네?

**주원**  쿠폰은 현금 결제하시는 분들께만 드리거든요. 돌려주세요.

**문신남**  (화들짝) 네? 그, 그게…. (쿠폰 밟은 발을 움찔거린다)

**주원**  주스라. (주워라)

**문신남**  헙. (얼른 발 치우고 쿠폰 주워서 탁탁 털어 두 손으로 건네는)

**주원**  농담입니다. (급 영업용 미소) 쿠폰 나눠드리면서 이 손님을 꼭 다시 만나야겠다 항상 다짐합니다.

**문신남**  (쿠폰 두 장 손에 공손하게 쥔 채 버엉)

**주원**  (친절한) 죽었어도 신선한 치킨. 앞으로도 꼭 많은 주문 부탁합니다.

**문신남**  (버엉) 죽었어도… 네… 꼭….

**주원**  (다시 포항 말투) 그거 자알 가꼬 있으모, 니 내 다시 만날끼다.

**문신남**  (히익)


주원이 돌아서서 복도를 걸어 나간다.


## #41  쇼핑센터/계단/복도 (오전)

주원이 3층에서 계단을 통해 아래층으로 내려가는데, 2층 복도 안쪽이 시끄럽다.

무슨 일인가 싶어서 고개를 내밀면, 2층 복도에 사람들이 가득 찼다.

몰려든 사람들 너머 헤어숍 간판이 보이고, 경찰들이 폴리스라인을

치고 있다.

헤어숍 스태프가 울면서 경찰에게 어젯밤 상황을 말하고 있다.

몰려든 사람들의 웅성거리는 소리가 들린다.

"살인 사건이래." "미용실 원장이 찔려 죽었대." "어젯밤에 그랬다나봐."

주원이 본능적으로 복도와 계단의 CCTV를 훑는다.

CCTV 렌즈들이 모두 깨져 있다.

## #42 정원고등학교 / 강당 (오전)

강당을 울리는 소리.

**(E)** 터엉! 터엉! 터엉! 터엉!

희수가 일렬로 세워둔 라바콘들을 모둠발로 뛰어넘는 점프훈련을 한다.

개인 훈련에 능숙해진 희수의 모습. 한 발 한 발 뛸 때마다 땀방울이 흩어진다.

희수가 후우우 한숨 쉬며 고개를 들면, 강당 한쪽 의자에 봉석이 앉아 있다.

봉석이 참고서를 들여다보며 하품을 한다.

**희수** 너 고3이야.

**봉석** 알아.

**희수** 근데 이러고 있어도 돼? 니네 엄마도 아셔?

**봉석** 몰라….

**희수** (품) 나 이제 니네 집도 아는데.

**봉석** 비, 비밀이야….

**희수** 너 어떡하냐. 나한테 자꾸 비밀이 쌓여서.

**봉석** 비밀 지켜줘야 돼.

희수    (대답 안 하고 웃는)

봉석    왜 대답 안 해.

희수    (딴청 하는)

봉석    (울상으로 쳐다보는)


희수가 대답하지 않고 돌아서서 스트레칭을 한다.


봉석    아아.


희수는 여전히 뒤돌아서서 스트레칭만 한다.
문득, 희수가 뒤돌아선 채로 말한다.


희수    비밀을 지킬 수 있는 방법이 있어. 서로가 서로의 비밀을 알고 있는
        거야. 그럼 서로의 비밀을 지켜주게 되니까.

봉석    (희수 뒷모습 쳐다보는)

희수    누구나 다 비밀 하나쯤은 갖고 있으니까.

봉석    너도… 비밀이 있어?

희수    (고개 돌려 웃는)

봉석    응?

희수    바보. 난 이미 몇 번이나 말했는데.

봉석    어…?


봉석의 멍청한 표정. 희수의 알 수 없는 미소.

### 인서트_ 3화 #18

"나 이런 거 처음 해봐서, 이 정도 바르면 되나?"


258

**인서트_ 3화 #18**

"난 이런 거 필요 없거든." (봉석에게 밴드와 연고 주는)

**인서트_ 3화 #40**

"응. 괜찮아. 나 안 다쳐, 안 다쳤어."

**인서트_ 4화 #1**

"걱정 마. 난 안 다친다니까."

**인서트_ 4화 #22**

"세상엔 이런 사람도 있고 저런 사람도 있고, 너 같은 사람도 있고 나 같은 사람도 있으니까."

봉석은 여전히 모르겠는 표정이다.

| | |
|---|---|
| **희수** | 너의 비밀을 지켜주기 위해 나도 내 비밀을 말해줄게. 너도 내 비밀 지켜줘. |
| **봉석** | 응? 응. |
| **희수** | 나 왜 전학 왔게? 좀 이상하지 않아? 고3이, 가장 중요한 시기에, 수능까지 딱 한 학기 남겨두고 전학이라니. |
| **봉석** | (쳐다보는) |
| **희수** | (차근차근) 모범생에 우등생이었지. 착실하고 성적도 꽤 괜찮았고. 지방이라 내신이 좋았거든. 그런데, 그렇게 학교 잘 다니다가, 딱 한 학기 남겨두고, 내가 왜 갑자기 이 먼 곳으로 전학을 왔을까? |

봉석은 희수의 넋두리 같은 말이 자문자답임을 알고 가만히 기다린다. 희수가 털어놓듯, 툭 말한다.

| 희수 | 나 저번 학교에서 짤렸어. |
| --- | --- |
| 봉석 | 어…? |
| 희수 | 싸웠어. |
| 봉석 | 진짜…? |
| 희수 | 17대 1로 싸웠어. |
| 봉석 | (버엉) |
| 희수 | 일진들이랑 17대 1로 싸웠어. 물론 1이 나야. 나 짱 쎄지 않냐? 난 하나도 안 다쳤는데 걔들이 너무 많이 다쳐서 울 아빠는 치료비랑 합의금 물어주느라 전 재산 다 날리고 난 결국 퇴학당했지. |

봉석이 미심쩍은 표정으로 멍하니 쳐다보다가 웃는다.

| 봉석 | 아아…! 하하하하하… 그 말로만 듣던 전설의 17대 1. 하하하하…. |
| --- | --- |
| 희수 | (물끄러미) |
| 봉석 | 야. 재밌다. 대단하다 아주. 실제로 17대 1을 보네. 하하하하하… 하… |
| 희수 | (물끄러미) |
| 봉석 | (웃음 잦아지는) 하아… |
| 희수 | (물끄러미) |
| 봉석 | 지, 진짜…? |

**인서트**

스파크처럼 지나가는 한 컷. 피투성이가 된 희수의 혈투.

봉석을 물끄러미 보는 희수의 표정. 웃는데 슬퍼 보인다.
강당 안에 적막이 흐른다.

| 희수 | 넌 하늘을 날지. 난 절대 다치지 않아. 이건 우리 둘만의 비밀이야. |
| --- | --- |

## #43 정원고등학교/복도 (3화 #36/강훈 시점)

[자막: 어제] 급식실 앞 복도. 강훈이 성욱과 마주친다.

**성욱** 강당 열쇠 있지? 제어실 가서 환풍기 좀 다 틀어놔라.

**강훈** 환풍기요?

**성욱** 장희수 강당에서 훈련하는데, 방학 동안 쌓인 먼지가 너무 많아. 가서 환기 좀 해. (보다가) 밥 먹으러 가는 중이니? 내가 할까?

**강훈** 아닙니다. 먹었습니다. 제가 하겠습니다.

## #44 정원고등학교/강당/제어실 (오후/강훈 시점)

강훈이 텅 빈 강당에 들어선다.

강당을 가로질러 제어실로 가던 강훈이 멈춰 서서 강당을 둘러본다.

물끄러미 창문들을 둘러보더니 일일이 돌아다니며 강당의 모든 창문들을 연다.

1층에서 2층까지, 덜컥거리는 창문들까지, 부지런히 다니며 빠짐없이 창문을 연다.

강훈이 제어실로 들어간다.

## #45 정원고등학교/제어실 (오후/강훈 시점)

강훈이 제어실 안을 둘러본다. 강당 구석에 리스킹카가 있다.

제어실 구석에 찌그러진 라바콘 하나가 놓여 있다.

찌그러진 라바콘을 물끄러미 보던 강훈이 환풍기 스위치를 올린다.

**cut to**

요란한 소리를 내며 돌아가는 강당의 환풍기들.

강훈이 제어실 유리창 너머 강당의 환풍기 돌아가는 걸 확인한다.

환풍기를 멍하니 보고 있던 강훈의 얼굴이 순간 밝아진다.

희수가 강당으로 들어오고 있다. 제어실의 반사유리는 밖에서 안이 보이지 않는다.

희수가 강당을 두리번거리더니 아무도 없는 것을 확인하고 강당 구석으로 간다.

제어실 쪽에서는 잘 보이는 위치. 희수가 강당 구석에서 교복 상의 단추를 푼다.

강훈이 깜짝 놀라 다급하게 고개를 숙인다.

얼굴이 벌게진 강훈이 이러지도 저러지도 못한다.

잠시 후 살며시 다시 고개를 들면, 활동복으로 갈아입은 희수가 머리를 묶고 있다.

**강훈**  어떡하지… 지금이라도 나갈까….

## cut to_ 시간 경과

강당에서 들려오는 소리. (E) 텅! 텅! 텅! 텅!

유리 밖 강당에서 희수가 라바콘 사이를 오가며 10미터 왕복 달리기를 하고 있다.

의자에 앉아 있는 강훈의 표정이 난처하다.

**강훈**  늦었어… 지금 나가면 더 이상해….

## cut to_ 시간 경과

강훈의 배에서 꼬르륵 소리가 난다.

희수가 서전트 점프판을 때리고 있다. (E) 파앙! 파앙! 파앙! 파앙!

강훈이 훈련하는 희수를 가만히 지켜본다.

유리창 너머, 희수는 쉬지 않고 뛰어오른다.

강훈은 어느새 희수가 뛰어오를 때마다 마음 깊이 응원한다.

강훈의 응원하는 마음은 어느덧 짙은 동질감이 된다.

조금이라도 더, 1센티라도 더 뛰려는 희수의 안간힘이 느껴진다. (E)
**파앙! 파앙!**

악착같은 희수의 몸짓은 몸부림이 되고, 가만히 보던 강훈의 눈이 서
서히 먹먹해진다.

그때, (E) **따앙!!** 희수가 잘못 떨어지며 바닥에 내동댕이쳐진다. (E) **쩍!**
**쾅당탕!!**


**강훈**　　(경악하며 벌떡 일어나는) 더헉!! 희ㅅ

**봉석v.o**　히수야아아아아악!!!!!!!!!!


박차고 나가려던 강훈이 멈칫한다.

강당 입구에서 비명을 지르며 봉석이 뛰어든다.

순간, 강훈의 눈이 커진다. 봉석은 방금 날았다.

강당 문에서부터, 20미터가 넘는 거리를 부웅 날았다가 떨어졌다.

강훈이 놀란 입을 다물지 못하는데, 봉석이 헐레벌떡 일어나 희수에
게 다가간다.


**봉석F**　　정말 괜찮아?! 방금 되게 잘못 떨어진 것 같았는데 안 다쳤어?

**희수F**　　(허리 쭉 펴며) 응. 괜찮아. 나 안 다쳐, 안 다쳤어.


그리고, 강훈의 눈이 다시 한번 더 커진다.

봉석은 저쪽에서 보지 못했지만, 강훈은 이쪽에서 봤다.

희수는 떨어질 때 발목이 반대로 꺾였었다.

그런 희수가 잠시 웅크리고 뒤돌아 앉아 있더니, 툭툭 털고 자리에서
일어선다.

강훈이 놀란 눈으로 유리 건너편의 김봉석과 장희수를 본다.

## cut to_ 시간 경과

강훈이 희수와 봉석을 쳐다본다.
봉석이 윗몸일으키기 하는 희수를 잡아주고 있다.
순간, 봉석이 10미터 가까이 부웅 날아가 떨어진다. 강훈의 눈. (c.u)
희수가 달려온다. 봉석이 뒤로 돌아 발목의 모래주머니를 감춘다. 강훈의 눈. (c.u)

## cut to_ 시간 경과

"학생들~ 여기메 청소루 해야 되는데~"
미화원이 들어와서 리스킹카에 올라탄다.
봉석과 희수가 나가자, 강훈이 제어실 문을 열고 강당으로 나간다.

미화원　학생이 아직 있었구마. 내 여기루 청소해야 되는데 어쩌지?
강훈　네. 안녕하세요. 수고하세요.

미화원 아주머니가 다시 리스킹카에 올라타서 바닥을 닦는다.
강훈이 리스킹카를 지나쳐서 봉석과 희수가 연습했던 곳으로 간다.
강훈이 눈대중으로 봉석이 날았던 거리를 가늠한다. 강훈의 눈이 깊어진다.
강훈이 서전트 점프대로 걸어가 희수가 심하게 떨어졌던 자리에 선다.
위를 올려다보면, 점프판에 무수히 찍혀 있는 희수의 손바닥 분필 자국.
강훈이 (E) 통! 너무나 간단히 뛰어올라 희수의 손바닥 자국을 쓸고 내려온다.
손바닥을 보면, 강훈의 손바닥에 희수의 분필가루가 묻어났다.
강훈이 손바닥 자국보다 더 높은 곳을 올려다본다.

뒤를 슥 보면, 미화원 아주머니가 이쪽을 등진 채 리스킹카를 몰고 있다. 강훈이 점프한다. (E) 빠악…!!

미화원 아주머니가 뒤를 돌아보면, 강훈이 태연하게 강당을 걸어 나가고 있다.

서전트 점프대 위의 높은 벽. 강훈의 손바닥 자국이 찍혀 있다.

**강훈na** 공통점이 나도 하나 더 있어. 나도 비밀이 있거든.

## #46 [에필로그] 헤어숍/쇼핑센터/복도 (밤/#27에 이어서)

나주가 숨을 거둔다. 프랭크가 중얼거린다.

"어중간…"

모자를 눌러써서 얼굴을 가린 프랭크가 헤어숍의 문을 열고 나온다.

그때, 어두운 복도를 걸어오는 시커먼 그림자.

프랭크가 헤어숍 입구를 막아서려는데, 헬멧을 쓰고 판초 우의를 입은 주원이다.

주원이 프랭크의 택배조끼를 보고 반색하며 멈춰 서 묻는다.

**주원** 여기, 핸드폰 수리점이 어딘가요?

**프랭크** (고개 숙인) what? cell phone?

**주원** 어이쿠. 외국인? 미안합니다. (두리번) 분명히 3층이라고 했는데….

**프랭크** 여기 2층이에요.

**주원** (고개 숙여 힐끗 보며) 어? 한국 사람이네? 잠깐, 여기 2층이라고요?

**프랭크** 네.

**주원** (머쓱한) 어이쿠, 내 정신 좀 봐. 고마워요. 땡큐. 땡큐! (손 내미는)

**프랭크** (주원 팔뚝의 동그란 흉터 두 개를 보는)

주원이 다시 큰 손을 불쑥 내미는데, 프랭크가 흠칫 손을 뒤로 뺀다.

손을 빼는가 싶은 순간, 이미 주원이 프랭크의 손목을 잡았다.

맥락 없이 손목을 잡힌 프랭크가 자신의 눈을 의심한다.

프랭크의 눈썹이 꿈틀하는데, 손바닥 위에 치킨 쿠폰 두 장이 놓인다.

**주원**　(웃는) 열 장 모으면 한 마리 공짜.

**프랭크**　(굳은)

**주원**　써비쓰. 써비쓰. (돌아서며) 꼭 오세요~ 잘해드릴게.


주원이 멀어지고 프랭크가 손에 쥐어진 치킨 쿠폰을 본다.

쿠폰에 그려진 치킨 마스코트가 웃고 있다.

제5화
recall

## 인트로 – 희수 시점/15년 전/차 내부/단어장 [묵음]

흔들리는 시야. 초점이 맞지 않는 시야가 부옇게 보인다.

교통사고로 뒤집힌 차 안. 피투성이가 된 엄마(황지희)의 얼굴.

눈을 떼지 않고 나(희수)를 바라보는 엄마의 얼굴이 묘하게 일그러진다. (c.u)

초점이 맞지 않는 시야 속에서— 엄마의 표정이 우는 건지 웃는 건지 알 수 없다.

감기는 눈. 엄마의 알 수 없는 표정이 흐려진다. 또렷하게 붙잡으려 해도 멀어진다.

시야가 더욱 부옇게 흩어진다. 화면 하얗게 흩어지며 페이드아웃.

### cut to

페이드인 되며 다시 초점이 맞춰지면 수능 영어단어장. (c.u)

주황색 형광펜이 영단어 recall을 긋는다. (c.u)

**recall 미국·영국 [rikɔ́ːl]**

**1. [명사] 기억, 회상 2. [동사] 기억**해내다 3. [동사] 소환하다

형광펜이 **2. 기억해**까지 선을 긋다가 멈칫한다.

형광펜이 그은 단어장 속의 단어 **recall**이 클로즈업되며 소제목이 된다.

타이틀 '무빙'이 뜨고 '제5화: recall' 글자가 주황 형광색으로 도드라지며 화면 암전.

## 정원고등학교/강당 (오전)

암전이 주황색으로 차오르며 주황색 타이틀 '제5화: recall'이 주황색 속에 매워진다.

화면을 가득 메운 주황색. 카메라 서서히 멀어지면 주황색 라바콘이 된다.

멀뚱하게 서 있는 라바콘.

**(E)**    퉁!


갑자기 라바콘을 치는 손바닥.
카메라 더 멀어지면, 희수가 두 개의 라바콘 사이에서 20미터 왕복달
리기를 한다.
20미터 간격을 달려서 라바콘을 터치하고 다시 뒤돌아 뛰는 희수.


**(E)**    퉁!


터치하고 턴 할 때마다 희수의 얼굴에서 땀방울이 반짝반짝 떨어진다.


**(E)**    퉁!


터치, 턴 하다 삐끗, 다시 균형 잡고 달리는 희수.
마지막 바퀴. 전력질주로 라바콘을 (E) **투웅!** 치면서 미끄러진다.


**봉석**   (스톱워치 꾹) 17초 49!! (배점표 보고) 우와!! 거의 만점이야!
**희수**   (숨 몰아쉬는) 허억⋯ 헉⋯ 만점은 아니야.
**봉석**   (한껏 고무된) 그래도 이게 어디야?! 좀만 더 하면 가능해!


봉석의 응원에 희수가 슬며시 웃는다.
희수가 웃자 봉석은 제 일처럼 신나서 희수의 채점표에 기록을 적는다.


**희수**   (옷 냄새 맡으며) 후우⋯ 땀 냄새⋯.


희수가 손부채를 하며 천장을 보면 환풍기들이 꺼져 있다.
희수가 땀을 훔치고 배구화 끈을 고쳐 매는 사이, 봉석이 얼른 마루

걸레를 가져다가 바닥에 떨어진 희수의 땀을 닦는다.

**희수**    안 그래도 된다니까?

**봉석**    (바닥 닦으며) 너 방금도 미끄러졌잖아.

**희수**    나 안 다친다고.

**봉석**    (멈칫하다 다시 닦는) 그래도.

**희수**    못 믿어? 나 17대 1이라니까?

**봉석**    (계속 닦는) 그래도.

**희수**    (미안하고 고맙고) (물끄러미 보는)


희수가 밀려난 라바콘을 발로 툭툭 쳐서 원래 자리로 옮기면서 말한다.

**희수**    나 싸우고 학교 짤린 얘기 안 궁금해?

**봉석**    궁금해.

**희수**    왜 안 물어봐?

**봉석**    (잠시 뜸) 너한테 안 좋은 기억일까봐.

**희수**    맞아.

**봉석**    (쳐다보는)

**희수**    (마주 보며 웃는)


주황색 라바콘 클로즈업. 화면 모노톤으로 전환되며 전체를 가득 메우는 주황색.

## #3   [희수 과거/모노톤] 서울/톨게이트/트럭 내부 (새벽)

화면 가득 메운 주황색이 멀어지며 용달 트럭의 깜빡등(방향지시등)의 불빛이 된다.

카메라 뒤로 멀어지면, 깜빡등을 켜며 차들을 추월해 톨게이트에 진입하는 용달 트럭.

트럭의 짐칸에 여행용 캐리어와 박스 몇 개, 담요와 텐트가 실려 있다.

깜빡등이 꺼지고 정차하는 트럭. 주원의 손이 창밖으로 나와서 통행권을 뽑는다.

통행권 뽑는 팔에 보이는 두 개의 총알 자국 흉터. (c.u)

**희수na** 어릴 때부터 이사를 많이 다녔다.

용달 트럭이 동서울 톨게이트를 빠져나간다.

모자를 눌러쓴 30대 중반의 주원이 연신 사이드미러를 확인하며 운전한다.

운전석 옆, 조수석에 네 살 즈음의 희수가 잠들어 있다.

## #4 [희수 과거/모노톤/흑백전환/몽타주] 읍내 거리/논길/섬마을/달동네

### [#4-1] 겨울/시골 읍내 거리

깊은 밤. 함박눈이 내린다. 지방의 눈 쌓인 읍내 길을 달리는 주원의 용달 트럭.

트럭 짐칸에 쌓인 단출한 세간살이. 이삿짐 중에 주황색 어린이집 가방이 보인다.

터미널 근처. 트럭의 앞쪽 도로. 아이(봉석)를 업은 젊은 엄마(미현)가 무거운 캐리어를 끌고 힘겹게 눈 쌓인 인도를 걷는다. 용달 트럭이 잠시 망설이듯 속도를 늦추다가, 아이 엄마가 식당으로 들어서자 다시 속도를 내서 달린다.

트럭이 속도 내서 (E) 덜컹! 과속방지턱을 넘다가 어린이집 가방이 도로에 떨어진다.

**희수na**  아빠는 항상 무엇인가에 쫓기듯 이사를 다녔다.


모노톤의 화면이 흑백으로 전환되며 주황색 어린이집 가방이 도드라

진다. [이후 #4는 모두 흑백 화면. 별색으로 표기된 것만 주황색 컬러]

### [#4-2] 가을/논길/트럭 내부
노랗게 익은 벼가 넘실거리는 논 한가운데 공터.
공터에 커다란 감나무가 서 있다.
감나무 아래 정차한 용달 트럭 짐칸에 이삿짐이 좀 더 늘었다.


**희수na**  1년. 길어야 3년이었다. 어디에도 정착하지 않았다.


주원이 트럭에서 내려 사방을 둘러보고, 아홉 살이 된 희수가 차 지붕
위에 서 있다.
주원은 방향을 찾지 못해 지도책을 펼쳐놓고 머리를 벅벅 긁고 있다.
트럭 지붕 위에 올라가 있는 희수의 시점. 감나무에 주황색 감들이 탐
스럽게 열려 있다.
희수가 지붕에 올라서서 손을 뻗어보지만 감에 손이 닿지 않는다.
조금 더 손을 뻗어서 감에 손이 닿으려는데,


**주원**  (양손 벌려 뻗으며) 희수야. 가자.


희수가 따지 못한 감을 보다가 아빠 손에 들려 차 지붕에서 내려온다.
용달 트럭에 시동이 걸리고 차가 논길을 달린다.
희수가 못내 아쉬웠는지 차창 밖으로 고개를 돌려 멀어지는 감나무의
감을 바라본다.

## [#4-3] 여름/지방 도시/읍내 거리

용달 트럭이 '○○초등학교' 앞을 지나간다. 짐칸에 쌓인 이삿짐이 전보다 더 늘었다.

조수석에 앉은 열두 살 희수가 멀어지는 초등학교 건물을 바라본다.

희수가 고개를 돌려 아빠를 바라본다. 주원이 검게 그을린 얼굴로 운전을 하고 있다.

**희수na** 아빠는 일용직이었다. 몸으로 할 수 있는 일은 무엇이든 다 하셨다.

용달 트럭 짐칸 옆 난간에 '집수리. 설비. 철거. 페인트. 외벽 유리창 청소. 특수청소. 하수구. 언수도. 누수' 등의 문구가 빽빽하게 적혀 있고, 뒤쪽 난간에 '모든 일용직 가능. TEL 011-XXX-XXXX' 전화번호가 적혀 있다.

## [#4-4] 겨울/달동네/언덕길

(페이드인) 달동네의 언덕길 아래에 '△△중학교' 간판이 보인다.

이제는 너무 낡아버린 용달 트럭의 짐칸에 이전보다 더 많은 이삿짐이 가득하다.

언덕 위로 보이는 달동네에 아파트를 건축하는 주황색 타워크레인이 올라가고 있다.

길가에 정차된 용달 트럭의 보닛에서 연기가 피어오른다.

언뜻 보기에도 작고 낡은 용달 트럭에 너무 많은 이삿짐이 실려 있다.

연기가 피어오르는 트럭 옆. 길가에 부녀가 나란히 쪼그리고 앉아 견인차를 기다린다. 어느덧 중3이 된 희수와 이제는 50대를 바라보는 주원.

주원이 보면, 희수가 그 외중에도 고등학교 선행학습 참고서를 들여다보고 있다.

공부에 열중하는 희수. 주원의 눈이 깊어진다. [흑백 화면 모드 끝/다시 모노톤]

**희수na** 그날 아빠는 나의 대학 진학을 위해 정착을 결심했다.

## #5 [희수 과거/모노톤] 강원도 (오전)

강원도 소도시. 황량한 거리의 모습. 후미등이 덜렁거리는 트럭이 시내를 달린다.

후미등의 주황색 깜빡등이 덜렁거리며 아무 때나 깜빡거린다.

낡다 못해 이제는 삭아버린 트럭에 이삿짐과 새로 산 가구들이 실려 있다.

트럭의 운전석과 조수석에 주원과 희수가 나란히 앉아 있다.

트럭이 시내 중심가를 지나간다. 길가에 광업소의 광부 모집 플래카드가 보인다.

좀 더 지나면, 시내의 사거리에 '장경고등학교'의 교문이 보인다.

**희수na** 아빠는 탄광 노동자가 되어 직장을 갖게 되었고, 나는 이제 더 이상 전학 다니지 않아도 되는 고등학생이 되었다.

트럭이 학교를 지나서 더 달리면 저 멀리 낮고 작은 단층 아파트들이 보인다.

단층 아파트가 가까워지면, 주원이 만감이 교차하는 표정으로 웃는다.

희수가 그런 주원을 보고 덩달아 웃는다.

**희수na** 아빠는 작은 아파트를 샀다. 아빠 혼자 나를 키우며 10년 넘게 하루하루 일용직을 해서 모은 돈이었다. 사천 번의 일용직이었다.

**#6** **[희수 과거/모노톤] 장경고등학교/전경 (오후)**

학교 건물 외부에서 보이는 전경. 교실마다 학생들이 공부를 하고 있다.

**#7** **[희수 과거/모노톤] 장경고등학교/교실 (오후)**

칠판에 '자율학습' '수능 D-140일' 판서.
교사가 없는 교실에서 남녀 고등학생들이 자율학습을 하고 있다.
모두 앉아 공부하고 있는데, 교실 뒤쪽, 일진 여고생들이 신혜원을 둘러싸고 떠든다.

희수na　학기 초에 새로 전학 온 애가 있었다.

조용한 교실에서 일진 여고생들이 아랑곳 않고 웃고 떠든다.
언뜻 보면 혜원과 일진들 사이가 좋아 보인다.

희수na　순하고 내성적인 아이였다. 아주 잘사는 집의 외동딸이라고 했다.

일진 여고생들이 혜원을 둘러싸고 여전히 큰 소리로 떠든다.
교실 안의 학생들 그 누구도 쳐다보지 않는다.
아무도 감히 뒤돌아보지 못한다.

희수na　일진들이 가장 먼저 접근했다. 때문에, 그 애는 다른 친구를 사귈 기회조차 없었다.

혜원이 연신 공부하는 학생들의 눈치를 보며 일진들 사이에서 어색하게 웃고 있다.
일진 여고생 짱이 혜원의 귀에 꽂힌 에어팟을 본다.

**일진녀**  (혜원의 귀에서 에어팟 쏙 빼며) 혜원아. 이거 에어팟이야?

**혜원**  (귀에서 에어팟이 빠지자 깜짝) 응? 응.

**일진1**  우와. 이거 비싸다던데. 좋아?

**혜원**  으, 응.

**일진녀**  이거 나 좀 빌려줘. 잠깐 쓰고 돌려줄게.

**혜원**  (주저하는) 어…?

**일진녀**  (정색) 싫어?

**혜원**  아, 아니. (어색하게 웃는) 그래. (한쪽 에어팟마저 빼서 준다)

**일진녀**  충전기는?

**혜원**  어? 잠깐이라고….

**일진녀**  (표정 싸늘해지는)

**일진2**  (일진녀에게) 크크. 야. 됐다. 얘 너 못 믿겠나 보다.

**일진녀**  윽. 나 존나 마상.

**혜원**  (당황한) 어? 아. 아니야. 그게 아니라, 나는 그냥 잠깐 들어보겠다는 건 줄 알고… 그래서…. (부랴부랴 충전기 꺼내는)

**일진1**  너 좀 서운하다? 앞으로 계속 만날 친구끼리 너무 빡빡한 거 아니야? 얘가 어디 딴 데 가? (일진녀에게) 너 어디 가?

**일진녀**  윽. 나 아무 데도 안 가는데. 개씹마상.

**혜원**  (충전기 내밀며 어색하게 웃는) 아니야. 그런 거.


희수가 힐끗 뒤돌아보면, 혜원이 주눅 든 표정으로 어색하게 웃고 있다.
혜원을 둘러싼 채 에어팟을 서로 껴보며 낄낄대는 일진 여고생들.
조용한 교실에서 일진 여고생들 웃고 떠드는 소리만 들린다.


**희수na**  괴롭힘 당하고 있다는 것을 다들 알면서도…


희수가 다시 교실을 둘러보면, 교실 안의 모든 학생들이 누구도 뒤돌아보지 않는다.

**희수na**  왜 다들 못 본 척하지…?

형광펜을 꼭 쥔 희수의 손.
희수의 손에 눌려 주황색 잉크가 교재에 번진다.
번진 잉크가 클로즈업되며 주황색이 화면을 메운다.

#8  **정원고등학교/강당 (오전)**

화면을 꽉 채운 주황색에서 멀어지면 주황색 라바콘.
라바콘 포커스 아웃 되면, 뒤쪽 강당 바닥에 나란히 앉아 있는 봉석과
희수.

**봉석**  (심각한 표정으로) 그래서… 걔네들이랑…?
**희수**  아니.
**봉석**  (입 다무는)
**희수**  나도 같았어.

희수가 라바콘을 물끄러미 본다.
무표정한 희수의 얼굴. 봉석은 더 묻지 않는다.
라바콘을 바라보는 희수의 얼굴이 포커스 아웃 되면서 라바콘 클로즈업.
라바콘의 주황색이 화면을 가득 메운다.

#9  **[희수 과거/모노톤] 강원도/희수 집/주방 (밤)**

화면을 가득 메운 주황색이 멀어지며 벽에 걸린 주황색 안전조끼가
된다.
여기저기 검댕이 묻은 안전조끼에 '장경광업소' 글자가 인쇄되어 있다.

조끼가 걸린 현관문 옆 벽에서 멀어지면 작은 아파트 거실의 전경이
보인다.
거실에 켜놓은 TV에서 흘러나오는 뉴스 소리가 소음처럼 들린다.
주원과 희수가 주방 식탁에 마주 앉아 치킨을 먹고 있다.
주원이 맥주를 마시다 말고 거실의 TV를 본다.
[TV 화면 - 제2차 남북정상회담] 판문점에서 문재인 대통령과 김정은이
끌어안는다.
정상회담 장면과 함께 앵커와 패널의 대담이 이어진다. [2018.05.26]

앵커E  갑작스러운 2차 판문점 만남이 이루어졌습니다. 먼저 궁금한 것은, 청
       와대가 미국 측에 이 내용, 미리 통보를 했을까 하는 부분인데 어떻게
       예상을 하십니까?
패널E  제가 봤을 때는 내용 자체는 통보하지 않았겠지만… (소리 줄어드는)

뉴스를 보는 주원의 표정이 심각하다.
희수가 TV를 보는 주원의 옆얼굴을 본다.

주원   (희수와 눈 마주치고) 왜?
희수   (주원의 귓구멍을 가리키며) 아빠. 귀.
주원   (귀 문지르며) 어. 어?

주원이 손으로 귓구멍을 문질러보면 손가락에 탄가루가 묻어 나온다.
희수가 얼른 키친타월을 물에 적셔 주원에게 건넨다.
주원이 민망한 표정으로 귓속을 후벼 닦는다. 금세 새까매지는 키친
타월.

주원   (민망한 웃음) 하하. 샤워를 했는데도 이러네? (희수가 짠한 표정으로 쳐다

보자) 진짜 씻었어.

**희수**  (키친타월 더 떼어주며) 알아. 아빠 베개도 그래. 가끔 아빠 자고 일어난 베개 커버에 탄가루 묻어 있어.

**주원**  (키친타월에 코 풀며) 풍! 하하. 콧속은 코 풀면 되는데, 귓속은 면봉으로 닦아내도 이러네. 야. 아빠 광부 다 됐다야. 하하.

**희수**  아빠… 폐소공포증은 괜찮아…?

**주원**  다 극복했지. 하하하. 먹고 살려니까 다 되더라.

**희수**  (피식) 뭐가 그렇게 좋아?

**주원**  (헤벌쭉) 좋지 안 좋냐? 아빠 이제 일용직 아니다. 정규직이야. 출근하는 사람이라고. (으쓱) 얼마나 끝내주는 직업이냐. 땅 파면 돈이 나와? 근데 나와. 착실하게 땅만 파면 돈을 버는데 얼마나 좋냐. 우리 딸 공부도 시켜주고, (치킨 쩝쩝) 우리 딸 좋아하는 치킨도 이렇게 막 배달시켜 먹고. (씨익) 더 이상 이사 안 가도 되고. 우리가 이렇게 정착하기까지 얼마나 오래 걸렸냐. 아빤 진짜 너무 좋다.

**희수**  (웃는) 아빠. 많이 먹어.

**주원**  (캔맥주 들며) 한잔할래?

**희수**  나 아직 학생이거든?

**주원**  겨우 한 학기 남았잖아.

**희수**  그러니까. 쫌만 버티면 되거든.

**주원**  버텨?

**희수**  (웃는) (씁쓸한) 응.


부녀가 콜라와 맥주로 건배한다. 닭다리를 서로 양보하며 건네는 모습이 정겹다.


**앵커E**  (소리 다시 커지는) 어제오늘 한반도를 둘러싼 국제관계가 급변하고 있습니다. 여기에 또 이번 남북 정상 간의 만남으로 상황이 급변하게 됐

는데요. 물론 쉬운 예상은 아닐 것 같습니다. (소리 줄어드는)

## #10  [희수 과거/모노톤] 장경고등학교/교실 (오후)

칠판에 '자율학습' '수능 D-130일' 판서.
교사 없는 교실에서 자율학습하는 학생들.

**일진녀v.o** 슈프림이네?

희수가 힐끗 돌아보면, 일진들이 고가의 후드티를 입은 신혜원을 둘러싸고 서 있다.

**일진녀** (귀에 에어팟 꽂고 있는) 와. 개쩐다. 이거 대박 비싼 거잖아?
**혜원** (쩔쩔매는) 아. 아니야….

혜원이 당황한 표정으로 저도 모르게 옷깃을 감싼다.
일진녀가 거리낌 없이 혜원의 옷을 잡아당겨 목 안쪽의 메이커 라벨을 확인한다.

**일진1** 아니긴 뭐가 아니야. 찐은 삼사십만 원 한다던데? 이거 짭 아니지?
**혜원** 으응….
**일진녀** 와. 니네 집 존나 잘사나 보다. 벗어봐.
**혜원** 어? (저도 모르게 옷깃 움켜쥐는)
**일진녀** 나도 잠깐 한번 입어보자.
**일진2** 나도. 나도.
**일진녀** 야. 내가 먼저 찜했거든?

자기들끼리 낄낄거리다가 그제야 옷깃 움켜쥐고 있는 혜원을 본다.

**일진녀**    (눈빛 싸늘해진) 싫어?

**혜원**    (눈 피하는)

**일진녀**    (싸늘해진) 어디 봐? 너 나 안 보냐? 왜? 상대하기도 싫어?

**일진2**    ㅋㅋㅋㅋ야. 애 울겠당ㅋㅋㅋㅋ

**일진녀**    (일진2 쳐다보는)

**일진2**    (웃다 굳는)

**일진녀**    웃어?

**일진2**    (찔끔) 아. 아니야.

**일진녀**    얘가 지금 나 개무시하는 게 웃겨?

**일진2**    (쭈글) 미안.

**일진녀**    눈치 챙겨라.


점점 살벌해지는 분위기. 일진들이 일진녀의 눈치를 살핀다.
일진녀가 다시 혜원을 쳐다보자, 일진들의 시선이 온통 혜원에게 꽂
힌다.


**혜원**    (주눅 들어 쳐다보는) 저번에 내 에어팟도 아직….

**일진녀**    (돌변하는) 씨발년이 누굴 거지로 아나.

**혜원**    (너무 놀라 말문이 막힌)

**일진녀**    (에어팟 빼서 던지며) 야. 가져가! 쌍년이 사람 기분 좆같게 만드네?


혜원이 얼른 에어팟을 주워 와서 일진녀의 손에 쥐여준다.


**일진녀**    뭐 하냐?

**혜원**    (쩔쩔매며) 이, 이거 너 준 거야.

**일진녀**    왜?

**혜원**    치, 친구니까, 친구니까 선물….

**일진녀** 그래? (피식) 그럼 말을 하지. 참 나 진짜. (마지못한 듯 에어팟 받아 귀에 꽂으며) 존나 삐질 뻔했네, 진짜. 우리 친군데. 그치?

혜원이 얼른 후드티를 벗어주면, 일진녀가 당연하게 입는다.
후드티를 뺏기고 얇은 면티만 입은 혜원의 표정이 비참하게 일그러진다.
그러거나 말거나, 일진들은 후드티 입은 일진녀와 셀카를 찍어대며 낄낄거린다.
희수가 다시 고개를 돌려 주변을 보면, 여학생들 남학생들 아무도 뒤돌아보지 않는다.

**희수na** 아무도 보지 않는다.

학생들을 보는 희수의 무표정한 얼굴.

**희수na** 아무도 못 봤으면 없는 일이 되는 건가.

# #11 [희수 과거/모노톤] 장경고등학교/교무실 (오후)

담임교사 앞에 서 있는 희수.
담임교사가 놀란 표정으로 희수를 쳐다본다. [묵음]
희수가 교실에서 있었던 일을 차근차근 말한다. [묵음]
교사가 심각한 표정으로 팔짱을 끼며 고개를 끄덕인다.

**희수na** 선생님은 즉각 적절한 조치를 취하겠다고 하셨다.

# #12 [희수 과거/모노톤] 장경고등학교/생활지도부 (저녁)

담임교사와 학생주임 교사가 심각한 표정으로 이야기를 나눈다.
두 교사의 마뜩잖은 표정에서 서로 미루는 분위기가 느껴진다.

**#13** **[희수 과거/모노톤] 장경고등학교/교실들/몽타주 (저녁)**

교실과 학생들만 바뀔 뿐, 학생주임 교사는 같은 말만 반복하는 장면들이 교차된다.
교사가 말할 때마다 교실의 팻말이 바뀐다.

**cut to_ 교실 3-1**

학생주임 교사가 학생들에게 위압적인 표정으로 말한다.

**희수na** 선생님은 모든 반을 돌아다니며 같은 말을 했다.

**cut to_ 교실 3-2**

서로 눈치만 보는 학생들. 학생들 사이에 일진1이 앉아 있다.

**희수na** 일진들에게 괴롭힘을 당한 사례가 있으면 말하라고 했다.

**cut to_ 교실 3-3**

학생들이 모두 눈을 감고 있다. 일진2가 실눈을 뜨고 있다.

**희수na** 일진들에게 괴롭힘 당하는 걸 본 사람은 손을 들라고 했다.

**cut to_ 교실 3-4**

눈 감은 학생들. 아무도 손을 들지 않는다. 교실 뒤. 눈 감은 일진녀가 피식 웃는다.

**희수na** 아무도 손을 들지 않았다.

**cut to_ 희수네 반 교실**

희수가 눈을 감고 있다. 학생주임 교사가 다시 입을 연다.

**희수na** 괴롭힘 당한 사람은 손을 들라고 했다.

희수가 살짝 눈을 떠서 곁눈질한다.
건너 자리에 앉은 혜원이 눈을 질끈 감고 있다.
교실 뒤에서 일진3이 실눈을 뜨고 혜원을 보고 있다.
혜원의 감은 눈꺼풀이 파르르 떨리고 눈물이 비어져 나온다.

**희수na** 손을 들지 못했다.

## #14 [희수 과거/모노톤] 장경고등학교/복도/생활지도부 (저녁)
'생활지도부' 팻말이 걸린 문이 닫혀 있다.

**희수na** 선생님은 일진으로 의심되는 학생들을 모두 불러내서 경고를 주었다.

생활지도부 문이 열리고, 일진 여고생들이 나온다. 모두 표정이 잔뜩
일그러져 있다.

**희수na** 적절한 조치를 한다고 하셨었다. 그게 전부였다.

## #15 [희수 과거/모노톤] 장경고등학교/복도/학교 건물 뒤 (저녁)
희수가 복도에 서서 창문으로 밖을 내려다보고 있다.

**희수na** 적절한 조치가 아니었다. 적당한 조치였다.

학교 건물 구석.

담임교사와 학생주임 교사가 담배를 나눠 피우며 웃고 있다.
언뜻 보기에도, 서로 수고했다며 이야기를 나누는 모양새다.

**희수na** 이 정도면 적당히 할 만큼 했다고 생각할 만한 조치였다.

## #16 [희수 과거/모노톤] 장경고등학교/교실 (저녁)

**(E)** 콰앙!

교실 문이 부서져라 열리고, 일진들이 우르르 들어온다.
자율학습하던 학생들이 얼어붙는다.
일진녀가 살벌한 표정으로 학생들을 훑어본다.

**일진녀** 누구냐? 우리가 언제 니네 갈군 적 있어?
**학생들** (조용)
**일진녀** 누구냐고. 누가 선생한테 쌉소리 해댔냐고.

일진 여고생들이 교실을 돌아다니며 학생들의 책을 덮거나 툭툭 쳐서 떨어뜨린다.
학생들은 떨어진 책을 다시 주울 뿐, 아무 말도 못 하고 서로 눈치만 살핀다.

**일진녀** (한숨 푹) 누가 찔렀는지 말만 해. 그럼 조용히 나갈게.
**학생들** (서로 눈치만 보며 조용)
**일진녀** (폭발) 야이 씨발, 니들 내가 만만해?!! 대답 안 해!!!

일진녀가 주머니에서 커다란 커터 칼을 꺼낸다.

**(E)** 끼리리리릭…!

학생들이 흠칫해서 커터 칼을 쳐다본다. 맨 뒷줄에 앉은 신혜원이 덜덜 떤다.

교실 문가. 일진남(야구부 점퍼)이 나타나서 재미있다는 표정으로 교실을 들여다본다.

일진녀가 커터 칼로 책상 앞줄부터 학생들의 책을 그으며 뒤쪽으로 걸어간다.

**일진남**   (문가에 기대서서 웃으며) 여보~ 왜 그렇게 화가 났어. 무서워~

**일진녀**   (홱 돌아서며) 남편은 가만있어! 학뿌가 또 이런 신고 들어오면 학폭위 소집해서 징계하겠대!! 이미 날 찍었다니까!! 내가 뭘 어쨌다고!!

**일진남**   (빙글빙글 웃는) 네~ 네~

**일진녀**   (다시 학생들에게 패악질) 누구야!! 찌른 새끼 나오라고!!!

일진녀의 커터 칼이 희수의 앞줄 책상의 책들을 그으며 다가온다.

희수의 책상 위. 형광펜과 포스트잇으로 깔끔하게 정리된 희수의 참고서.

커터 칼이 앞 책상들을 그으며 다가오는데, 샤프를 쥔 희수의 주먹이 꽈악 쥐어진다.

다가오는 커터 칼을 보는 희수. 희수의 움켜쥔 주먹. 희수의 표정에 분노가 어린다.

희수가 샤프를 참고서에 꾹 누르자 샤프심의 흑연이 가루가 된다. 흑연 가루. (c.u)

흑연 가루를 보는 희수의 얼굴 위로 주원의 웃는 얼굴이 스친다.

**인서트_ #9**

귓속의 탄가루를 웃으며 닦는 주원의 얼굴. (c.u)

**희수na** 아빠 혼자 나를 키우기까지 사천 번의 일용직이었다.

일진녀의 커터 칼이 희수의 참고서를 긋고 지나간다.
커터 칼에 찢긴 참고서를 보는 희수. 떨리는 눈으로 이를 사려 문다.
일진녀가 희수를 지나쳐 뒷자리로 간다.
그때, 뒤에서 들려오는 굵은 목소리.

**남학생** 그만 좀 하지.

희수가 돌아보면, 건장한 남학생(반장)이 일진녀의 칼 든 손목을 잡고
있다.

**반장** (묵직한 목소리) 너무 심한 거 아니냐. 교실에서 뭐 하는 짓이야.
**일진녀** 뭐래. 정의의 썹선비냐? 이거 안 놔?
**반장** (범상치 않은 눈빛) 더 이러면 나도 참지 않아.
**일진녀** (아기 말투) 엄마야아. 무서워어. 놔.
**반장** (손목 잡은 손에 힘주는) 칼부터 내려놔.
**일진녀** (아기 말투) 아야.
**반장** 내가 참아보려고 했는
**(E)** 뻐억!!

어느새 책상들을 밟고 넘어온 일진남이 반장의 얼굴에 사커킥을 날린다.

**(E)** 우당탕!!

뒤로 나자빠지는 반장의 얼굴에서 피가 튄다.
일진남이 책상에서 그대로 뛰어내려 반장을 밟는다.

**일진남** (E) 퍽! 이 개새끼가!! 내 마누라 손목을 잡아!! (E) 뻐억!! 이 좆찐따새
끼가 어디서 존나 개폼을 잡아. 이 개씨발 빡대가리 새끼가!!! (E) 빠
악!!! 아가리 여물어 이 씨발새끼야!!! (E) 빠악!! 빠악!!

무자비한 폭행에 반장이 피투성이가 된다.
학생들이 모두 못 본 척 외면하려 애쓴다.

**일진녀** 어휴. 여보야. 좀 적당히 해~
**일진남** 적당히가 모야? 여보야. 이런 새낀 어설프게 밟으면 기어올라요. (E) 빠
악! 다신 못 깝치게! (E) 빠악! 확실하게! (E) 빠악!
**일진녀** 역시 똑똑한 내 남편. 우리 남편이가 최고네.

**슬로 모션**
일진남의 광기 어린 폭행이 계속된다. 외면하는 학생들. 모든 소음이
사라진다. 반장이 폭행을 견디지 못해 일진남의 바짓가랑이를 붙잡고
애걸한다.
뒷자리에서 벌어지는 폭행으로 희수의 의자가 덜컥거린다.
희수가 고개 숙여 외면한다. 희수의 신발에 핏방울이 튄다. 희수가 눈
을 감는다.

### #17 [희수 과거/모노톤] 태백 철암/철길 건널목 (저녁)

철길 건널목 앞. 혼자 걷는 반장의 뒤를 희수가 조용히 따라 걷는다.
희수가 미안한 마음에 차마 부르지 못하고 망설인다.
문득, 반장이 뒤돌아보면 얼굴을 온통 붕대로 감았다.

**반장** (돌아보며) 왜.

**희수** 왜 선생님께 폭행당했다고 말씀 안 드렸어?

**반장** 우리 반 애들, 아무도 말 안 하잖아. 다들 그걸 원해.

**희수** (입 다무는)

**반장** 내 잘못이야. 고3… 이제 곧 끝나는데. 내가 괜히 나댔어.

**희수** (쳐다보는)

**반장** 가만히 있었어야 됐어. 누가 일러서 나한테도 이런 일이 생긴 거야.

**희수** (망설이는) 그거…

**반장** 너도 그냥 가만히 있어. 곧 지나가.

**희수** (말문 턱 막히는)

**반장** 우리 고3이야.

**희수** (울컥하는)

**반장** 어쩔 수 없어. 고3이니까.


붕대 속 반장의 찡그려진 얼굴을 보고 희수의 말문이 막힌다.
반장이 그대로 뒤돌아서 철길 건널목을 건너간다.
희수가 차마 더 말 못 하는데 차단기가 내려간다.


**(E)** 따르르르르르륵… 안전선 밖으로 물러나 주시기 바랍니다. 따르르르
르르륵….


차단기에 달린 주황색 경고등이 깜빡거린다.


**(E)** 따르르르르르륵… 안전선 밖으로 물러나 주시기 바랍니다. 따르르르
르르륵….


열차가 지나가고 저 멀리 멀어지는 반장의 뒷모습이 가려진다.

땅을 울리며 지나가는 열차 소리에 희수의 목소리가 묻힌다.

**희수**   (흐느끼는) 나 때문에… 내가 일렀는데….

**(E)**   따르르르르르륵… 안전선 밖으로 물러나 주시기 바랍니다. 따르르르
르르륵….

깜빡이는 주황색 경고등 앞.
희수의 흐느끼는 어깨가 열차의 진동처럼 들썩인다.

# #18   정원고등학교/강당 (오전)

정적을 깨는 봉석의 목소리.

**봉석v.o**   희수야.

생각에 잠겼던 희수가 고개를 든다. 봉석이 핸드폰을 들고 서 있다.

**봉석**   힘들면 더 이야기하지 않아도 돼. 지금 할 수 있는 걸 하자.

**희수**   (쳐다보는)

**봉석**   (핸드폰 스톱워치 보여주며) 리셋했어. 다시 뛸까?

희수가 멍하니 봉석을 본다. 봉석이 걱정스레 말한다.

**봉석**   뛸 수 있겠어?

**희수**   (중얼) 뛰는 건 어렵지 않아. 턴이 어렵지.

**봉석**   응?

**희수**   (라바콘들 사이를 멍하니 보며) 이 안에서만 뛰어야 하거든.

**봉석**   (갸우뚱)

희수    벗어나면 안 돼.

시선을 옆으로 돌리면 멀찌감치 놓여 있는 또 하나의 라바콘. (c.u)
벗어날 수 없는 라바콘 사이의 간격. 희수는 그 안의 공허함을 본다.

## #19 [희수 과거/모노톤] 장경고등학교/교실 (저녁)

칠판에 '자율학습' '수능 D-120일' 판서.

(E)    쏴아아아아아아………!!

교실 창밖으로 비가 억수같이 쏟아진다.
교실 맨 뒤에 혼자 앉아 있는 혜원의 얼굴과 몸 여기저기에 생채기와
멍이 보인다.
주변의 학생들이 혜원에게서 조금씩 멀리 떨어져 앉아 있다.
섬처럼 혼자 떨어져 앉은 혜원이 숨죽여 흐느낀다.

혜원    흑… 흐윽… ㄲ윽… 흑….

조용한 교실. 빗소리에 섞인 혜원의 흐느끼는 울음소리만 들린다.
학생들은 이어폰을 꽂거나 못 들은 척, 혜원의 울음소리를 외면하고
있다.
희수도 외면한다. 희수가 표정을 알 수 없는 얼굴로 참고서를 들여다
보고 있다.
그때, (E) 쾅! 교실 뒷문을 걷어차고 일진 여고생들이 들어온다.

일진녀   (혜원에게 직진) 야! 신혜원!! (뒤통수 후려치는)
(E)    빠악!

291

**혜원** (비명) 꺄악!!

**일진녀** 야! (E) 빠악! 야!! (E) 빠악! 너 사람 말이 말 같지 않냐?!

**(E)** 빠악!


일진녀가 말끝마다 혜원의 뒤통수를 때리고, 혜원의 머리가 엉망으로 헝클어진다.
주변의 일진 여고생들은 학생들에게 으름장을 놓는다.


**일진1** 앞에들 봐라. 눈 마주치면 눈깔 후빈다.

**일진2** 야. 야. 공부들이나 하세요. 앞에 보라고. 책 보라고.


학생들이 뒤돌아보지 않는다.
혜원의 비명이 교실을 울리지만 모두 앞만 본다.


**일진녀** 우리 클럽에 들어왔으면!!! (E) 빠악! 회비를 내야 할 거 아냐!!

**(E)** 빠악!

**혜원** (머리를 사정없이 얻어맞으며 사정하는) 그, 그만… 그만…!!

**희수na** 아무도 뒤돌아보지 않는다.

**일진녀** 너 이년아! (E) 빠악! 며칠 있으면 방학이니까!! (E) 빠악! 그때까지 버틸 생각이었냐!! (E) 빠악! 우리가 지옥까지 쫓아갈 거야!!

**(E)** 빠악!

**혜원** (두 손으로 비는) 잘못했어… 잘못했어요. (울음 터진) 엉엉.

**희수na** 다들 못 본 척한다.


일진들의 계속되는 구타. 혜원의 울음소리가 커진다. 학생들은 미동도 하지 않는다.

**희수na** 고3이니까.

모두가 등을 돌린 교실.
폭행은 계속되고 혜원의 울음소리가 교실에 퍼진다.

**희수na** 나도 그렇다.

희수가 펼쳐놓은 '생활과 윤리' 책의 문장에 주황색 형광펜을 긋는다.

**희수na** 고3이니까.
**(E)** 드으으윽….

문장을 줄 바꿈 하면서 반듯하게 그어나가는 주황색 형광펜. (c.u)

**인서트**

2019년판 사회탐구영역. EBS 수능특강. '생활과 윤리' 6p.

(2) 윤리학의 의미

① '인간은 어떻게 살아야 할까?', '어떤 인간이 되어야 할까?', '어떤 행동을 하는 것이 옳은가?' 등과 같은 물음과 관련하여 도덕적인 실천을 하도록 안내해주는 당위의 학문.

희수의 형광펜이 **물음**이라는 글자에서 멈춘다.
형광펜으로 그은 문장을 무표정하게 쳐다보는 희수의 얼굴. (c.u)
형광펜에 갇힌 문장이 뿌옇게 포커스 아웃 되며 화면 가득 주황색이 메워진다.

# #20  정원고등학교 / 강당 (오전)

화면을 가득 메운 주황색. 주황색 라바콘이 된다.
희수가 라바콘들 사이를 오가며 20미터 왕복달리기를 한다.
봉석이 핸드폰 스톱워치를 손에 쥐고 달리는 희수를 바라본다.

(E)   퉁!

터치 그리고 턴.

(E)   퉁!

희수가 손으로 칠 때마다 흔들리는 라바콘.
희수가 라바콘을 터치하고 다시 뛴다.

(E)   퉁! 퉁! 퉁! 퉁!

소음이 점차 사라지고 희수의 숨소리만 울린다.
희수가 달리며 라바콘을 본다. 희수의 충혈된 눈. 숨소리도 사라진다.
정적 속에서 봉석이 외치는 소리.

**봉석**   (스톱워치 누를 준비하며) 마지막!!

마지막 턴. 라바콘을 향해 달리는 희수.
희수의 시야에 가득 차는 라바콘의 주황색.
이를 악무는 희수. 희수의 시야. 온통 주황색으로 메워진다.

(E)   터엉!!!!!!

희수가 발로 라바콘을 걷어찬다.

**(E)**   터엉… 텅… 텅텅텅….

봉석이 놀란다.
희수가 걷어찬 라바콘이 저만치 튕겨 나가 굴러간다.
희수가 등 돌린 채 고개 숙여 숨을 몰아쉰다.
봉석이 가만히 기다린다.

**희수**   (혼잣말처럼) 나도 그랬어.
**봉석**   (쳐다보는)

희수가 걷어찬 라바콘이 찌그러져 있다.
희수가 천천히 돌아서며 말한다.
희수의 말투가 망쳐버린 그림을 설명하듯 담담하다.

**희수**   나도 그랬어. 그 애가 괴롭힘을 당할 때, 나도 외면했어.

### 인서트_ #10
후드티 뺏기는 혜원을 외면하는 희수.

**희수**   나도 그 정도면 적당히 할 만큼 했다고 생각했었어.

### 인서트_ #11
교무실에서 선생님에게 말하는 희수.

**희수**   아빠를 생각해서 참았다는 것은 내게 좋은 핑곗거리였어.

**인서트_ #16**

샤프심 흑연 가루를 보는 희수.

**희수**　다른 애가 나서서 맞았을 때, 내가 아니라서 다행이라고 생각했어.

**인서트_ #16**

뒷자리 반장이 폭행당할 때 고개 숙여 외면하는 희수.

**희수**　나 때문에 그 애가 다쳤는데 난 미안하다는 말도 못 했어.

**인서트_ #17**

철길 건널목. 차마 말 못 하고 반장의 뒤를 따라가는 희수.

**희수**　내가 하고 싶은 말을 그 애가 했어.

**인서트_ #17**

"어쩔 수 없어. 고3이니까."

**희수**　나는 그게 부끄러웠어. 나도 그렇게 생각했으면서, 내 입으로 말도 못
했을 뿐이었어.

**봉석**　(처다보는)

**희수**　고3이니까.

## #21　[희수 과거/모노톤] 장경고등학교/교실 (저녁)

**희수na**　고3이니까.

#19에 이어서.

주황색 형광펜 자국을 물끄러미 보는 희수의 텅 빈 눈. (c.u)

주황색 형광펜으로 그은 문장. **물음**이라는 글자에서 멈춰 있다.

멈춰 있던 주황색 형광펜이 계속 그어진다.

**(E)** **ㄷㅇㅇㅇㅇㅇㅇㅇㅇ윽…**

**희수na** 고3이 뭐.

멈칫하던 형광펜이 계속 그어진다. **(E) 드ㅇㅇㅇㅇㅇ윽… 문장을 넘고 책의 페이지를 넘어 (E) 찌이이이이익… 책상까지 그어지고 (E) 탁!** 형광펜을 내려놓는다.

**희수** (일어서서 뒤돌아보며) 야.

**일진들** (쳐다보는)

**희수** 나와.

눈물범벅인 혜원이 희수를 본다.

일진들이 어이없는 표정으로 희수를 본다.

외면하고 있던 교실의 모든 학생들이 고개를 돌려서 보고 있다.

## #22 [희수 과거/모노톤] 장경고등학교/복도 (저녁)

흔들리는 화면. 교실 복도 끝에서 복도 줌인.

수십 명의 학생들이 복도 창가에 붙어 창밖으로 아래를 내려다보고 있다.

교실에서 학생들이 연이어 쏟아져 나와 복도 창가가 꽉 찬다.

창가에 붙어 내려다보던 학생들이 갑자기 으악 소리를 지르고 잠잠해진다.

숨죽였다가 경악했다가 반복하는 학생들. 핸드폰을 들어서 촬영하는 학생들.

복도의 학생들 속에, 헝클어진 머리로 얼굴을 가린 채 밖을 내려다보고 있는 신혜원.

꿀꺽 침을 삼키는 학생. 비명을 지르는 여학생. 겁에 질려 입을 틀어막는 여학생.

창가에 몰려 있는 학생들의 등 뒤 너머 아래를 내려다보면—

학교 건물 구석. 10여 명의 일진 여고생들이 곳곳에 쓰러져 있다.

멀찌감치 떨어진 곳에, 싸움 구경에 모여든 학생들이 울타리처럼 둘러서 있다.

난장판의 한복판에서 세 명의 일진과 엉겨 붙어 싸우고 있는 희수.

일진1이 희수의 허리를 끌어안고, 일진2는 희수의 팔을 잡고 늘어진다.

붙잡힌 희수에게 일진3이 벽돌을 휘두른다.

## #23 [희수 과거/모노톤] 장경고등학교/학교 건물 뒤 (저녁)

**(E)**     뻐억…!!


피 묻은 벽돌을 쥐고 주춤하는 일진3.

희수의 이마가 찢어져 피가 흘러내려 얼굴을 온통 붉게 적신다.

너무 많은 피가 흐르자, 일진3이 오히려 놀라 벽돌을 떨어뜨린다.

피범벅이 된 희수가 고개를 든다. 기겁하는 일진3의 얼굴을 박치기로 받아버린다.

일진3이 코와 입에서 피를 쏟으며 뒤로 나자빠진다.

희수가 허리를 감은 일진1의 정수리를 팔꿈치로 내려찍고, 팔을 잡고 있는 일진2의 머리채를 잡아 인중에 주먹을 꽂는다. 일진 1, 2, 3이 모두 쓰러진다.


**(E)**     쏴아아아아아아………!!!

비가 더욱 세차게 쏟아진다.

짐승 같은 희수의 모습. 피투성이가 된 채 비를 맞고 서 있다.

교복 상의는 단추가 다 뜯어졌고, 허벅지 부분의 치맛단이 길게 찢어져 있다.

희수의 이마와 허벅지에서 피가 흐른다. 쏟아지는 빗물에 번져 흐르는 피.

이마에서 흘러내린 피가 희수의 하얀 교복 블라우스를 피로 물들인다.

사방에 쓰러진 일진 여고생들이 신음 소리를 내며 꿈틀거린다.

얼굴에 피멍이 든 일진녀가 커터 칼을 쥔 채 덜덜 떨고 있다.

희수를 보는 일진녀의 눈이 공포에 젖어 있다.

일진녀가 피 묻은 커터 칼과 희수를 번갈아 본다.


**일진녀**   (덜덜 떨며) 너… 너…!! 너 뭐야…!


그때 구경하는 학생들을 밀치고 일진남이 뛰쳐나온다.

야구 배트를 쥔 일진남이 눈앞에 펼쳐진 광경에 놀란다.

바닥에 주저앉은 일진녀를 보고, 피투성이가 된 희수를 죽일 듯이 노려본다.


**일진남**   뭐야 이거. 씨발 론다 로우지야?

**일진녀**   (겁먹은 표정으로 희수 몸을 보는)

**일진남**   (배트 쥐고 희수에게 성큼성큼) 뒈지기 싫으면 다시 해봐.

**희수**   (멍한 얼굴로 쳐다보는)

**일진녀**   (다급한) 자, 잠깐만!! 쟤 이상해!! (일진남 잡으려다 놓치는) 잠깐마아아아아안!!!


일진남이 야구 배트를 휘두른다.

희수가 바닥에 떨어진 벽돌을 집어 든다.

**(E)**    까랑!!

찌그러진 야구 배트가 비가 퍼붓는 바닥에 떨어진다.

**(E)**    쏴아아아아아……!!

찌그러진 야구 배트에 묻은 피가 바닥을 적신다.
복도 창문에 다닥다닥 붙어 보고 있는 학생들의 표정.
창가 학생들 사이에서 보고 있는 신혜원의 표정.
달려오는 학생주임과 담임교사의 표정.

**(E)**    쏴아아아아아아……!!

빗물에 섞인 핏물 속에 이빨이 보인다.
일진남이 얼굴을 감싸 쥐며 쓰러진다.
일진녀가 피투성이가 된 일진남을 끌어안는다.

**일진녀**    (공포에 젖은 눈) 너… 너 도대체 뭐야…!! 너 뭐냐고오오오!!!!!!

희수의 발밑을 보면 핏물이 빗물과 섞여 흥건하다.
퍼붓는 빗물에 희수의 몸에 묻은 핏물들이 씻겨나간다.
희수의 잘린 치맛단. 드러난 허벅지에 상처가 없다.
피 묻은 벽돌을 움켜쥐고 우두커니 서 있는 희수의 표정이 혼란스럽다.
희수의 이마에 찢어진 상처가 없다. 일진녀의 눈에 공포가 서린다.

**cut to**

치맛단이 찢어지며 커터 칼에 허벅지를 베인 희수.

**cut to**

벽돌에 맞아 이마가 찢어지는 희수.

**cut to**

야구 배트에 머리를 얻어맞는 희수.

빗물에 씻겨 드러나는 희수의 전신 어디에도 상처가 없다.

**일진녀**　(악쓰는) 너 뭐냐고오오오!! 이 괴물 같은 년아아아!!!!!!!!!!

희수가 멍한 표정으로 자신의 몸을 내려다본다.

**희수**　(중얼) 괴물….

카메라 서서히 멀어지면, 학생들이 멀찌감치 떨어져 희수를 둘러싸고
서 있다.
화면 흑백으로 전환되며 멀어지면, 비를 맞으며 우두커니 서 있는 희수.
흑백의 화면에서 희수의 교복만 색깔이 물든다.
희수의 하얀 교복이 핏물과 빗물에 섞여 검붉은 주황색으로 보인다.

## #24　정원고등학교/강당 (오전)

적막한 강당. 희수가 저만치 굴러간 라바콘을 텅 빈 눈으로 본다.

**희수**　(불쑥) 저 색깔이 싫어.

봉석이 희수가 걷어찬 라바콘을 본다. 찌그러진 주황색 라바콘.

**봉석**　(구겨진 라바콘 쳐다보는) 주황색…?

**희수**　주황색이 왜 주황색인 줄 알아?

**봉석**　응?

**희수**　(혼잣말처럼) 붉을 주. 누를 황. 두 색의 이름이 다 들어간 색이름은 주
　　　　황색뿐이야. 빨간색이기도 하고 노란색이기도 하거든.

**봉석**　(듣고 있는)

**희수**　이것도 아니고, 저것도 아니고. 어쩌라는 거야 도대체.

찌그러진 주황색 라바콘. (c.u)

## #25　[희수 과거/모노톤] 장경고등학교/교실 복도/생활지도부 (저녁)

**희수na**　학폭위가 열렸다. 나는 퇴학당했다.

생활지도실 문이 닫혀 있다.

**희수na**　어느 학교도 학원 폭력 가해자인 나를 받아주지 않았다. 다행히 단 한
　　　　곳의 학교에서 전학을 받아주겠다고 했다. 명목상 전학이었지만 사실
　　　　상 퇴학이었다. 그렇게 학폭위를 마무리 지었다.

문이 열리고 주원과 희수가 나온다.
주원은 잘 맞지 않는 양복을 입었고, 희수는 교복이 아닌 평상복을 입
었다.
열린 문 뒤로, 안쪽에 교사들과 일진들의 부모들이 앉아 있다.

**희수na**　학폭위라도 열릴 수 있었던 것은 아빠 덕이었다. 아빠는 학부모들을

일일이 찾아가 거액의 합의금을 물어주며 경찰의 개입을 막았다.

주원이 뒤돌아서 머리 숙이지만, 누구도 인사를 받아주지 않는다.
희수가 그 모습을 본다. 주원은 연신 꾸벅꾸벅 인사를 하고 뒤돌아선다.
저녁노을이 길고 긴 복도를 격자무늬로 나눈다. 희수가 주원의 뒤를
따라 걷는다.
그때, 쉬는 시간 종이 울리고, 학생들이 복도로 쏟아져 나온다.
학생들이 희수를 보고 멈춰 선다.
순식간에 찾아온 정적. 희수에게 집중되는 시선들.
학생들이 모두 낯선 것을 보는 눈빛으로 희수를 본다.
희수가 걸음을 내딛자, 학생들이 저도 모르게 우우 한 걸음씩 물러선다.

**희수na** 모두 나를 피했다. 누구도 가까이 오지 않았다.

희수가 멈칫한다. 희수가 차마 걷지 못한다.

**희수na** 내 주변에는 아무도 없었다.

복도에 가득 찬 학생들. 희수 주변에는 아무도 없다.
보이지 않는 경계 속에서, 희수가 차마 학생들 사이를 지나가지 못한다.
앞서가던 주원이 돌아선다. 희수를 보는 주원의 표정이 쓸쓸하다.

**주원** 희수야. 집에 가자.

## #26 [희수 과거/모노톤] 장경고등학교/운동장 (저녁)
[원경] 운동장 한복판을 주원과 희수가 걷는다.
둘의 그림자가 길게 늘어져 걷는다.

희수가 앞서 걸어가는 주원의 뒷모습을 본다.

**희수na**  아빠는 집에 가자고 했지만, 우리 집은 이제 없다.

저녁노을이 앞서 걷는 주원의 그림자를 뒤로 길게 늘인다.
텅 빈 운동장을 걸어가는 주원의 뒷모습이 광야를 걷는 것처럼 보인다.
희수가 말없이 주원의 뒤를 따라서 걸어간다.

**희수na**  아빠는 집을 팔아서 치료비와 합의금을 물어줘야만 했다. 쌍방 폭행
이 성립되지 않았다. 나 때문이었다. 나는 다친 곳도, 상처도 없었다.

앞서가는 주원의 그림자와 뒤따라가는 희수의 그림자가 겹쳐진다.
희수의 그림자가 앞서 걷는 주원의 그림자 어깨에 겹치며 목말을 탄
것처럼 보인다.

**희수na**  내가 아빠를 힘들게 했다.

희수가 하늘을 본다.
주황색 저녁노을이 희수의 눈에 모노톤의 잿빛으로 보인다.

**희수**  아빠. 나 이런 거, 아빠 알고 있었어?
**주원**  (걸음 멈칫) 몰랐어. 혹시 했는데… 아빠도 이번에야 확실히 알았어.
**희수**  아빠. 나 왜 이래?
**주원**  아빠 닮아서 그래.

주원이 멈춰 서서 뒤돌아본다. 희수가 멈춰 선다.
저녁노을을 등진 주원의 얼굴이 역광에 가려 표정이 잘 보이지 않는다.

주원   그리고, 잘못된 걸 보고 참지 못한 건 엄마 닮아서 그래.

희수   (쳐다보는)

주원   그래서 아빠는 기뻐.


저녁노을의 역광에 묻혀 주원의 얼굴이 그늘졌다.
희수의 표정이 찌푸려진다.


주원   엄마도 니가 아빠 닮아서 기뻤을 거야.


주원의 표정이 일그러진다. 웃는 듯 우는 듯 알 수 없는 주원의 표정.


주원   엄마가 기뻐했을 것 같아서 아빠는 지금 더 기뻐.


## #27  정원고등학교/강당 (오전)

희수   (나직하게) 뭐가 자꾸 기쁘다는 건지….


봉석과 희수가 강당 구석에 나란히 앉아 있다.
둘은 한참을 말없이 앉아 있다.
저 멀리 찌그러진 라바콘이 넘어져 있다.
봉석이 침묵을 깬다.


봉석   (불쑥) 희수야.

희수   (쳐다보는)

봉석   밥 먹자.

희수   (넌 오로지 밥이구나, 옅게 웃는) 벌써 점심시간인가.

봉석   (엉덩이 툭툭 털고 일어서는) 아점.

희수   뭐 먹지.

**봉석**  (앞서 걷는) 뭐든.

**희수**  (따라 일어나서 걷는)

**봉석**  뭐든 먹고 힘내서 계속하자.

**희수**  (멈칫)


뒤따라 걷던 희수의 눈이 깊어진다.
희수가 걸음을 서둘러 봉석과 나란히 걸어간다.
봉석이 희수가 발로 차서 찌그러진 라바콘을 줍는다.
희수가 가만히 본다. 봉석이 고깔 안에 손을 넣고 통통 두드려 라바콘을 다시 편다.

**봉석**  (꾹꾹 펴며) 근데 있잖아. 주황색… 빨간색도 될 수 있고 노란색도 될 수 있는 거 아닌가? 이것도 저것도 아닌 게 아니라, 이것도 될 수 있고 저것도 될 수 있는 거잖아. (다 펴진 라바콘 곱게 놓으며) 가자.

**희수**  (봉석을 쳐다보다가 따라가는)


봉석과 희수가 강당 문으로 걸어간다. 희수가 걷다가 뒤돌아본다.
오후의 햇빛이 들어온 강당 바닥 한가운데, 주황색 라바콘이 덩그러니 놓여 있다.
햇살을 투과해 바닥에 비친 라바콘의 색이 다채롭다.

### #28  쇼핑센터 / 외부 / 주차장 (오전)

쇼핑센터 주차장에 주원의 배달 오토바이가 서 있다.
경찰차, 구급차, 국과수 차량까지 들어차서 주차장이 비좁다.
검은색 승용차가 들어오더니 주차된 차들 틈에 아무렇게나 주차한다.
검은색 승용차에서 검은색 정장을 입은 남자들이 서둘러 내린다.

## #29 쇼핑센터/계단/복도 (오전)

폴리스라인이 쳐진 헤어숍. 스태프가 경찰에게 목격 당시 상황을 진 술하고 있다.

복도에 몰려든 사람들이 수군거리는 소리들이 들린다.

"살인 사건이래." "미용실 원장이 찔려 죽었대." "어젯밤에 그랬다나봐."

상가 복도에 몰려든 사람들 사이에 주원이 서 있다.

주원의 눈이 빠르게 복도와 계단의 CCTV들을 훑는다.

계단과 복도에 설치된 CCTV들의 렌즈가 모두 깨져 있다.

복도에 사람들이 점점 더 몰려들고, 몇몇은 핸드폰을 꺼내 사진을 찍 는다.

사람들이 핸드폰 사진을 찍자, 주원이 카메라를 피해 복도 옆으로 붙 는다.

그때, 복도 반대쪽에서 검은색 정장을 입은 남자 셋이 빠르게 걸어온다.

보면, 남자들은 모두 보폭이 동일하고 행동에 사주경계가 배어 있다.

남자들이 걸어오며 깨진 CCTV들을 확인하고 있다.

주원이 스윽 뒤로 빠지며 사람들 속에 묻힌다.

남자들이 접근하자 경찰이 막아서고, 남자 한 명이 신분증을 내민다.

신분증을 확인한 경찰이 어? 하는 표정을 지으면서도 이내 순순히 비 켜준다.

멀리서 주원이 그 모습을 놓치지 않는다.

## #30 쇼핑센터/외부/주차장 (오전)

헬멧 미러로 얼굴을 가린 주원.

쇼핑센터 밖으로 나와서 주변을 빠르게 훑어본다.

건물 외부의 CCTV도 모두 렌즈가 깨져 있다.

주원이 좁은 차량들 사이에 삐딱하게 주차된 검은색 승용차를 본다.

차 안에 전화번호도 없고 열쇠도 그대로 있다.

옆에 주차된 차에 해병전우회 스티커가 붙어 있다.

주원이 검은 차 문을 쾅 열어서 옆 차에 선명한 문콕을 만든다.

주원이 핸드폰을 꺼낸다.

## #31 봉석 집 / 1층 / 식당 / 주방 (오전)

냄비에서 돈가스 소스가 부글부글 끓어 넘친다.

미현이 핸드폰으로 인스타그램을 들여다보고 있다.

### 인서트_ #29

– 인스타그램 사진. 쇼핑센터 헤어숍 복도. 현장에 몰려든 사람들.

– 소름. 나 일하는 주영쇼핑센터에 살인 사건 났음. 미용실 원장 죽었
다고 함. 경찰들 오고 난리. #살인사건 #RIP #경찰 #직찍 #목격


미현이 핸드폰 화면을 캡처한다.

## #32 정원고등학교 후문 앞 / 편의점 (오후)

봉석과 희수가 전자레인지 앞에 나란히 서 있다.

봉석이 냉동만두를 뜯으며 보면, 희수가 생각에 잠겨 있다.

봉석이 방해하지 않으려 조심스럽게 만두를 뜯어서 전자레인지에 넣
는다.

냉동만두 두 판, 설정 시간 3분 30초. 버튼을 누른다.


| (E) | 띠― |
|---|---|
| **희수** | (불쑥) 기억이란 게 뭐지? |
| **봉석** | 응? |
| **희수** | 기억은 뭘까? |
| **봉석** | (곰곰이 생각하다가 진지하게) 기억이란… |

전자레인지 안에서 만두가 돌아간다.

전자레인지 안쪽 만두 위에 놓인 카메라 시점으로 봉석과 희수의 모습이 보인다.

전자레인지 안쪽 카메라 시점으로, 화면이 회전할 때마다 봉석의 고지식한 말이 이어진다.


**봉석**　(화면 빙글) 내가 어디서 읽었는데, 기억은 전기 신호에 가깝대. 신경세포인 뉴런은 전기 신호를 주고받으며 작동하거든. (화면 빙글) 뉴런이 전기 신호를 주고받는 특정한 방식이 하나의 기억을 이루는 거고, 다시 말해서 기억은 전기를 통해… (희수 표정 보고) 이런 거 말고…?

**희수**　(화면 빙글) 수능에 나와?

**봉석**　아닐걸….

**희수**　(화면 빙글) 넌 어디서 그런 걸 다 주워듣냐.

**봉석**　그냥 나도 오래전부터 궁금해서…. (전자레인지 안쪽 시점 끝)


봉석이 우물쭈물 입을 다물고 둘은 나란히 서서 전자레인지를 본다.


**(E)**　지이이잉—


전자레인지의 기계음만 작게 울린다. 전자레인지 액정 남은 시간 3분.


**봉석**　근데 기억은 왜?

**희수**　아주 오래된 기억이 하나 있는데. 그 기억이 분명하지 않아.

**봉석**　응?

**희수**　(담담한) 엄마가 나 세 살 때 교통사고로 돌아가셨어. 난 그때 엄마가 운전하는 차에 같이 타고 있었고.

**봉석**　(놀라서 쳐다보는)

담담하게 털어놓는 희수. 봉석의 말문이 막힌다.
액정 남은 시간 2분 30초.

**희수**  그때 그 순간의 기억이 남아 있어.

**인서트_ #1**
흔들리는 시야. 부옇게 보이는 엄마(황지희)의 모습.

**희수**  엄마는 날 보고 있었어.

**인서트_ #1**
교통사고로 뒤집힌 차 안. 피투성이가 된 엄마의 얼굴.

**희수**  그때 엄마 얼굴이 잘 기억나지 않아. 엄마 표정이 이상했어.

**인서트_ #1**
엄마의 일그러지는 얼굴. 웃는 것 같기도, 우는 것 같기도 한.

전자레인지 안에 뿌옇게 김이 차오르기 시작한다.
액정 남은 시간 1분 30초.

**희수**  엄마 기억이 그거 하나뿐인데 엄마 얼굴이 기억나지 않아.

**인서트_ #1**
숨이 끊어지는 마지막까지 희수를 보는 엄마의 얼굴.

**희수**  그때 엄마가 어떤 표정이었는지 기억나지 않아.

**인서트_ #1**

엄마의 알 수 없는 표정이 하얗게 흩어져간다.

전자레인지 안에 김이 차올라 유리가 하얗다.
액정 남은 시간 30초.

**희수**   그때 엄마가 울었던 거였으면… 어떡하지…?

수증기가 차올라 전자레인지 유리 안이 보이지 않는다.
30초의 긴 시간 동안 아무도 말하지 않는다.
전자레인지 앞에 우두커니 서 있는 봉석과 희수의 뒷모습.
전자레인지에서 (E) 띠띠- 종료음이 울린다.
희수도 봉석도 만두를 꺼내지 않는다.
봉석이 전자레인지 유리에 비치는 희수의 얼굴을 본다.
희수는 깊은 슬픔을 오랜 시간에 묵혀 담담한 표정이다.
전자레인지 안쪽 유리에 수증기가 방울방울 맺힌다.
또르르 흐르는 물방울이 희수의 눈가와 겹쳐진다.

**#33  쇼핑센터/외부/주차장 (오후)**

주차장에서 소란이 인다. 50대 차주가 검은색 정장의 남자들에게 소
리치며 화를 낸다.
검은색 정장의 남자들은 난처한 표정으로 상황을 벗어나려고 하고,
경찰 한 명이 가운데 껴서 난감한 표정으로 차주를 달랜다.

**차주**   내가 30분을 기다렸어! 차에 전화번호는 적어놔야 할 것 아니야!! 차
도 좆같이 대놓고! 문까지 찍어놓고 배째라야!! 누가 알려줘서 망정
이지 그냥 튀었을 거 아냐!! 당신들 뭐 하는 인간들이야!!

| 경찰 | (말리다 안 되겠는지 차주에게 다가가서 속삭이는) |
|---|---|
| 차주 | 그래서 뭐!! 누군 왕년에 국가를 위해서 일 안 해봤나!! 국정원이라고 하면 쫄 줄 알았나!! 내가 해병대 570기야!! |
| 경찰 | (역효과에 다급하게 입 막는) 자, 잠깐만요 선생님!! |
| 차주 | (막무가내) 국정원이면 다야!! 이 차 이거 어떻게 할 거야!!! |

쇼핑센터 건물 모퉁이 뒤. 주원이 오토바이에 앉아 있다.
주차장의 소동에서 '국정원' 소리를 확인하고 주원이 떠난다.

## #34 정원고등학교 / 강당 (오후)

| (E) | 파앙! 파앙! |
|---|---|

서전트 점프판 때리는 소리가 강당을 울린다.
희수가 서전트 점프 훈련을 하고, 봉석이 바닥에 앉아서 구운 계란을 먹고 있다.

| (E) | 파앙! |
|---|---|

있는 힘껏 뛰어올라 점프판을 때리고 착지하는 희수.
희수가 점프판을 올려다본다. 맨 위에 찍힌 손바닥. 58cm.
희수가 만족한 표정으로 봉석을 쳐다보면, 봉석은 멍하니 천장을 올려다보고 있다.
봉석이 희수의 시선을 느끼고 퍼뜩,

| 봉석 | (부랴부랴 확인) 우와! 58센티?! 쫌만 더 하면 60센티 만점이다! |
|---|---|
| 희수 | (물끄러미 쳐다보는) |
| 봉석 | 왜? |

312

**희수**  너 무슨 생각하느라 멍때리냐.

**봉석**  (얼버무리는) 아니 그냥.


희수가 삐딱하게 서서 봉석을 본다.
가방 끌어안고 앉아 있는 봉석이 하릴없어 보인다.


**희수**  너 오늘 진짜 공부 안 해?

**봉석**  (너무나 당연한) 응. 나 원래 공부 안 해.

**희수**  (자랑이다) 그래. 그렇구나. 아무리 그래도, 계속 거기 그러고 있을 거 야? 나 늦게까지 연습할 건데? 난 이게 입시 준비야. 너도 수능 공부 좀 하러 가야 하는 거 아니야?

**봉석**  나 앞으로 너 연습 끝날 때까지 여기서 같이 공부할 거야.

**희수**  너 그러면 늦어.

**봉석**  (갑자기 책 꺼내며) 괜찮아. 그래도 할래.

**희수**  왜.

**봉석**  그냥.

**희수**  (물끄러미 보다가) 같이 있어주는 거냐.

**봉석**  (책 들여다보며) 아닌데.

**희수**  맞네. 나랑 있어주는 거네.

**봉석**  (얼굴 빨개진) 아닌데.

**희수**  맞는데 뭐. 내 얘기 듣고 나랑 같이 있어주려고 하는 거.


**인서트_ #25**
장경고등학교 복도. 희수를 피하는 학생들. 혼자 서 있는 희수.


**봉석**  아닌데.

**희수**  고마워.

봉석    아닌, 응?

희수    (웃는)

봉석    (겸연쩍은 웃음)

## #35  봉석 집 / 1층 / 식당 / 주방 (저녁)

가스레인지의 불이 꺼졌고 냄비 속 돈가스 소스가 식었다.

미현이 주방 구석에 우두커니 서서 핸드폰을 들여다보고 있다.

인스타그램 해시태그를 연이어 검색한다. #살인사건 #RIP #경찰 #직찍 #목격

인스타그램에 올라왔던 사진이 검색되지 않는다.

미현이 사진첩을 열어 조금 전 캡처했던 인스타 사진을 다시 띄워 확인한다.


### 인서트_ #29

인스타그램 사진. 쇼핑센터 헤어숍 복도. 현장에 몰려든 사람들.


미현na   사진들이 모두 삭제됐다.

## #36  국정원 / 기획판단실 (저녁)

책상 위 명패. [국가안전기획부 제5차장 민용준] 한 귀퉁이가 깨져 있다. (c.u)

민 차장이 파일을 펼쳐 나주의 신상 서류를 들여다보고 있다.

김이 피어오르는 커피잔 너머, 여 팀장이 정자세로 서서 보고한다.


여 팀장   금품을 노린 단순 강도 살인 사건으로 마무리했습니다. SNS에 올라온 사진들도 30분 만에 전부 삭제해서 더 이상의 노출을 막았습니다.

민 차장   (말 없는)

여 팀장   (대답 없는 민 차장에 긴장하는) 국과수를 통해 시신을 바로 인계했고 신

속하게 장례 절차에 들어가도록 했습니다.

민 차장이 나주의 서류 사망 칸에 체크한다.
파일을 펼치면, 나주/봉평/진천의 사진들. 전부 사망 체크되어 있다. (c.u)
민 차장이 사망한 블랙 요원들을 무심한 눈으로 보다가 각설탕 통을
연다.

**민 차장**  (각설탕 넣고) 진천. (각설탕 넣고) 봉평. (각설탕 넣고) 나주까지… (천천히
저으며) 클리너를 보냈군.

**여 팀장**  네? 이미 은퇴한 과거의 요원들인데 굳이….

**민 차장**  (커피 저으며) 상황이 달라지고 있으니까. 과거에는 그들에게 통제가
됐었거든.

**여 팀장**  그들이요?

**민 차장**  (커피 한 모금) 한국이 언제 미국의 그늘에서 자유로운 적이 있었나.

**여 팀장**  미국…!

**민 차장**  그런데 이제 그 그늘을 벗어나려고 하고 있거든.

민 차장의 책상 위에 쌓여 있는 일간지들. 신문 헤드라인. (c.u)
[문재인 대통령] '한반도 문제는 우리가 주인' 메시지. - 2018.08.16.

**민 차장**  과거 우리 요원들의 극비임무는 모두 미국의 승인 아래 가능했어. 때
문에, 임무를 수행했던 요원들은 곧 살아 있는 증거물이지.

**여 팀장**  너무 많이 알고 있는 거군요. 그래서 폐기를 하려는 것이고요. 그렇다
면 우리도 액션을 취해야 하는 거 아닙니까.

**민 차장**  액션?

**여 팀장**  은퇴한 요원들을 지켜야…

**민 차장**  왜.

**여 팀장**　(멈칫)

**민 차장**　승인이 뭔가. 우리 쪽에서 요청했으니까, 승인이 있었던 것 아닌가. 그 요청은 우리 입장에서도 극비사항이었고. (커피 쭉 마시는)

**여 팀장**　아….

**민 차장**　(녹지 않은 각설탕 조각 이에 걸린) 씁. (각설탕 조각 씹는) 너무 많이 알고 있는 은퇴자들이 위험요소인 건 우리도 마찬가지야. 우리 입장에서도 이젠 폐기해야 할 사업이지.

**여 팀장**　그래서 별다른 조치를 취하지 않으신 거군요.

**민 차장**　다만, 어디까지 알고 온 건지 봐야겠지.

**여 팀장**　네.

**민 차장**　우리 쪽 점검도 필요하고. 우리도 버리는 사업이 있고, 키우는 사업이 있으니까. 조 과장 오라고 해.

**여 팀장**　네. 호출하겠습니다.

**민 차장**　(커피 마시는)

**여 팀장**　(조심스럽게) 참사관도 연락할까요.


민 차장이 커피잔을 들여다보면 녹지 않은 설탕 찌꺼기가 수북하다.


**민 차장**　아니. 아직. 확실한 증거가 필요해. 청소부가 누군지 알아봐.


## #37　장례식장/특1호실/빈소/입구 (저녁)

**상주**　여기에 성함을….


빈소 입구를 지나치려던 프랭크가 고개를 든다.
상주 완장을 찬 젊은 남자가 사인펜을 건넨다. 접객대에 부의록(방명록)이 놓여 있다.
프랭크의 뒤쪽으로 조문객들이 밀려 있다. 부의록에 이름들이 줄지어 적혀 있다.

젊은 상주가 사인펜을 계속 들고 있다. 프랭크가 사인펜을 받아 'frank' 적는다.

## #38  봉석 집/식당/주방 (저녁)

미현이 김치냉장고 위에 노트북을 펼쳐놓고 핸드폰을 보고 있다.

**인서트_ #29**

인스타그램 사진. 쇼핑센터 헤어숍 복도. 현장에 몰려든 사람들.

미현의 핸드폰 케이블이 노트북에 연결되어 있다.

노트북 화면에 전송 완료 알람이 뜨자 미현이 안경을 벗는다.

전송 완료된 폴더를 열자, 모니터에 인스타 캡처 사진들이 화면 가득 배열된다.

**인서트_ 모니터**

- 해시태그 항목, 날짜, 장소별로 정리된 인스타 캡처 사진들.

- #사고 #사건 #RIP #사망 #직찍 #목격 #살인사건 #의문사 #목격 #경찰 #혐주의 #119…

미현의 손이 터치 마우스를 능숙하게 다룬다.

벗어놓은 안경. 빠르게 움직이는 미현의 눈동자. 확대된 동공.

마우스 포인터와 스크롤바가 빠르게 움직이며 사진들을 검색한다.

순간, 미현의 동공이 고정된다. 각각 두 장의 사진.

미현이 마우스 화살표를 움직여 두 장의 사진을 나란히 띄운다.

**인서트_ 1화 #36**

멀티플렉스 앞. 누군가의 인스타 사진에 찍힌 택배 탑차.

**인서트_ 2화 #58**
헌책방 앞. 누군가의 인스타 사진에 찍힌 택배 탑차.

두 장의 사진 속에 모두 UHL 로고가 새겨진 택배 탑차가 있다.

## #39 장례식장/주차장 (저녁)

만차가 된 주차장. 주차장 구석에 UHL 로고가 새겨진 택배 탑차가
주차되어 있다.

## #40 장례식장/특1호실/복도/빈소 (저녁)

복도의 일반실들을 지나면, 복도 끝에 가장 큰 특1호실이 보인다.
특1호실 앞에 많은 근조화환들이 놓여 있고, 화환들이 계속 도착하고
있다.
화환들의 비슷한 문구들. '우리들의 어머니. 그립습니다. 사랑합니다.'
특1호실 입구의 디지털 안내판. 고인(故人) 칸에 홍성화(나주)의 사진
과 이름이 있다.
상주(喪主) 칸에 성씨가 다른 상주들의 이름이 빼곡하게 적혀 있다.
부의함 앞에 조문객들이 줄을 서고, 빈소 입구에 무수히 많은 신발들
이 놓여 있다.
빈소 제단에 나주의 영정사진이 밝게 웃고 있다.
영정사진 앞 향로에 향들이 빼곡하고, 제단 위에 수많은 국화꽃들이
놓여 있다.
제단 옆 상주석. 외모와 연령과 성별이 다른 10여 명의 상주들이 서
있다.
슬픈 표정의 상주들이 정성껏 조문객들을 맞이한다.

**장례식장/특1호실/빈소/접객실 (저녁)**

접객실의 테이블마다 조문객들이 가득하다.

분주한 테이블 사이. 양세은이 조문객들 사이에 섞여 뒤돌아 앉아 있다.

접객실 구석의 테이블. 모자를 눌러쓴 프랭크가 테이블에 혼자 앉아 있다.

테이블에 놓인 육개장. (c.u)

프랭크가 수저도 들지 않은 채 눈앞의 음식들을 물끄러미 보고만 있다.

슬픔과 위로와 서로에 대한 반가움이 오가는 접객실에서 프랭크만 분리된 느낌이다.

그때, 빨간 육개장 그릇 옆에 맑은 소고기뭇국이 담긴 그릇이 놓인다.

프랭크가 고개를 들면, 접객대에서 맞이했던 젊은 상주가 앉는다.

| | |
|---|---|
| **상주** | (조심스럽게) 혹시 매운 걸 못 드시나 해서요. |
| **프랭크** | (상주 얼굴 가만히 보는) |
| **상주** | 방명록에 쓰신 성함이 영어 이름이어서… 외국 분이신가 해서요. |
| **프랭크** | (대답 없는) |
| **상주** | (프랭크가 대꾸 없이 빤히 쳐다보자) 아. 한국말을 못하시나요? |
| **프랭크** | 한국말. a little. |
| **상주** | (웃는) 제가 영어를 잘 못해서. 한국말 조금 하시면… 교포신가요? |
| **프랭크** | 아닙니다. |
| **상주** | (조심스럽게) 저… 그럼 혹시…. |
| **프랭크** | (잠시 침묵하다) adopted. |
| **상주** | 어답티드… (단어 생각하다) 아. 입양! (활짝 웃는) 그렇군요! |
| **프랭크** | (상주의 반응이 이상한) |
| **상주** | (알겠다는 듯) 그래서 저희 어머니를 아시는 거군요. |
| **프랭크** | 왓…? |
| **상주** | (얼른) 저희도 몇 명은 해외로 입양될 뻔했었거든요. |

**프랭크**　(쳐다보는)

**상주**　아, 아닌가…?

**프랭크**　(쳐다보는)

**상주**　(어색한 침묵에) 아이고 제가 넘겨짚었네요. (빈소 보며) 저기 보이시죠? 우리는 모두 어머니가 거두신 고아들이었어요. 어린 저희들을 돌보다가 입양되지 않는 아이들은 모두 직접 키워주셨어요.

프랭크의 눈이 순간 깊어진다. 프랭크가 고개를 돌려 빈소를 본다.
서로 외모가 다른 다양한 젊은 남녀들이 조문객을 맞이하고 있다.

**인서트**

미용실 벽에 걸려 있던 단체 사진 액자.

단체 사진 속의 사람들과 빈소에 서 있는 상주들이 겹쳐진다.

**상주**　어머니껜 친딸이 한 명 있었어요. 어머니는 친딸과 우리를 전혀 차별하지 않으셨죠. 같은 옷을 입히고 같은 음식을 먹이고 같은 학교에 보내시며 함께 키웠죠. 친딸은 이미 10년 전쯤 고등학생 때 병으로 죽었어요. 그 후에도 어머니는 계속 우리를 한결같이 키우시고 세상에 내보내셨죠. 우리는 모두 어머니의 자식이에요. (묵묵히 바라보는 프랭크의 시선을 느끼고) 아, 한국말 잘 못한다고 하셨는데….

**프랭크**　Was she a good mother…?

**상주**　(영어에 살짝 당황하다가) Yes. (좀 더 강조하고 싶었는지 잠시 단어를 고르다가) Sincerely.

프랭크가 알 수 없는 표정으로 물끄러미 쳐다본다. 상주가 갸우뚱한다.
어색한 침묵이 흐른다. 빈소 쪽을 보면 조문객들이 몰려온다.

상주　와주셔서 감사합니다. (뭇국 옆에 수저 놓으며) 꼭 식사하고 가세요.

상주가 일어서고 프랭크가 다시 혼자 앉아 있다.
테이블의 소고기뭇국은 맑고, 자신의 손톱엔 검붉은 때가 껴 있다.

### 인서트_ 4화 #13
나주의 목에 가위를 꽂는 프랭크의 손. 피가 튄다.

모자챙에 얼굴이 가려진 프랭크의 표정을 알 수 없다.

### cut to_ 시간 경과
프랭크가 떠난 테이블. 접시와 그릇에 음식이 그대로 남아 있다.

### #42　봉석 집/1층/식당/홀/주방 (저녁)
테이블 위. 치우지 않았던 빈 접시와 그릇들.
미현이 접시와 그릇들을 큰 쟁반에 옮겨 담고 주방으로 걸어간다.
주방에 들어서다 갑자기 굳은 듯 멈춰 선다.
미현이 접시와 그릇들을 설거지통에 던져 넣고 재빨리 노트북을 연다.
미현이 노트북 부팅을 기다리지 못하고 핸드폰을 꺼내 사진첩을 연다.
정리된 캡처 사진 목록 가장 최근. 오늘 아침에 캡처한 인스타 사진.

### 인서트_ #29
인스타그램 사진. 쇼핑센터 헤어숍 복도. 현장에 몰려든 사람들.

미현의 눈가가 꿈틀한다. 미현의 손가락이 사진을 확대한다. 사진 속의 한구석.
복도의 많은 사람들 사이. 얼굴을 살짝 돌린 남자의 뒷모습이 찍혀 있다.

미현이 핸드폰 화면을 더 확대한다.

남자(장주원)의 팔뚝에 총알구멍 두 개가 보인다. (c.u)

## #43 국정원/기획판단실 (저녁)

책상의 전화기에서 스피커 음이 울린다.

비서F  조 과장님 오셨습니다.

민 차장  (버튼 누르며) 들어오라고 해.


문 열리는 소리. 저벅저벅 들어오는 구둣발.

조 과장이 민 차장 책상 앞에 와서 선다.

조 과장의 얼굴은 보이지 않고 줄곧 어깨와 뒷모습만 보인다.


조 과장  안녕하십니까. 오랜만입니다. 차장님.

민 차장  보고는 잘 받고 있네. 그 외 특이사항은.

조 과장  (뒷모습) 네. 올해는 성과가 있을 것 같습니다. (비음) 쿵. 차장님께서 저를 신임하시고 제게 이 사업을 맡겨주신 지 벌써 10여 년인데요잉, 쿵. 그 긴 세월 동안 우리 학교에서 배출한 졸업생이 많았음에도, 쿵. 아쉽게도 잠재적 능력자였을 뿐이었죠. 쿵. 하지만 올해는 비로소 차장님의 기대에 부응하여 인재들을…

민 차장  (싹둑) 알았네. 파일 관리는 잘하고 있겠지.

조 과장  네. 당연합니다. 쿵. 제가 그간 NTDP에 얼마나 공을 들였는데요. [자막: National Talent Development Project 국가재능육성사업]

민 차장  (올려다보며) 그래. 그동안 수고가 많았네.


민 차장의 시선을 따라가면— 조 과장의 얼굴이 드러난다.

정원고등학교 교장 조래혁이다.

래혁    네. 감사합니다.

조래혁이 웃는다.

## #44 [과거/모노톤] 장경고등학교/생활지도부 (저녁)
조래혁의 웃는 얼굴. (c.u)

래혁    (웃는 얼굴로 은근하게) 쿵. 그래서, 자세히 말해보게. 학생을 탓하려는
        게 아니야. 그 애가 정말 괴물 같았나?
일진녀  (입술 깨물며 중얼중얼) 네. 분명히 상처가 있었어요. 이마에도, 얼굴에
        도, 다리에도. 분명히 찢어지고 베이고 깨지고 완전 혐창났었는데…
        순식간에 다 나았어요. 상처가 하나도 없었어요. 내가 분명히 봤어
        요… 너무 무서웠어요… 걘 사람이 아니에요. 걘 괴물이에요….
래혁    (얼굴 가득 웃는) 확실히 괴물이란 말이지….

생활지도실에 래혁과 일진녀가 마주 앉아 있다.

일진녀  근데… 그걸 왜 자꾸 물어보세요…? 서울에 있는 학교의 교장선생님
        이라고 들었는데… 걔 전학을 받아준다고… 맞아요?
래혁    교장? 쿵. 그것도 맞지.
일진녀  네?
래혁    좀 더 정확히는 공무원이지.

조래혁이 웃는다.

## #45 국정원/기획판단실 (저녁)
조래혁의 웃는 얼굴. (c.u)

잘했다 칭찬을 바라는 강아지마냥 연신 웃는 얼굴로 민 차장을 본다.

**민 차장**   (무표정) 마냥 웃을 때가 아닌데.

**래혁**   (웃음기 싹)

민 차장이 책상 위의 파일을 열어 신상명세 서류를 옆으로 좌악 밀어 펼친다.
파일에 보이는 나주/봉평/진천의 신상명세 서류들.
민 차장의 손가락이 서류들의 최종 소재란을 가리킨다. 모두 사망 체크가 되었다.
그제야 분위기 파악이 되는 조 과장. 덩달아 바짝 긴장한다.

**민 차장**   뭔가 움직이고 있어.

**래혁**   (긴장한) 그, 그렇군요잉… 요.

**민 차장**   혹시 모르니 NTDP 파일 관리 철저히 하게. 파일의 존재를 알고 있다면 문제가 훨씬 더 심각해져.

**래혁**   네. 알겠습니다.

**민 차장**   서둘러야겠어. 이 옛날 파일은 이제 폐기해야 할 지경이야.

민 차장이 파일의 서류들을 손바닥으로 턱 친다. 밀리는 신상서류들.
나주/진천/봉평의 서류들 밑에 보이는 또 한 장의 신상서류.
주원의 사진이 붙어 있다.

## #46   치킨집/홀/주방 (저녁)

홀의 벽걸이 TV에서 뉴스가 나온다. [TV 화면 - 광복절 경축사를 하고 있는 문재인 대통령]

앵커E '남북 간 더 깊은 신뢰 관계를 구축하겠다'고 밝히면서 다음 달 남북 정상회담에서 진전된 남북 협력에 대한 합의를 추진하겠다는 뜻을 내 비쳤습니다. 청와대가 기존의 '한반도 운전석론'을 넘어 '한반도 주인 론'을 꺼내든 것으로 해석되면서, 워싱턴은 더욱 한반도를 예의주시 하고 있는 상황입니다… (소리 줄어드는)

TV에서 멀어지며— 주방으로 들어가면 주원이 튀김기 앞에 서 있다. 주원이 튀김기 온도계 올라가는 것을 보고 있다. 140도. 빨간 램프.

**플래시백_ 4화 #46**
어두운 복도. 헤어숍에서 나오던 프랭크.

생각에 잠긴 주원의 눈. 150도. 빨간 램프.

**플래시백_ 4화 #46**
모자챙 밑으로 드러난 프랭크의 얼굴.

기름이 끓어오르며 기름방울이 몽글몽글 올라오기 시작한다. 160도. 빨간 램프.

**플래시백_ 4화 #46**
치킨 쿠폰을 건네던 순간. 본능적으로 손을 빼던 프랭크.

고요하게 끓어오르는 주원의 표정. 170도. 빨간 램프.

**플래시백_ 4화 #46**
다시 손을 잡힌 순간. 살기가 느껴지던 프랭크의 얼굴. (c.u)

맹렬하게 끓어오르는 튀김기름. 180도. 파란 램프가 켜진다.
주원이 끓는 기름통에 그대로 손을 집어넣는다.

**(E)** 치이이이이익―――!!!

살 튀겨지는 소리와 함께 허연 연기가 피어오른다.
푸들푸들 떨리는 주원의 턱. 굵은 힘줄이 돋아나는 주원의 이마.

**(E)** 치이이이이익―――!!!

주원이 기름통에서 손을 꺼낸다.
통째로 튀겨진 주원의 손에 온통 핏물로 된 물집이 가득하다.
화상 입은 손을 지긋이 보는 주원의 무표정한 얼굴. (c.u)
피투성이가 된 손의 핏물들이 기름통에 떨어질 때마다 허연 연기가
피어오른다.
허연 연기 속에 흐릿하게 보이는 주원의 화상 입은 손.
서서히 피부가 재생되면서 물집들이 사라진다.
주원의 무표정했던 얼굴에 살기 어린 결의가 돈다.
화상이 완전히 사라진 주원의 손.
주원이 주먹을 쥔다.
손의 화상은 사라졌는데 팔뚝에 두 개의 총구멍이 선명하다.

## #47 암사동 한강 둔치/탑차 화물칸/내부 (늦은 저녁)

한강에 여름 열기가 가득하다. 갈대밭이 바람에 흔들린다.
더위를 식히려는 듯 화물칸 문이 살짝 열려 있다.
어두운 화물칸 바닥에 보조배터리들과 옥수수 캔들이 쌓여 있다.
어둠 속에 프랭크가 웅크리고 앉아 있다. PDA폰 불빛에 프랭크의 얼

굴이 비친다.

**인서트**

PDA폰 액정화면에 주고받은 문자들.

         └,[Delete]

     └,[Next]

         └,[Delete]

    └,[Next]


PDA폰 문자 창을 보는 프랭크의 무표정한 얼굴. (c.u)
자판 위를 머무는 프랭크의 손가락이 무겁다. (c.u)

**플래시백_ 4화 #16**

"엄마니까."


PDA폰 보내는 문자에 'Delete' 단어를 찍어 보낸다.
화물칸 문이 열려 있다. 열린 문을 물끄러미 바라보는 프랭크.

**플래시백**

[1981년/송탄 기지촌] 닫히는 현관문. 돌아서 있는 여자의 모습.


문을 조금 더 열려다가, 멈칫, 문밖으로 바람에 흔들리는 갈대밭이 보인다.
갈대밭을 보던 프랭크가 오히려 문을 닫는다.

## #48 정원고등학교/운동장 (늦은 저녁)

저녁노을이 진다. 서쪽 하늘이 온통 주황색으로 물들었다.

봉석과 희수가 텅 빈 학교 운동장을 가로질러 걷는다.
둘은 한참을 아무 말 없이 함께 걷는다.
걷다가, 봉석이 문득 저녁노을 지는 하늘을 올려다보며 말한다.

**봉석**   (불쑥) 우리 집 천장에 온통 스티로폼 붙였잖아. 그거 우리 엄마가 한 거야. 나 어릴 때부터 붙인 건데, 낡아서 떨어지면 새로 사서 또 붙이셔. 나 다치지 말라고. 나 이렇게 컸는데도 절대 안 떼셔.

**희수**   (뭔 말인가)

**봉석**   그래서 사실 아까부터 계속 생각해봤는데…

**희수**   어? (피식) 어쩐지. 계속 멍때리더니. (웃는) 그래. 뭔데?

**봉석**   웃으셨을 거야.

**희수**   (쳐다보는)

**봉석**   너희 어머니.

**희수**   (멈칫)

**봉석**   니가 안 다친다는 걸 알게 되셨을 테니까.

봉석이 계속 걷는다. 걷다가 문득 뒤돌아보면 희수가 멈춰 서 있다.
우두커니 서 있는 희수의 표정이 이상하다.

**봉석**   희수야…?

봉석이 운동장 한복판에 저녁노을을 등지고 서 있다.
하늘에 가득 찬 저녁노을. 세상이 온통 아름다운 주황색이다.
희수의 눈에 물기가 차오른다.
저녁노을을 등지고 뒤돌아보는 봉석의 모습이 아빠의 모습과 겹친다.
부옇게 차오르는 시야 속에서 우는 듯 웃는 듯 일그러져 있는 아빠의
얼굴.

328

**인서트_ #26**

"엄마도 니가 아빠 닮아서 기뻤을 거야."

역광에 가려져 웃는 듯 우는 듯 알 수 없던 아빠의 표정이 보인다.

**인서트_ #26**

주원이 울면서 웃는다.

희수의 눈에서 왈칵 눈물이 터진다.

**인서트_ #26**

"엄마가 기뻐했을 것 같아서 아빠는 지금 더 기뻐."

희수의 얼굴이 눈물로 일그러진다.

**인서트_ #1**

웃는 건지 우는 건지 알 수 없던 엄마의 표정.
희수의 초점이 잡히면서 엄마의 표정이 보인다.
엄마가 울면서 웃고 있다.
희수의 눈물 속에서 엄마가 선명하게 웃는다.

봉석이 희수를 본다. 희수가 울면서 웃고 있다.
아름다운 저녁노을 빛이 하늘을 주황색으로 가득 메운다.

**#49  장례식장/특1호실/복도/일반실 12호실 (저녁)**

프랭크가 특1호실에서 나와 장례식장 복도를 걷는다.
특1호실로 향하는 조문객들과 엇갈리는데 모두 슬픔에 젖은 표정이다.

모자를 눌러쓰고 걷는 프랭크의 발걸음이 무거워 보인다.

복도 맞은편에서 장례식장 직원 두 명이 부랴부랴 부의함을 들고 온다.

프랭크가 복도 중간의 작은 일반실(12호실)을 지나친다.

장례식장 직원들과 프랭크가 엇갈린다. 12호실 앞은 근조화환 하나 없다.

12호실 입구의 디지털 안내판이 깜빡이더니— 고인(故人) 칸에 전영석(봉평)의 사진과 이름이 뜨고, 상주(喪主) 칸에 전계도의 이름이 뜬다.

장례식장 직원들이 12호실 입구에 부의함을 내려놓는다.

**직원1v.o** (속삭이는) 돌아가신 지 며칠 됐다는데 왜 이제 빈소를 차렸대?

**직원2v.o** 국과수에서 검시 마치고 이제야 시신을 인계받았다는데.

빈소 입구에 낡은 구두 한 켤레만 놓여 있다.

**직원1v.o** 국과수? 무슨 일이었대?

**직원2v.o** 누전 사고였나봐.

휑한 제단 위에 봉평(전영석)의 영정사진만 있다.

향이 하나만 피워져 있다.

**직원1v.o** 저런… 그래도 그렇지 이 빈소는 왜 이렇게 사람이 없대…?

**직원2v.o** 쉿. 상주 들을라. 아드님이신데. (소리 멀어진다)

제단 앞에 상주 완장을 찬 상주가 쭈그리고 앉아 있다.

상주가 쥐고 있었던 양손을 서서히 편다.

상주의 손바닥에 시커멓게 타버린 건전지가 있다.

**플래시백_ 2화 #48**

건전지를 움켜쥐고 스파크를 일으키는 봉평.

고개 숙인 상주가 서서히 고개를 든다.
깊은 슬픔과 회한으로 가득한 얼굴. 버스 기사 전계도다.
계도가 건전지를 움켜쥔다. 건전지를 움켜쥔 손에서 작은 스파크가
일어난다.

### #50 [에필로그] 정원고등학교/교실 (아침)

조회 시간을 앞둔 교실이 시끄럽다.
한별은 브이로그 카메라를 들고 돌아다니고, 학생들은 한별의 촬영을
귀찮아한다.
봉석은 희수를 힐끗거리고, 희수는 영어단어장을 펼쳐놓고 공부한다.
순간, 소란했던 교실이 일순 조용해진다. 학생들의 시선이 뒷문에 쏠
린다.
얼굴과 몸에 멍이 가시지 않은 방기수가 문을 열고 들어선다.
기수가 교실에 들어오며 이강훈을 노려본다. 강훈이 기수를 슥 보고
시선을 돌린다.
모두가 긴장하는데, 교실 앞문이 열리며 최일환이 들어온다.
일환이 기수를 보고 멈칫했다가 아무 말 없이 교탁으로 간다.
기수가 이강훈의 뒤통수를 노려보며 자리에 가서 앉는다.
일환의 뒤로, 여학생 한 명이 따라 들어온다.
희수는 영어단어장을 들여다보며 공부만 하고 있다.
주황색 형광펜이 영단어 recall을 긋는다. (c.u) [인트로와 연결]

**recall 미국·영국 [rikɔ́ːl]**

**1. [명사] 기억, 회상 2. [동사] 기억해내다 3. [동사] 소환하다**

**일환v.o** 우리 반에 좋은 일이 또 생겼다. 우리 반에 또 한 명의 전학생이 들어와서 새로운 친구가 생겼다. (칠판에 이름 쓰는)

희수는 단어장을 보며 형광펜만 그을 뿐, 선생님의 말을 흘려듣는다.
희수의 형광펜이 단어의 뜻을 끝까지 긋는다.
**1. [명사] 기억, 회상 2. [동사] 기억해내다 3. [동사] 소환하다**

**일환v.o** 이 친구는 꼭 우리 반에 들어오고 싶다고 해서 우리 반 친구가 되었으니, 여러분들이 새 친구 신.혜.원.을 반갑게 맞이하고…

**3. [동사] 소환하다**까지 형광펜을 그은 희수가 고개를 든다.
최일환의 옆에 신혜원이 서 있다. 희수가 놀라서 형광펜을 내려놓는다.
혜원이 희수를 보고 물기 젖은 눈으로 웃는다.
희수와 혜원의 눈이 마주친다.
웃는 희수의 눈에 눈물이 고인다.
희수가 활짝 웃는다. (c.u)

# 제6화
## 번개맨

**#1** **인트로 – 모여라 딩동댕 공개방송 홀**

'EBS 모여라 딩동댕' 공개방송 무대. 객석은 부모와 아이들로 가득 차
있다.

번개맨 옷과 망토를 두른 아이들이 잔뜩 기대하는 표정으로 무대를
보고 있다.

조이랜드가 꾸며진 무대. 암흑대왕이 꾸러기 친구들을 잡아가고 있다.

**사회자F** 모여라 딩동댕 친구들~ 다 같이 우리의 영웅, 우리의 히어로, 번개맨
을 불러봐요~ 하나 둘 셋~

**아이들** (객석의 아이들이 함께 외친다) 번~개맨! 번개맨! 번개맨~!

무대 조명이 어두워지고, 번개맨의 주제가가 울려 퍼지자 아이들이
환호한다.

**주제가F** 번개맨 ♪ 번개맨 ♪ 번개! 번개! 파워충전! 번개맨 ♪ ♬

노래와 함께 번개맨이 망토를 휘날리며 하늘을 나는 모습으로 등장한다.
아이들이 기쁜 표정으로 손을 흔들며 열광한다.

**사회자F** 친구들~ 번개맨을 응원해주세요~!!!

아이들이 입에 손을 모아 목이 터져라 번개맨을 응원한다.
번개맨이 화려한 번개 포즈를 하며 객석의 아이들과 TV 카메라를 향
해 외친다.

**번개맨** (마이크F) 우리 친구들의 힘을 모~아!! 버어어언개 파워!!!!!!!!!!!!!

무대에서 현란한 번개 조명이 번쩍번쩍 터지고 암흑대왕이 쓰러진다.
번개맨이 멋진 파이팅 포즈를 취하면 아이들이 환호성을 지른다.
무대 클로즈업 되면— 번개맨의 노란 선글라스 속, 전계도의 눈이 활
짝 웃는다.
번개맨이 다시 번개 파워를 날린다.

(E)     파지지직…!!

손에서 쏟아지는 번개 파워.
타이틀 '무빙'과 함께 파파파팍 번개 모양의 글자 '제6화: 번개맨'이
뜬다. (페이드아웃)

#2    **[전계도 과거] 국민학교 전경/복도/교실**

(페이드인) 상도국민학교 교문. [자막: 25년 전]
국민학교 운동장에 비가 내린다. 먹구름 가득한 하늘은 대낮인데도
어둑하다.

교사E    전기뱀장어는 몸에서 전기를 발생시키지? 그런데 사람도 몸에서 전
기를 발생시킬 수 있어.

교실들이 늘어선 나무복도를 지나면 복도 끝에 3학년 교실이 보인다.

교사E    (또박또박) 왜냐하면, 우리 몸 주변에는 항상 머물러 있는 전기가 있어.
그게 뭘까? 말 그대로, 정지되어 있는 전기. 그게 바로 정전기야.

카메라 교실 안으로 들어가면, 칠판 옆의 시간표. 3교시 과학. (c.u)
칠판에 백묵으로 쓰여 있는 수업 제목. [정전기에 대해서 알아보자]

열 살 즈음의 아이들이 수업을 듣고 있다. 선생님(여. 20대 중반)이 책받침을 꺼낸다.

**교사**     모두 책받침 준비됐지? (겨드랑이에 책받침 비비며) 자아아. 선생님 따라해. 여얼심히 비비면 우리 몸에서도 정전기가 발생해.

교사와 아이들 모두 책받침을 겨드랑이에 넣고 열심히 비빈다.

**교사**     (책받침 비비며) 정전기도 순간 전압이 1만 볼트가 넘어. 하지만 전기가 흐르는 순간이 너무 짧아서 위험하지 않을 뿐이야.

교사가 열심히 비빈 책받침을 머리 위에 대자 아이들이 일제히 따라한다. 교사와 아이들의 정수리에서 머리카락 몇 가닥이 떠서 책받침에 붙는다.

**교사**     (아이들 둘러보며) 막 너무 잘되진 않지? 아쉽지만 정전기는 겨울처럼 춥고 건조한 날씨에 많이 발생해. 지금은 여름인 데다 비가 많이 내려서 습도 때문에… (놀라는) 오오!! 얘들아! 모두 계도를 봐봐!!!

**아이들**     (일제히 고개를 돌리며 탄성) 우와아!!!

아이들의 시선이 교실 가운데 앉은 전계도에게 쏠린다.
전계도가 어리둥절한 표정으로 책받침을 머리 위에 들고 있는데, 계도의 머리카락이 전부 떠올라 온통 책받침에 붙어 있다. 아이들이 탄성을 지른다.
모두의 시선을 한 몸에 받은 전계도는 얼굴이 벌게지면서도 으쓱한 표정이 된다.

**교사**    우리 전계도, 전기 엄청 잘 일으키네! 멋있다!!!

교사의 감탄 어린 칭찬. 부러움이 가득한 학생들의 눈빛.
계도가 보란 듯이 책받침을 슬쩍 더 올린다. 머리카락이 분수처럼 떠오른다.
학생들이 우와아 박수 친다. 주목받는 계도의 얼굴에 자랑스러운 웃음이 번진다.
그때 교실 창밖, (E) 꽈릉!! 번개가 하늘을 가르고 벼락 빛이 교실을 밝힌다.

**교사**    (흥분한) 오오! 얘들아. 봤지? 전계도, 아니 번개도 전기야. 심지어 어마어마한 전기지. 이처럼 우리 주변엔 항상 수많은 전류가 있는데…
(E) 꽈릉!! 우와! 또! (창밖 가리키며) 우리 다 같이 번개를 기다리자!

아이들이 교사의 인솔에 따라 모두 창문으로 몰린다.
모두의 관심이 멀어진 교실에서 계도가 여전히 책받침을 머리 위에 들고 있다.

## #3  <u>정원고등학교/진학지도실 – 15년 전</u>

고3이 된 전계도가 실망한 표정으로 전문대 입시 지원표를 보고 있다.
계도가 앉은 테이블 맞은편에 앉아 있는 교사의 뒷모습.

**계도**    전문대 가라고요? 갑자기요?

**일환v.o**  니 성적으로 4년제 어려워.

**계도**    체대 입시 준비하라해서 2년을 준비했는데… (소심한 항의) 교장선생님이 어머님께 저 재능 있다고 말씀하셔서 전학까지 왔는데….

**일환v.o**  학교에선 니가 운동에 재능이 있는 줄 알았는데, 아니었어.

계도    (입 다물고 고개 숙이는)

일환    (교사가 고개를 들면, 30대 초반의 일환 얼굴) 미안하게 됐다. 넌 아니야. 나도 처음 맡은 교직이라 파악이 늦었어. 이렇게 된 이상 다른 방법을 찾아서라도 대학은 가야 하지 않겠니.

계도    예체능반이라 수업도 잘 못 했는데….

일환    (입시 지원표 내밀며) 예체능반 계속해. 방송연예과도 예체능이야.

계도    (뜨악한) 네…?

일환    이제 수능 준비해선 못 따라가. 방송연예과는 실기야. 너한테 맞아.

계도    제가요?

일환    널 관찰하는 것도 내 일이야. 넌 낯 가리고 소극적이면서도, 주목받는 걸 좋아하지. 좋아하는 건 해봐야지.


전문대 입시 지원표 항목 중에 '서울예전 방송연예과'에 형광펜이 그어져 있다.

## #4  서울예전/엘리베이터 (낮)

행정실에서 나온 계도가 합격통지서를 들여다보며 엘리베이터로 걸어간다.
계도는 떡볶이 코트에 털실 목도리를 둘러 나름 새내기 멋을 냈다.
신나서 들뜬 발걸음. 손에 꼭 쥔 대학 합격통지서. 건물 창밖으로 함박눈이 내린다.
계도가 엘리베이터 버튼을 누르는데, 같이 누르려던 사람이 "아 따가!" 하고 놀란다.
누가 뭐라고 한 것도 아닌데 계도가 먼저 미안한 표정으로 어색하게 웃는다.
계도가 엘리베이터 안에 들어서면, 안에 있던 사람들이 일제히 정전기에 따가워한다.

사람들이 영문을 몰라 서로에게서 슬금슬금 떨어진다. 엘리베이터 문이 닫힌다.

## cut to_ 1층

엘리베이터 문이 열리고, 사람들이 모두 소란을 떨며 서둘러 내린다.
텅 빈 엘리베이터 구석에 계도가 최대한 벽에 붙어서 얼굴을 붉히고 서 있다.
계도의 떡볶이 코트와 털실 목도리에서 정전기 스파크가 튄다.

### #5  EBS 번개맨 오디션장 (낮)

[자막: 3년 후] EBS 심사위원들이 따분한 표정으로 앉아 있다.
오랜 심사에 지친 심사위원들의 뒤로 'EBS 번개맨 2기 공개오디션' 배너가 걸려 있다.
심사위원들 맞은편에 훤칠하고 잘생긴 응시자들이 각자의 특기를 뽐내고 있다.
누구는 덤블링을 하고, 누구는 뒤돌려 차기를 하고, 누구는 물구나무를 선다.
계도는 파이팅 포즈를 취하며 어떻게든 심사위원들의 눈에 띄려고 애쓴다.

**심사위원장** (흥미를 못 느끼는) 네. 수고하셨습니다~ 다음. (하품)
**응시자v.o** 앗, 따가!

전계도 옆의 응시자가 비명을 지른다. 오디션장의 모든 시선이 계도에게 쏠린다.
부단하게 몸을 움직였던 계도의 머리카락이 사방으로 솟아 뻗쳐 있다.
계도의 우스꽝스러운 모습에 심사위원들이 빵 터진다. 순식간에 주목

받는 전계도.

잠시 망설이던 계도가 심사위원석에 놓인 클리어파일을 집어 온다.

계도가 클리어파일로 열심히 온몸과 머리를 비벼댄다. 심사위원들이 왜 저러나 본다.

필사적으로 비벼대던 파일을 떼면— 계도의 머리가 벼락 맞은 것(번개맨 머리)처럼 뻗었고, 머리카락과 옷에서 작은 스파크들이 튄다.

**계도**    281번 전계도입니다! 제가 번개맨이 아니면 누가 번개맨이겠습니까!

## #6    오피스텔/복도 (밤)

평상복에 번개맨 부츠를 신은 계도가 낡은 오피스텔의 복도를 걸어간다.

계도의 손에 들린 세탁소 가방에 번개맨 유니폼이 들어 있다.

현관문 도어록 키패드 누르다가, 멈칫. 키패드에 닿아 있는 계도의 손가락. (c.u)

### 인서트

키패드를 누르는 전계도 엄마의 손가락.

**계도**    (중얼) 엄마 왔다 가셨구나.

## #7    오피스텔/계도 자취방 (밤)

냉장고 문에 닿는 계도의 손가락. 계도가 웃으며 문을 연다.

### 인서트

냉장고 문을 여는 전계도 엄마의 손.

냉장고 안. 밑반찬이 담긴 파카 통들이 차곡차곡 쌓여 있다.

## #8 모여라 딩동댕 공개방송 출 - 무대 뒤/무대

[히어로 등장 신처럼] 카메라, 번개맨의 발밑부터 회전해서 훑으며 올라간다.

키높이 부츠. 허리에 번개파워 벨트. 가슴에 노란색 번개마크. 은색 망토를 펄럭이며 번개머리를 한 뒤통수를 서서히 돌면, 무대 뒤에 서 있는 전계도의 얼굴.

**성우소리F** 모여라 딩동댕 친구들~ 다 같이 우리의 영웅! 우리의 히어로! 번개맨을 불러봐요~ 하나 둘 셋~ 번개~맨! 번개맨!! 번개맨~!!!

번개맨의 주제가가 울려 퍼지고, 전계도가 번개맨 선글라스를 쓴다.
전계도가 무대 앞으로 망토를 휘날리며 달려 나간다. [#1 인트로와 이어지는]
계도의 눈앞에 펼쳐지는 광경. 아이들이 손을 흔들며 기쁜 표정으로 열광한다.
번개맨 주제가와 함께 계도가 망토를 휘날리며 화려한 번개포즈를 한다.
아이들이 손을 모으고 목이 터져라 번개맨을 응원한다.
아이들과 일일이 눈을 맞춰주고, TV 카메라를 정면으로 바라보며 힘껏 외친다.

**계도**  (마이크F) 우리 친구들의 힘을 모~아!! 버어언개 파워!!!!!!!!!!!!!

## #9 [몽타주] 번개맨의 일상/BGM '번개맨 송'

BGM 'EBS 번개맨 송'이 깔리면서—

**cut to**

'EBS 모여라 딩동댕 - 번개맨과 함께 해요'가 프린트된 승합차.

카메라, 승합차 내부로 이동하면, 피곤한 표정의 스태프들.
그 사이에 앉은 전계도가 열심히 번개맨 선글라스를 닦고 광낸다.

## cut to

서울. 과천. 수원. 용인. 파주. 대전. 천안. 지방 곳곳. 지도 위를 날아다니는 번개맨. [애니메이션 이미지]

## cut to

오피스텔 키패드를 누르는 계도의 손가락. 계도가 웃는다.

## cut to

냉장고에 채워진 밑반찬들.

## cut to

전계도가 타이트한 번개맨 의상을 힘겹게 입는다. 헤어스프레이와 왁스로 머리를 세워 번개맨 머리를 만든다. 낑낑대며 키높이 부츠를 신는다. 머리카락 속으로 전선을 연결해 핀 마이크를 이마에 붙인다.

## cut to

카메라, 전계도의 전신을 빙글빙글 돌며 멋지게 변신하는 모습. 번개 벨트 철컥! 번개망토 휘리릭! 선글라스 끼고 눈빛 번쩍! [CG 이미지]

## cut to

무대에서 망토를 휘날리며 등장하는 번개맨.

## cut to

오피스텔 도어록 키패드를 누르는 계도의 손가락. 웃는 계도. 냉장고에 채워진 밑반찬들.

**cut to**

번개맨 포즈로 번개파워를 쏘는 번개맨. 열광하는 아이들.

**cut to**

번개맨 선글라스 속 계도의 얼굴. 피곤하지만 더없이 환하게 웃는다.

번개맨 음악 소리 작아지면서 행복해하는 전계도의 얼굴이 하얗게 흩어진다.

**#10  공개방송 무대/메인조정실 (낮)**

부모와 아이들로 가득 찬 시민회관 무대. 뜨거운 공연의 열기로 가득 찼다.
무대 위에서 전계도가 현란한 번개맨 액션 포즈를 한다.
나일론 소재의 번개맨 옷을 입고, 격렬한 액션 포즈를 취하자 정전기가 일어난다.
계도가 액션 포즈와 함께 대사를 외친다. 머리카락 속 이마에 붙인 핀 마이크. (c.u)

**계도**　(마이크F) 암흑대왕! 우리 조이랜드의 친구들을 괴롭히는 (마이크 음이 뚝 끊기고 생목소리가 나온다) 너, 너를… (손을 뒤로 해서 핀 마이크 송신기를 탁탁 치며) 너를…!! (생목으로 외치는) 번개맨이 용서하지 않겠다아아아악!!!

**cut to_ 객석 뒤/메인조정실**

음향 콘솔을 다급하게 만지며 당황하는 연출팀들.

피디    (당황한) 뭐야. 왜 또 저래.

조감독    아씨, 또야! (엔지니어에게) 번개맨 마이크 체크했어요?!

엔지니어    (콘솔 만지며) 당연히 체크했지. (짜증) 환장하겠네 진짜.

조감독    전계도씨한테만 가면 기계가 다 말썽이에요. 저 사람 뭐야, 도대체?

피디    (한숨) 으아 진짜 쟤랑 못해먹겠네… 이게 벌써 몇 번째야….


## cut to_ 무대/객석

무대의 배우들이 모두 당황한 표정으로 전계도를 본다.

객석의 아이들이 갸우뚱한다.

마이크가 고장 난 전계도가 목에 핏대를 세워가며 생목으로 외친다.


계도    (목이 터져라) 우리 친구들의! 힘을 모아아!! 버어언개 빠워!!!!!!!!!!


계도의 갈라지는 생목소리에, 객석의 아이들이 갸우뚱한다.

## cut to_ 시간 경과

해체되고 있는 무대 앞에서 전계도가 아이들과 사진을 찍어주고 있다.
계도는 다정하게 사진을 찍어주려는데, 아이들이 정전기 때문에 가까이 오지 못한다.
몇몇 아이는 정전기가 따끔해서 울고, 부모들은 우는 아이를 안고 달랜다.
그래도 번개맨과 사진을 찍으려는 아이들을 부모들이 억지로 데려간다.
사진 찍고 우는 아이, 사진 못 찍어 우는 아이, 달래는 부모들이 섞여 어수선하다.
계도는 난처한 표정으로 어쩔 줄 몰라 한다.
멀리서 그 모습을 보고 있던 피디가 고개를 절레절레 흔든다.

## #11 EBS 제작국/복도 (저녁)

문 위에 걸린 'EBS 제작국' 표지판. 문이 열리고 계도가 멍한 표정으로 나온다.

계도가 터덜터덜 걸어가는 복도의 게시판에 방송개편 안내공지 문서가 붙어 있다.

라디오 프로그램 DJ 교체 공고. 제작부서 인사이동 공고. 신규 프로그램 런칭 공고.

그리고 맨 아래 쓰여 있는 문구. '번개맨 3기 오디션 공고'.

카메라, 다시 복도를 비추면 힘없이 걸어 나가는 계도의 뒷모습.

## #12 오피스텔/복도 (밤)

어깨가 축 처진 계도가 낡은 오피스텔의 복도를 걸어간다.

현관문에 다다라서 도어록 키패드를 올리는 계도.

번호를 누르다가, 멈칫. 키패드에 닿아 있는 계도의 손가락. (c.u)

**계도**  (키패드에 손가락을 얹고 멈칫했다가) 엄마!!!!!! (현관문 벌컥 여는)

## #13 오피스텔/계도 자취방 (밤)

바닥에 파카 통들이 널브러져 있다.

계도의 엄마가 냉장고 앞에 쓰러져 있다.

## #14 장례식장/일반실 12호실 (밤)

깊은 밤. 조문객의 발길이 뜸해진 장례식장.

조도가 낮은 장례식장 복도를 지나면 빈소 일반실 12호실.

안내판에 종이로 프린트된 이름. 고인(故人) 박정현. 상주(喪主) 전계도, 뿐이다.

사람 없는 빈소에 전계도 어머니의 영정사진이 놓여 있다.

빈소 옆 접객실에 걸린 벽시계가 밤 11시를 넘어간다.
접객실 테이블에 전계도와 봉평(전영석)이 아무 말 없이 마주 앉아 있다.

## cut to_ 시간 경과

테이블 위에 종이컵과 소주병이 있다. 여전히 굳은 듯 아무 말 없이 앉아 있는 부자.
벽시계가 11시 15분을 넘어간다. 어색하고 불편한 시간이 계속 지나간다.
봉평이 물끄러미 계도의 팔에 채워진 상주 완장을 본다.

| | |
|---|---|
| **봉평** | 일은 그만뒀다고…. |
| **계도** | 네. 재취업 준비 중이에요. |
| **봉평** | 잘됐구나. 그 일 하는 거 왠지 좀 불안했었어. |
| **계도** | (쳐다보는) |
| **봉평** | 아니다. 이런 말 할 자격이 없지. |
| **계도** | 아니에요. |
| **봉평** | 고등학교 졸업식 때 보고… 미안하다. |
| **계도** | 미안할 거 없어요. 나 대학 졸업할 때까지 등록금과 생활비 보내주신 거 다 알아요. 저 사회 나와서 독립한다니까 자취방 구할 돈도 보내주셨잖아요. 그 정도면 충분히 할 만큼 하셨어요. |
| **봉평** | (말 없는) |
| **계도** | 고마웠어요. 이젠 내가 알아서 할게요. |
| **봉평** | 그래. |

더 할 말이 없는 부자는 다시 어색하고 서먹해진다.
뭐라도 해야겠던지, 계도가 양손으로 봉평의 종이컵에 소주를 따른다.
봉평은 잔을 받기만 할 뿐, 계도의 컵에 소주를 따라주지 않는다.

계도가 아차 싶은 표정이 된다. 봉평이 컵을 들어 입술만 적시고 다시 내려놓는다.

**봉평**  우리 몸에 알콜은 좋지 않아.

**계도**  깜빡했네요. (단어를 망설이다가) 아버지⋯도 나와 같은 체질인 걸.

**봉평**  (아버지란 말에 멈칫하다가) 그래.

**계도**  엄마가 금주하라고 신신당부했었어요. 지키고 있어요.

**봉평**  그래.


봉평이 계도가 따라준 소주를 물끄러미 보더니 한 모금에 다 마신다. 종이컵을 내려놓는 봉평의 얼굴이 순식간에 붉게 달아오른다.


**봉평**  나 공무원 은퇴하고 헌책방 한다.

**계도**  (쳐다보는)

**봉평**  (일어서는) 시간 나면 가끔 와라.

**계도**  네.


소주 한 컵에 취기가 오른 듯, 봉평이 휘청거리며 자리에서 일어선다.
계도가 따라나서려는데 빈소에 조문객이 들어온다.
봉평이 손짓으로 계도를 만류하며 꾸물꾸물 구두를 꿰어 신고 복도로 걸어 나간다.
조문객이 무릎 꿇고 기도하는 동안, 계도는 봉평의 뒷모습을 물끄러미 본다.
휘청거리며 복도를 걸어가는 봉평의 뒷모습이 왠지 우는 것 같다.
봉평이 비틀대며 걸을 때마다 복도의 형광등 불빛들이 깜빡거린다.
깜빡거리는 형광등 불빛 아래 멀어지는 봉평의 뒷모습.

**[몽타주] 전계도의 일상**

cut to

오피스텔. 계도가 노트북의 이력서 양식 문서 창을 연다.

cut to

이력서에 타이핑하는 계도의 손. 경력란에 무슨 말을 써야 할지 몰라 커서가 한참을 깜빡인다. '번개맨 2기' 한 줄 쓴다.

cut to

정장에 넥타이 매는 계도.

cut to

자기소개서 칸을 채워가는 계도. '저는 아이들의 우상이자 지구를 구하는 히어로인 번개맨 2기를 역임했으며…' 장황하게 쓴다.

cut to

면접장에 들어가는 계도.

cut to

핸드폰 문자 창. [인턴 채용에 지원해주셔서 감사합니다. 귀하의 뛰어난 역량과 잠재력에도 불구하고, 아쉽지만 제한된 모집 인원으로 인해 귀하는 함께할 수 없게 되었습니다.] 고개를 푹 숙이는 계도.

cut to

핸드폰 문자 창. [아쉽지만 귀하는 이번 채용에서]

cut to

핸드폰 문자 창. [귀하에게 불합격을 통보하게 되어 아쉽습니다.]

**cut to**

핸드폰 문자 창. [안타깝게도 이번에는 당사와 함께하지 못하게]

**cut to**

회사들이 밀집한 시내 중심가를 지친 표정으로 걷는 계도.

**cut to**

핸드폰 문자 창. [면접 결과: 불합격]

**cut to**

편의점 앞 야외 테이블. 정장을 입은 채 컵라면을 먹는다. 옆의 테이
블 사람들이 소주를 마신다. 계도가 힐끗 보고 입맛을 다시고는 다시
라면을 먹는다. 문자 띵똥. [아쉽지만 **귀하는 이번 채용에서**] 불합격 문자
를 슥 보고 핸드폰을 덮어버리는 계도. 다시 라면을 먹는다.

## #16 강동구민회관/외부 (오후)

손에 들린 각대 봉투들. 표지에 이력서 재중. 힘없는 발걸음.
넥타이를 느슨하게 푼 정장 차림의 전계도가 강동구민회관 앞을 지나
간다.
지친 표정으로 걷다가 문득 고개를 들어보면 구민회관에 플래카드가
걸려 있다.
'EBS 모여라 딩동댕 공개방송 - 번개맨 출연'

## #17 강동구민회관/내부 (오후)

계도가 객석의 맨 뒤에 서서 무대와 객석을 본다.

무대에서 3기 번개맨이 등장하고, 객석의 아이들은 번개맨을 연호하며 열광한다.

3기 번개맨은 계도보다 키도 크고 유니폼도 업그레이드되었다.

계도가 열광하는 아이들을 쓸쓸한 눈으로 바라본다.

계도가 바로 옆에 서 있는데 아이들 그 누구도 계도에게 관심을 주지 않는다.

**아이들**   번개맨~!!! 번개맨~!!! 번개매앤~!!!

**3기 번개맨**   (마이크F) (우렁찬 목소리) 우리 친구들의 힘을 모아!! 버언개 파워!!!

무대에서 화려한 특수효과와 폭죽이 터지고 아이들이 환호한다.

계도가 그 모습을 잠시 보다가 뒤돌아 걸어간다.

공연장의 닫힌 문을 열고 나오는데 뒤늦게 달려오는 엄마와 아이를 마주친다.

번개맨 망토를 두른 아이가 문 앞에서 계도를 빤히 올려다본다.

계도가 멍하니 쳐다보는 아이를 보며 환하게 웃어준다.

**아이**   아저씨. 번개맨 끝났어요?

**계도**   (반가운) 아… 그게… (겸연쩍게 웃는) 있잖아 내가…

**아이**   (울상) 공연 끝났냐구요.

**계도**   어?

**아이 엄마**   (다급한) 좀 비켜주시겠어요? 지나가게.

**계도**   (당황해서 비켜서는) 죄, 죄송합니다.

**아이 엄마**   (아이에게) 안 끝났어. (웃는) 번개맨 안에 있어.

계도가 문에서 얼른 비켜주자, 엄마와 아이가 공연장으로 달려 들어간다.

물끄러미 그 모습을 보던 계도가 허탈한 표정으로 공연장을 나간다.
쓸쓸하게 걸어가는 계도의 등 뒤로 공연장의 환호성이 들린다.

## #18 오피스텔/중소기업회사 - 시간 경과

침대에서 일어나 부스스한 얼굴로 핸드폰을 들여다보는 전계도.
[합격을 축하드리며 다음과 같이 입사 안내드립니다.]
눈을 비비고, 또다시 본다.
핸드폰 액정에 비친, 활짝 웃는 계도의 얼굴.

### cut to

PC 모니터의 까만 화면에 비친, 울상인 계도의 얼굴.
카메라 멀어지면, 사무실의 모니터들이 모두 먹통이다.
계도의 PC에서 연기가 난다.
직원들이 일어나 계도를 원망스럽게 쳐다본다.
계도가 굳은 듯이 자리에 앉아 있다.

## #19 오피스텔/복도 (오후)

계도가 (회사에서 쓰던 개인용품을 담은) 박스를 들고 오피스텔 복도를
걸어온다.
현관문에 서서 도어록을 올린다. 키패드에 손을 얹은 채 가만히 서 있
는 계도.

### 인서트

항상 반찬을 싸들고 와서 키패드를 누르던 어머니의 모습이 스친다.

계도가 도어록의 건전지함을 열고 6개의 건전지 중에 하나를 빼낸다.

## #20 헌책방/내부 (오후)

계도의 손. 책상 위에 건전지 하나를 내려놓는다.
봉평이 계도를 올려다본다.


**계도** 내 자취방 도어록에 썼던 건전지예요. 다른 건전지들하고 함께 쓰면
오래 쓸 수 있을 거예요.

**봉평** (건전지 쳐다보는)

**계도** 거기 엄마 기억이 묻어 있어요.

**봉평** (목소리 잠기는) 고맙구나….


봉평이 가만히 건전지를 손에 쥐어본다.
계도가 멀찌감치 맞은편 책더미에 쭈그려 앉는다. 부자 사이에 거리
감이 느껴진다.
서먹하고 어색한 부자는 더 이상 대화가 없다. 라디오의 클래식 채널
음악만 흐른다.
봉평이 책상 위 라디오를 집어 건전지 하나를 빼낸다. 음악이 끊긴다.
별로 할 말도 없던 계도가 헌책방을 둘러보며 어색하게 말을 건다.


**계도** 책방에 제습기도 없네요.

**봉평** (말 없는)

**계도** 종이는 정전기가 잘 일어나지 않죠. 헌책은 습기를 머금어서 습도도
높고요. 습도가 높으면 정전기도 잘 일어나지 않고요.

**봉평** (대꾸 없는)

**계도** 다 평계죠? 이런 일이 그나마 안전해서 그런 거죠?


봉평이 돋보기안경 너머 깊은 눈으로 계도를 쳐다본다.
아버지에게 투정 부리듯 말하던 계도가 뒤늦게 민망했는지 고개를 푹

숙인다.
봉평이 라디오 건전지를 갈아 끼우자 다시 클래식 음악이 흐른다.


**봉평**   일이 잘 안 되냐.

**계도**   (한참 만에) 이젠 뭘 해야 할지도 모르겠어요.

**봉평**   (라디오의 건전지 덮개 닫으며) 너무 걱정하지 마라.

**계도**   (한숨) 나는 내가 걱정돼요. 아무도 나를 걱정해주지 않아요. 나만 나를 걱정해요. 있어도 그만. 없어도 그만.

**봉평**   (말없이 클래식 음악 듣는)

**계도**   (중얼) 아니, 나는⋯ 모두에게 피해만 주고 있어요.

**봉평**   (물끄러미 쳐다보는)

**계도**   모두에게 필요 없는 사람이 되는 것 같아요.

**봉평**   (물끄러미 쳐다보는)

**계도**   (일어서서 꾸벅 인사하는) 갈게요.

**봉평**   (툭 말하는) 모두에게는 아니다.

**계도**   (돌아서다 멈칫)

**봉평**   또 와라.


낡은 액자 속. 고등학교 졸업식 때 부자가 함께 찍은 사진이 있다.
사진 속. 무뚝뚝한 아버지와 어색한 아들이 손도 안 잡고 나란히 서 있다.
사진을 보던 계도가 뒤돌아서 헌책방 문을 열고 나간다. 클래식 음악이 흐른다.
헌책방 문을 닫으며 보면, 낡은 책들에 둘러싸인 늙은 아버지가 헌책처럼 앉아 있다.

## #21   편의점 앞 테이블/차도 (자정)

자정이 넘은 밤. 계도가 편의점 앞 야외 테이블에 혼자 앉아 술을 마신다.

테이블에 소주병들과 마른안주가 너저분하게 널려 있다.

넥타이를 풀어 헤친 계도가 한숨과 함께 실실 웃는데 이미 만취했다.

행인들이 계도를 피해 지나간다. 주변 테이블의 사람들이 계도를 힐끗거린다.

외면하는 시선들을 외면하며, 계도가 벌건 얼굴로 중얼거린다.

**계도**　(중얼) 나란 새끼 존나 쓸모없어….

소주를 병째 들이켜고 안주를 집으려는데, 플라스틱 안주 접시가 손에 붙는다.

정전기에 붙은 안주 접시를 떨구려다 안주 접시가 뒤집어진다.

**계도**　(피식) 와씨… 뭐 하나 되는 일이 없네….

계도가 바닥에 떨어진 마른안주를 줍겠다고 허리를 숙이다가 와당탕 넘어진다.

주변 테이블에 앉아 있던 사람들이 넘어진 계도를 본다.

**계도**　(허우적대며) 괜찮습니다! 나는 괜찮습니다! 걱정 마십시오!

그나마 남은 사람들도 슬그머니 일어나 가버린다.

계도가 풀린 눈으로 멍하니 본다.

**계도**　(중얼) 누가 날 걱정해… 아무도 걱정 안 해. (히이 웃는)

바닥에 털퍼덕 앉아 한숨 쉬는데― 도로 건너편에 고장 난 시내버스가 서 있다.
시내버스는 방전이 되었는지 보닛과 배터리 룸 덮개가 열려 있다.
버스 기사가 밖으로 나와 전화를 하고, 버스 안 승객들이 창밖을 내다보고 있다.
벌게진 얼굴의 계도가 멍한 눈으로 기사(동용)를 쳐다본다.

**동용E**  (통화하는) 아. 길 한복판에서 퍼져부렀다니께. 제네레다(제너레이터)가 뒤져부른 것 같어. 예비 버스라도 워찌케 보내달라고. 아. 나도 내 버스가 막찬 건 알제. 글면 저 승객들 어찌라고! (언성 높아지는) 아 글면, 빠떼리 쩜프 차라도 싸게 보내주든가!

계도가 부스스 일어나서 차도를 무단횡단해서 버스를 향해 걸어간다.
한눈에 봐도 만취한 계도가 다가오자, 동용이 이건 또 뭐여 귀찮은 표정으로 본다.
만용이 뻗친 계도가 실실 웃으며 배터리 룸에 손을 집어넣는다.
버스 안 승객들이 밖을 내다보는데 배터리 룸 덮개에 가려 잘 보이지 않는다.

**동용**  (짜증) 아 뭐혀! 다칭게 비키쇼!
**계도**  (배터리에 손대고 중얼) 번개 파워.
**동용**  지랄헌다.
**계도**  (용쓰는) 번개… 파워…!
**동용**  (한심) 뭔 육갑허고 자빠졌 (E) 부릉…! (깜짝 놀라는) 히익!!!

배터리를 잡은 계도의 손에서 스파크가 튄다.

(E)     파지지직…!!

감전되는 줄 알고 기겁한 동용이 계도를 걷어차려는 순간,

계도     (충혈된 눈으로 악쓰는) 번개 파워어어어억!!!!!!
(E)     부르르르르릉!!!

힘차게 시동이 걸린다.
동용이 입을 쩍 벌린다. 계도가 동용을 보고 씨익 웃는다.
버스 안 승객들이 영문도 모른 채 계도에게 환호를 보낸다.
엄지손가락 추켜세우고, 오오 박수를 치고, 계도를 향해 환하게 웃는
사람들.
계도가 헤벌쭉 웃으며 버스 안 승객들에게 손을 흔든다.

동용     머, 머시여. 당신?!
계도     (히이 웃는) 번개맨.

## #22   버스회사 사무실 (아침)

버스회사 사무실 문을 열고 쭈뼛대며 들어오는 계도.
사무실에 앉아 있던 동용이 함박웃음을 지으며 반긴다.
동용이 동료 기사들에게 계도를 소개하고, 계도가 기사들에게 머리
숙여 인사한다.
기사들이 반신반의하는 표정으로 설렁설렁 박수 치며 환영한다.

## #23   시내버스/내부/도로/버스 정류장 – 시간 경과

운전석에 계도가 앉아 있다.
계도가 고무장갑을 끼고 버스 운전대를 잡는다.

**(E)**    부르릉…!!

시동이 걸리고, 버스가 시내버스 차고지를 빠져나간다.
버스가 버스전용차선을 달린다. 계도가 잔뜩 긴장한 표정으로 버스를
운전한다.
계도가 운전하는 버스가 코너를 돌고 신호에 걸릴 때마다 계절이 바
뀐다.
봄을 지나고 (벚꽃 잎이 휘날리고) 여름을 지나고 (비가 내리고) 가을을
지나고 (낙엽이 지고) 겨울을 지난다. (눈이 내린다)
잔뜩 긴장했던 계도의 표정이 계절의 변화와 함께 점점 편안한 표정
이 된다.
시간이 흐르면서 넉넉하고 느긋한 표정이 되어가는 계도.
버스가 오랜 시간을 달리고 달려서— 버스 정류장에 선다.

**(E)**    끼익—!

문을 열면, 고등학생이 멍하니 계도를 올려다본다.

**계도**    학생. 안 타?

계도의 얼굴을 멍하게 보던 (고1 때) 봉석이 환하게 웃는다.

**봉석**    (반가움이 가득한 웃음) 안녕하세요!

계도가 갸우뚱한다.

**cut to**

버스가 버스 정류장에 선다.

문이 열린다. 봉석이 밝게 인사한다. "안녕하세요!"

버스 문이 열릴 때마다 [와이프] 인사하는 봉석의 모습이 숱하게 반복된다.

문 열릴 때마다 [와이프] 봉석의 교복이 하복에서 동복으로, 동복에서 하복으로 바뀐다.

[와이프] 안녕하세요! [와이프] 안녕하세요! [와이프] 안녕하세요! [와이프] 안녕하세요! [와이프] 안녕하세요! [와이프] 안녕하세요! [와이프] 안녕하세요! [와이프] 안녕하세요!

무수히 반복되던 '안녕하세요'들이 1화 #15의 '안녕하세요'에 이른다.

### cut to_ 1화 #15/계도 시점

**봉석**   안녕하세요!

**계도**   (웃는) 넌 맨날 안녕은 무슨.

**희수**   (뒤돌아보는)

**봉석**   (버스카드 한 번 더 대며) 이 학생 것도요.

**계도**   (리더기 버튼 눌러주며) 오올. 역시 매너남.

**(E)**   삐삑.


봉석이 희수를 지나쳐서 안쪽으로 들어간다.

희수가 어깨를 으쓱하며 따라 들어간다.

계도가 룸미러로 봉석과 희수를 보며 웃는다.

### cut to_ 2화 #35/계도 시점

봉석이 버스카드 리더기에 교통카드를 갖다 댄다.


**(E)**   환승입니다.

| 계도 | (생각난) 아하, 어제 그 여학생 같이 가려고 기다렸구나. |
|---|---|
| 봉석 | (얼떨결에) 네… (퍼뜩) 네? |
| 계도 | (피식 웃는) 여친은 먼저 갔겠지. 좀 더 늦으면 지각이야. |
| 봉석 | (당황하며) 에에…? |
| 계도 | (버스 출발시키며) 아니야? |
| 봉석 | (망설이다 솔직히 말하는) 아. 저 그냥 같은 반 학생인데요. |
| 계도 | 우리 학교 교복 아니던데? |
| 봉석 | (갸우뚱) 우리…? |

봉석의 어리둥절한 표정을 보며 계도가 피식 웃는다.

## #24 시내버스 종점 차고지/노선도로/버스 내부 (아침/밤)

이른 아침. 시내버스 종점 차고지.
계도가 운전하는 버스가 종점 차고지를 빠져나간다.

### cut to_ 시간 경과

늦은 밤. 시내버스 종점으로 계도의 버스가 들어온다.
계도가 버스를 주차하는데 동용이 버스 앞에 다가와 선다.
버스 앞 유리창으로 보이는, 헤드라이트에 비치는 동용의 표정이 무겁다.
계도가 얼른 버스에서 내리면 동용이 다가가서 뭐라고 말한다. [묵음]
동용의 말을 들은 계도의 표정이 멍해진다.
버스의 헤드라이트 불빛 앞에 계도가 우두커니 서 있다.

## #25 장례식장/12호실 (밤) [5화 #49에 이어지는]

횅한 제단 위에 봉평(전영석)의 영정사진이 놓여 있고, 향이 하나만 피워져 있다.

제단 옆에 상주 완장을 찬 계도가 쭈그리고 앉아 있다.
계도가 양손을 서서히 펴면 손바닥에 시커멓게 타버린 건전지가 있다.
고개를 숙였던 계도가 서서히 고개를 들면 온갖 회한이 교차하는 얼굴이다.
계도가 건전지를 물끄러미 보다가 다시 눈을 감고 건전지를 움켜쥔다.
건전지를 움켜쥔 손에서 작은 스파크가 일어난다.

### 인서트_ 5화 #32

**봉석**  기억은 전기 신호에 가깝대. 신경세포인 뉴런은 전기 신호를 주고받으며 작동하거든. 뉴런이 전기 신호를 주고받는 특정한 방식이 하나의 기억을 이루는 거고, 다시 말해서 기억은 전기를 통해…

건전지를 움켜쥔 계도의 손에서 스파크가 점점 커진다.
눈을 감은 계도의 미간이 꿈틀거린다.

**(E)**  파지지지직… 콰앙!!!

눈부신 스파크가 터지고 장례식장 전체가 정전된다.
다른 빈소의 상주와 조문객들이 어두운 복도로 나와서 웅성거린다.
12호실 빈소— 어둠 속에서 제단 위 향불만 점처럼 빛난다.
어둠 속에서 계도가 눈을 뜬다.
계도의 동공에 전류가 스치며 푸르스름한 안광이 돈다.

## #26  전계도와 이어지는 봉평 시점 - 2화 #56

죽어가는 봉평의 시점.
프랭크가 죽어가는 봉평의 얼굴을 물끄러미 내려다보고 있다.
전구의 필라멘트가 나가듯이 봉평의 눈이 감긴다.

숨이 꺼져가는 봉평의 마지막 시야에 프랭크의 얼굴이 각인된다.

## 27

**암사동 한강 둔치/탑차 화물칸/내부 (밤)**

어둠 속에서 프랭크의 얼굴이 드러난다.
프랭크가 랜턴을 입에 물고 리스트를 넘긴다.
진천 나주 봉평의 리스트에 X자가 그어져 있다.
봉평의 리스트를 넘기다가, 리스트에 같이 붙여놓은 졸업사진을 본다.
타버린 졸업사진 속의 인물이 누군지 알 수 없다.
그때, 보조배터리와 연결되어 충전이 완료된 PDA폰의 불빛이 켜진다.
프랭크가 랜턴을 끄고 PDA폰의 문자 메시지를 확인한다.


**인서트**

PDA폰 액정화면 주고받은 문자들.

          └, [Delete]

     └, [Next]

          └, [Delete]

     └, [Next]

          └, [Delete]


보낸 문자에 답이 없다.
프랭크의 무표정한 얼굴이 PDA폰 불빛에 비친다.
프랭크가 PDA폰을 끈다.

## 28

**봉석 집/현관/내부 (아침)**

봉석이 현관에 쭈그리고 앉아 발목에 모래주머니를 찬다.
봉석이 가방을 메고 일어서면 미현이 보조 가방을 건넨다.
더 무거워진 무게에 봉석이 휘청한다.

| 미현 | 물 한 병 더 넣었어. |
|---|---|
| 봉석 | (한숨) 아. 엄마. |
| 미현 | (단호한 표정) |
| 봉석 | …너무 무겁다구요. |
| 미현 | 너 그 애한테 들켰잖아. 더 이상은 안 돼. |
| 봉석 | (말문 턱) |
| 미현 | (단호한) 엄마 말 들어. 더 조심하고 더 긴장해. |
| 봉석 | (마지못해 보조 가방 메는) |
| 미현 | 늦지 마. 야자 끝나면 바로 집에 와. |
| 봉석 | (대답 안 하는) |

**인서트_ 5화 #34**

| 봉석 | 나 앞으로 너 연습 끝날 때까지 여기서 같이 공부할 거야. |
|---|---|

| 미현 | 대답해야지. |
|---|---|
| 봉석 | (망설이는) |
| 미현 | (재촉) 대답. |
| 봉석 | 네. |

봉석이 인사도 없이 그대로 나가버린다.

## #29 정원고등학교/교실 (점심)

점심시간 종이 울리고, 학생들이 우르르 일어서서 급식실로 간다.
희수가 보면, 봉석이 보조 가방에서 2리터 물병을 꺼내서 물을 마신다.

| 희수 | (소곤) 그걸 다 마셔야 돼? |
|---|---|
| 봉석 | (벌컥벌컥, 휴우) 급식실 갈 때 가방 메고 가면 이상하니까. |

봉석이 다시 물을 벌컥벌컥 마신다.

희수가 짠한 표정으로 봉석을 본다.

## #30 정원고등학교/급식실 (점심)

자율배식을 하며 웃고 떠드는 학생들.

삼삼오오 모여 앉아 급식을 먹는 학생들.

한별이 브이로그 카메라로 급식실 풍경을 촬영하고 있다.

구석 자리에 봉석과 희수가 마주 앉았는데, 봉석이 느리게 밥을 먹는다.

**희수** 뭔 일 있어?

**봉석** (퍼뜩) 응? 왜?

**희수** (봉석의 식판에 밥이 적게 담겨 있다) 너답지 않게 왜 그래?

**봉석** 나다운 게 뭔데?

**희수** (바로 대답하는) 많이 먹고. 잘 먹고. 착하고. 고지식하고. 배려심 깊고. 많이 먹고. 자주 먹고. 많이 자주 잘 먹고.

**봉석** (수긍하는) 응.

**희수** (웃는) 뭔데? 밥도 적게 먹고. 너 오늘 아침부터 되게 멍해.

**봉석** (주저하다) 그냥 요즘 스트레스가 좀 많아서.

**희수** 왜?

**봉석** 엄마가…

**혜원** (불쑥) 나 여기 같이 앉아도 돼?

봉석과 희수가 고개를 들어 보면 혜원이 식판을 들고 서 있다.

**혜원** 나 여기 친구가 없어서….

**희수/봉석** (같이) 당연하지! (희수) 앉아. (봉석) 앉아. (같이) 앉아. 앉아.

**혜원** (희수 옆에 앉으며) 고마워.

| 희수 | 안 그래도 너 찾았어. 점심시간 되자마자 어디 갔던 거야? |
|---|---|
| 혜원 | (웃는) 아. 수위 아저씨한테 인사드리고 오느라. |
| 봉석 | (갸우뚱) |
| 희수 | (웃는) 그랬구나. 같이 밥 먹자. |

봉석이 어리둥절한데, 테이블 위에 식판 하나가 더 놓인다.
봉석, 희수, 혜원이 고개를 들면 카메라를 든 한별이 서 있다.

| 한별 | 나도 같이 앉아도 돼? |
|---|---|
| 봉석/희수/혜원 | (쳐다보는) |
| 한별 | 나도 아싸거든. |
| 봉석/희수/혜원 | (웃는) |

봉석이 슬쩍 자리를 넓혀준다. 한별이 자리에 앉는다.

| 희수 | 넌 왜 아싸야? |
|---|---|
| 한별 | (식판 내려놓으며) 카메라 들고 자꾸 말 거니까 공부에 방해된다고 애들이 싫어해. 내가 유명 유튜버였으면 안 그랬을 텐데. |
| 봉석 | (밥 먹으며) 그래도 구독자 늘지 않았어? |
| 한별 | (풀죽은) 한 명 늘었어. |
| 봉석 | '구독, 좋아요, 알람 많이 눌러주세요.' 그거 안 올려서 그래. |
| 한별 | 그런가… (문득) 어? 혹시 너니? |
| 봉석 | (우물우물) |

**인서트_ 1화 #27**

| 봉석 | 제목 좋다. 나도 구독할게. |
|---|---|

**한별**    …그냥 하는 말인 줄 알았는데….

봉석을 쳐다보는 한별의 표정에 감동이 스친다.
봉석은 별말 없이 밥을 먹는다.
묵묵히 사려 깊은 봉석을 보며 희수가 웃는다.

**cut to**

봉석, 희수, 혜원, 한별이 한 테이블에 함께 앉아 밥을 먹는다.
아싸였고 왕따였고 학폭 피해자였던 모습은 없고, 함께 웃고 떠드는
모습이 싱그럽다.
떠들썩한 급식실의 구석. 강훈이 혼자 앉아서 밥을 먹는다.
누구도 강훈의 테이블에 앉지 않고, 강훈도 신경 쓰지 않는 표정이다.
혜원이 테이블 건너편 구석에 앉은 강훈을 본다.

**혜원**    (강훈 보며) 저기 쟤… 우리 반 반장 아니야?

**한별**    (뒤돌아보며) 응. 이강훈. 핵인싸지.

**혜원**    인싸…? 근데 왜 혼자야.

**한별**    인싸는 인싼데 좀 이상한 인싸야. 잘생겼지, 멋있지, 인기는 엄청 많은
데, 애들이 좀 어려워해서 잘 못 어울려.

**혜원**    잘 못 어울리면, 그게 아싸 아니야?

**한별**    …그런가? 인기 많은 사람 인싸가 아니라 인사이더 인싸잖아? 그럼
쟤도 아웃사이더, 아싸네.

넷이 고개를 들어 강훈을 본다.
강훈이 혼자서 밥을 먹는데, 되게 맛없게 먹는다.

**봉석**    (강훈 보다가) 가서 같이 먹을까…?

| 희수 | 왜? |
|---|---|
| 봉석 | (멈칫) 쟤만 혼자니까…. |
| 희수 | 쟤는 저게 편한 걸 수도 있잖아. 쟤 속을 어떻게 알아. 원하지 않는 배려는 참견이고 오지랖일 뿐이야. |
| 봉석 | (엉거주춤 쳐다보는) |
| 희수 | 먼저 나설 필요 없어. 남 일에 참견은 안 하는 게 좋아. |
| 봉석 | (쳐다보는) |
| 희수 | (봉석 가만히 보다가) 나 너무 차가운가. |
| 봉석 | 아니. 이해해. |
| 희수 | (멈칫) |

봉석이 다시 앉는다.
뭔 말인가 알 수 없는 한별. 희수의 말을 가만히 듣는 혜원.
희수 일행이 다시 밥을 먹는다.
봉석은 자꾸 혼자 앉은 강훈을 힐끗거린다.
그런 봉석의 모습이 자꾸 희수의 눈에 걸린다.
혜원이 봉석과 희수를 본다.
마음 씀씀이가 착한 봉석의 모습에 희수의 마음이 움직인다.

| 희수 | (식판 쥐고 일어서려는) 그럼 우리… |
|---|---|

그때, 방기수가 급식실로 들어온다.
기수의 등장만으로 급식실이 조용해진다.
조용한 급식실. 기수가 그대로 걸어가서 밥 먹는 강훈 옆에 버티고 선다.
기수가 강훈을 내려다보는데, 강훈은 힐끗 보고 다시 밥을 먹는다.
기수가 침을 길게 늘어뜨려 강훈의 식판에 떨어뜨린다. 강훈의 눈이 꿈틀한다.

강훈    뭐냐.

기수    왜? 치게?


강훈이 순간 주먹을 움켜쥐었다. 참는다.
주변의 학생들이 살벌한 분위기를 눈치채고 슬금슬금 자리를 옮긴다.
모두의 시선이 기수와 강훈에게 집중된다. 한별이 얼른 브이로그 카
메라로 찍는다.


희수    그거 왜 찍어?

한별    여차하면 선생님께 이르게.

희수    (음)


기수가 다시 가래침을 끌어모아 강훈의 식판에 뱉는다.


기수    (강훈 보며) 쳐.

강훈    (노려보는)

기수    (강훈의 귀에 바짝 대고) 너 존나 잘 치잖아. 그때처럼 쳐봐.


강훈이 주변을 보면 학생들이 보고 있고, 한별은 브이로그 카메라로
촬영 중이다.
카메라 앵글 속 기수와 강훈. 멀리서 찍히는 화면에 대화 소리가 들리
지 않는다.
봉석의 귀가 클로즈업된다. 봉석의 귀에 둘의 대화가 들린다.


기수    (귓가에 대고) 왜? 보는 눈이 많아서 못 치겠어?

강훈    (움찔거리는 주먹을 펴서 식판 가장자리 꾹 쥐고 참는)

기수    (강훈의 머리를 개 쓰다듬듯 헤집으며 나직하게) 넌 개새끼야. 알지?

**강훈** (식판 쥔 손이 부들부들 떨린다)

**기수** (강훈의 안경을 쳐서 식판 위에 떨어뜨리고, 속삭이는) 넌 선택받은 개새끼고, 난 버림받은 개새끼고.

**강훈** (이 악무는)

**기수** (식판에 떨어진 안경에 침 뱉는) 퉤! (속삭이는) 니들이 뭔 짓을 꾸미는지 반드시 까발리고야 말겠어.

기수가 그대로 가버린다. 강훈이 그 자리에서 굳은 듯 앉아만 있다.
식판을 쥔 강훈의 손이 가늘게 떨린다. 학생들이 강훈을 힐끗거리며 수군거린다.
강훈이 식기 반납대에 식판을 반납하고 급식실 밖으로 나간다.
수군거리던 학생들이 일제히 떠들기 시작한다.
"야. 이강훈 완전 쫄았다." "지렸네. 지렸어." "방기수 학교 며칠 안 나오더니 막나갈 건가봐." "난 또 둘이 한판 붙는 줄 알았는데, 이강훈도 어쩔 수 없네."
학생들이 떠드는 소리를 들으며 봉석 일행이 식기 반납대로 간다.
봉석과 희수가 보면, 강훈이 놓고 간 식판에 안경이 들어 있다.
희수가 가래침으로 더러워진 강훈의 안경을 집어 든다.
봉석이 쳐다보면,

**희수** (괜히) 이건 오지랖 아니야.

**봉석** (수돗물 틀어주는) 응.

## #31 정원고등학교 / 진학지도실 (오후)

일환의 뒷모습. 일환이 노트북을 켜놓은 채 문서를 수기하고 있다.
노트북 모니터 바탕화면에 비눗방울(화면보호기)들이 몽글몽글 떠다닌다.

윤성욱이 노크도 없이 문을 열고 들어온다.


**성욱**　소식 들었습니까?

**일환**　(돌아보지 않고) 노크.

**성욱**　(이미 닫힌 문을 노크하며) 소식 들었냐구요.

**일환**　(NTDP 문서 파일 덮으며) 뭔데.

**성욱**　좀 전에 탈락자가 1등급한테 시비를 걸었다는데요.

**일환**　(문서 파일 가리며 뒤돌아보는)

**성욱**　학생들 보는 앞에서 개망신을 줬다는데, 이거 낌새가 수상한데요.

**일환**　탈락자는 누구고 1등급은 누군데.

**성욱**　알잖아요? 방기수. 이강훈.

**일환**　(무표정한) 그게 애들 이름이야?

**성욱**　(무신경한) 방기수 좀 이상한데요. 요즘 계속 이강훈을 긁고 있어요. 다행히 이강훈이 끝까지 잘 참았다고 합니다.

**일환**　알았어. 나가봐.

**성욱**　관리 좀 잘하셔야겠어요.

**일환**　관리?

**성욱**　나대잖아요. 방기수요. 무리하다가 다친 주제에. 어쩔 겁니까. 뭔가 낌새가 수상한데 조치를 취해야

**일환**　(다시 뒤돌아 앉는) 내 학생은 내가 알아서 해.

**성욱**　(발끈) 내 업무이기도 합니다.

**일환**　파견직 주제에.

**성욱**　(입 다무는)

**일환**　나가봐.


성욱이 못마땅한 표정으로 쳐다보다가 뒤돌아 나가는데,

일환   (뒤돌아 앉은 채) 내 방에 너무 자연스럽게 들어오는데.

성욱   (멈칫)

일환   나 없을 때도 자주 들어왔었나.

성욱   아닙니다. (문 닫고 나가는)


일환이 노트북 화면보호기 비눗방울에 비치는 성욱의 뒷모습을 지그시 쳐다본다.
한참을 앉아 있다가 다시 문서 파일(NTDP)을 펼친다.
서류들 맨 뒤에 방기수의 서류가 있고, 결과란에 '등급: A' '부적격'이 수기되어 있다.
'부적격' 등급을 바라보는 일환의 무표정한 얼굴. 낮은 한숨을 쉰다.
다시 서류를 덮으면 맨 앞에 이강훈의 서류가 있다.
서류 맨 밑 결과란에 '등급: S+' '적격'이 수기되어 있다.


## #32  정원고등학교/급식실/주방 (오후)

개수대에 쌓여 있는 스테인리스 식판들.
멀쩡한 식판들 사이 우그러진 식판 하나.
식판의 가장자리가 (강훈의) 손아귀 모양으로 종이처럼 우그러져 있다.


## #33  정원고등학교/강당 (오후)

멈춰 있는 환풍기. 고요한 강당. 강당 구석 벤치에 강훈이 누워 있다.
희수가 강당 문을 열고 들어오다가 강훈을 보고 피식 웃는다.


희수   학생. 수업 시간에 여기서 뭐 하나.

강훈   (벌떡 일어나 앉는) 어, 어?

희수   (걸어오며) 안 보이길래 여기 있겠구나 싶었지.

강훈   (버엉 쳐다보는) 어떻게….

희수   너도 강당 키 있잖아. (웃으며) 그렇다고, 반장이 수업 째도 돼?

강훈   (계면쩍은) 너는?

희수   난 체대 입시생이잖아. 훈련해야지.

강훈   그래. (엉거주춤 일어서는) 그럼 수고해.

희수   어디 가게?

강훈   (엉거주춤) 교실 가야지.

희수   뭘 가. 그냥 있어. 너 쪽팔려서 여기 있었던 거 아니야?

강훈   아, 아니야!

희수   아니면 말지, 발끈하긴.


희수가 피식 웃으며 강훈의 옆에 와서 털썩 앉는다.
갈까 말까 망설이는 강훈. 표정은 애써 진지한데 엉거주춤한 자세가
우스꽝스럽다.


희수   앉아. 줄 거 있어.

강훈   (잽싸게 앉는)

희수   (쳐다보는)

강훈   (딴 데 보는)

희수   빠르네?

강훈   (희수 보며 얼떨결에) 나 되게 빨라.

희수   (뭐래 표정)

강훈   (무안한)


희수가 가방에서 안경을 꺼내 강훈에게 건넨다.


희수   니 꺼지? 그렇다고 버리냐? 깨끗하게 씻어 왔으니 써.

강훈   (머뭇대다 받는)

안경을 받아 보면 렌즈가 투명할 정도로 깨끗하게 닦여 있다.


**강훈**   고마워.

**희수**   잘했어.

**강훈**   뭘.

**희수**   아까 급식실에서.

**강훈**   (멈칫) (뭘 아는 건가) 내가 참았다고 생각해?

**희수**   응. 그 많은 애들 있는 데서 쫙 당했는데 잘 참았잖아.

**강훈**   (표정 보니, 아니구나)

**희수**   내가 겪어봐서 아는데 괜히 너만 다쳐. 때론 참는 게 이기는 거야.

**강훈**   나 안 져.

**희수**   걔 일진이라매. 이 근방 다 잡는다매.

**강훈**   (유치해지는) 나 진짜 안 져.

**희수**   (쳐다보다가) 그래. 그래.

**강훈**   (후우)

**희수**   (웃는) 니가 이겼다고 생각하는 거 진심이야. 폭력은 가장 쉽고 멍청한
        방법이야. 싸우는 방법은 여러 가지가 있는데 난 그걸 몰랐거든.


강훈이 보면 희수의 표정에 회한이 스친다.
더 무슨 말을 하지 않을까 기다리는데, 희수는 가방에서 배구화를 꺼
내 신을 뿐이다.
과묵하고 사교성 없는 강훈은 대화를 이어가지 못한다.


**강훈**   (일어서며) 그럼 수고해.

**희수**   (운동화 끈 조여 매며) 가게?

**강훈**   (안경 쓰며) 응. 수업 들어가야지.

**희수**   (쿨한) 그래.

강훈　(아쉬움 감추고 강당 문으로 걸어간다)

희수　강훈아.

강훈　(뒤돌아보는) 어? (웃음이 실처럼 새어 나온다)

희수　환풍기 어떻게 켜는지 알아?

강훈　아.

희수　늘 켜져 있었는데 오늘은 꺼져 있어서.

강훈　(중얼) 오늘은 이 시간에 올 줄 모르고…. (제어실로 얼른 가는)

강훈이 빠른 걸음으로 강당을 가로질러 제어실로 들어간다.
잠시 후, 천장의 환풍기들이 일제히 돌아간다.
강훈이 제어실에서 나와 다시 강당을 가로질러 문으로 간다.

희수　스위치가 거기 있었구나. 고마워.

강훈　(멈칫) 나도 고마워. 안경 너무 깨끗하게 잘 보여.

희수　그거 봉석이가 닦아준 거야.

**cut to**

입김 호오 불어가면서 제 옷에 안경 문질러서 닦는 봉석. 뭘 저렇게까
지 하나 쳐다보는 희수. 봉석 입김 후어어어어.

강훈　(표정 어색하게 굳는) (아쉬운 표정으로 쳐다보다 돌아서는)

희수가 스트레칭 하는데, 강당 문을 열고 나가려던 강훈이 한마디 더
한다.

강훈　우리 아버지도 자영업 하셔.

희수　??

뭔 소린가 보는 희수. 강훈이 문을 닫고 나간다.
희수가 크게 심호흡하고 목을 풀며 스트레칭을 한다.
천장 환풍기에 시선을 고정하고 목을 돌리다가 멈칫하는 희수.

**강훈v.o** 오늘은 이 시간에 올 줄 모르고….

희수가 '어, 그럼…' 하는 표정으로 환풍기를 올려다본다.
환풍기가 세차게 돌아간다.

## #34 시내버스 종점 차고지 (오후)

출차 중인 버스들. 동용과 계도가 버스 앞에서 이야기를 나눈다.

**동용** (만류하며) 어제 발인한 사람이 일은 무슨 일이여.
**계도** 며칠 쉬었잖아요. 장례 끝났으면 일해야죠.
**동용** 쉬긴 뭘 셔. 국과순가 뭔가 쫓아댕기느라 2일장 해놓고는. 좀 찬찬히
쉬다 오라니께.
**계도** 가만히 있는 게 더 힘들어요.
**동용** (쳐다보는)
**계도** 뭐라도 하고 싶은데… 지금 당장 뭐라도 해야 할 것 같은데…
**동용** (안타까운)
**계도** 할 수 있는 게 이것밖에 없어요.

동용이 더 말을 잇지 못한다.
계도가 꾸벅 인사하고 버스에 올라탄다.

## #35 정원고등학교/교실/복도 (오후)

종례 시간. 일환이 버릇처럼 교탁을 지시봉으로 두드리며 말한다.

일환   수능이 얼마 남지 않았다. 다들 긴장 놓지 말고 정신 바짝 차리도록.
      페이스 조절 잘하고… (방기수가 건너 줄에 앉은 강훈을 대놓고 노려보고 있
      다) 문제 일으키지들 마라. 그럼, 이상.
학생들  (일동) 수고하셨습니다~!

      학생들이 우르르 일어나는데, 방기수가 이강훈을 노려보면서 일어선다.

일환   방기수.
기수   (강훈에게 가려다가, 쳐다보는)
일환   나 따라와. 면담 좀 하자.

      기수가 대꾸도 없이 교실 밖으로 나가버린다. 학생들이 당황한다.
      일환이 한숨을 쉰다. 속상한 건지 화난 건지 일환의 표정이 미묘하다.

## #36  정원고등학교/강당 (오후)

봉석과 희수가 강당 벤치에 앉아 있다.
배구화 끈을 묶는 희수 옆에 봉석이 핸드폰을 만지작거리고 있다.
희수가 부러운 듯 핸드폰을 힐끗거리는데, 봉석이 음악 어플의 노래
를 플레이한다.
'신해철 – 그대에게'의 전주가 경쾌하게 울려 퍼진다.

희수   뭐야 그 노래?
봉석   어? (감추려는)
희수   뭔데. (봉석의 핸드폰 화면 들여다보는)

**인서트**

봉석 핸드폰의 음악 어플 화면. 플레이리스트 제목이 '응원곡'이다.

'신해철 – 그대에게' '트니트니 – 잘한다 잘한다' '크라잉넛 – 말 달리자' '강산에 – 거꾸로 강을 거슬러 오르는 저 힘찬 연어들처럼' 'S.E.S – 달리기' '이승환 – 덩크 슛' '박현빈 – 대찬인생' '이적 – 하늘을 달리다'

희수가 재생 목록을 들여다보느라 봉석에게 좀 더 가까이 앉는다.
희수의 새끼손가락 끝이 봉석의 새끼손가락에 닿는다.

**희수**　목록 니가 만들었어?

**봉석**　응. 이상해? 응원곡 할 만한 거 다 찾은 건데.

**희수**　아니야. 좋아.

**봉석**　(헤벌쭉)

**희수**　(웃는) 고마워.

희수가 물끄러미 봉석을 쳐다본다.
봉석이 고개를 들자 둘의 얼굴이 가까워진다.
[빠른 비트의 '그대에게'가 갑자기 한없이 늘어진다— 아직 내게 남아 있는 많은 날들으으으을 그대와 두우우울에서 나누고오오오 싶어요오오오오]
희수와 봉석의 눈이 마주친다. 서로를 마주 보는 눈.
미묘하고 설레는 분위기. [삐릭, 정신 차리고 노래 다시 빨라진다]
누가 먼저랄 것도 없이, 봉석이 가방을 둘러메고, 희수가 보조 가방을 목에 걸어준다.

**희수**　(보조 가방 단단히 둘러주며) 원주율.

**봉석**　삼쩜일사일오구이육오삼오팔구칠구삼…

**cut to**

희수가 스트레칭 하며 걸어간다.

봉석이 원주율을 옹알거리며 천장을 본다.

환풍기 돌아가는 소리가 너무 크다. 봉석이 핸드폰 볼륨을 최대로 올려 라바콘에 집어넣는다. 스피커처럼 울려 퍼지는 노랫소리. 희수가 경쾌하게 달린다.

**봉석**   야자 끝나고 가지러 올게.

**희수**   (달리며) 근데 여기 와이파이 터져? 핸드폰 이렇게 계속 켜놔도 돼?

**봉석**   나 데이터 무제한이야.

**희수**   (부러운) 오올~ (달리는)

봉석이 강당 문으로 걸어간다. 희수가 계속 달린다. 노래가 바뀌고,

**인서트**

라바콘 속 핸드폰 노래. 유아 동요 '트니트니 – 잘한다 잘한다'.

난데없는 동요 응원가에 희수가 빵 터진다.

봉석이 잘한다 잘한다 박수 치며 걸어간다.

희수가 달리며, 강당 밖으로 나가는 봉석을 따뜻한 눈으로 바라본다.

잘한다. 잘한다. 잘한다. 노래가 울려 퍼지고 희수가 잘 달린다.

**#37**  **국정원/기획판단실 (저녁)**

여운규 팀장이 민용준 차장의 책상 앞에 서 있다.

민 차장이 사진을 들여다본다.

**민 차장**   (사진 들여다보며) 한국인?

**여 팀장**   어릴 때 한국에서 미국으로 강제 입양되었답니다. 한국에서의 임무를

위해 한국인 입양아 출신을 보낸 것 같습니다.

민 차장이 들고 있는 사진. 운전석에 앉은 프랭크의 얼굴이 찍혀 있다.

**인서트**
사진 속 프랭크의 얼굴. 3화 #44 황지성의 안경테 시점.

**여 팀장** Frank라는 코드네임만 알 수 있었습니다.

**민 차장** 프랭크?

**여 팀장** 여섯 번째 아이라고 하더군요. A. B. C. D. E. F. Frank.

**민 차장** 전 세계에서 끌어모은다더니.

**여 팀장** 송탄 기지촌 출신으로, 한국인 어머니와 미군 아버지 사이에서 태어 났습니다. 미군 정보부에서 나온 사람이 데려갔다더군요. 입양 이후 모든 기록이 지워졌습니다.

**민 차장** 미 정보부 사람이라… (사진 책상 위로 던지며) 미 참사관 불러.

**#38 암사동 한강 둔치/탑차 화물칸/내부 (저녁/밤)**

화물칸의 열린 문틈으로 들어오는 저녁노을빛.
한강에 노을이 지고 해가 저물어간다.
프랭크가 어두컴컴한 화물칸에 앉아서 캔 옥수수를 퍼 먹는다.

**(E)** 딸그락.

플라스틱 포크가 캔의 밑바닥을 긁어서 보면 옥수수를 다 먹었다.
아쉬운 표정으로 주변을 보면 비어 있는 옥수수 깡통들과 초코바 봉 지들뿐이다.
프랭크가 물병을 들어 물을 마시며 허기를 달랜다.

(E)     찰싹!

프랭크가 물을 마시다가 제 목덜미를 친다.
손바닥을 보면 피 묻은 모기 한 마리. 바짓단에 슥 문질러 닦는다.
열려 있는 화물칸 문을 닫으려는데, 프랭크의 눈에 들어오는 한강 변
풍경.
달빛 아래, 무성하게 자라난 억새와 갈대들이 바람에 흔들린다.
밤바람에 흔들리는 갈대밭을 바라보는 프랭크의 눈이 깊어진다.
너울거리는 한강의 갈대밭 풍경이 아이오와의 드넓은 옥수수밭과 겹
쳐진다.

**인서트**
아이오와[State of Iowa]의 드넓은 옥수수밭 풍경.

갈대밭을 바라보며 깊어진 눈도 잠시, 프랭크가 문을 닫아버린다.
아무것도 보이지 않는 어둠 속에서 (E) 꼬르륵… 소리만 들려온다.
어둠 속에서 켜지는 PDA폰의 불빛. 프랭크가 PDA폰을 들여다본다.
마지막으로 보낸 ㄴ,[Delete] 이후 문자 메시지가 오지 않는다.

#**39**  **정원고등학교/운동장 (밤)**
야자를 마친 학생들이 학교에서 나온다.
강훈이 보면 저 앞에 봉석이 강당으로 걸어간다.
강당의 불빛이 밝다. 강훈이 물끄러미 보다가 걸어간다.

#**40**  **정원고등학교/강당 (밤)**
희수가 서전트 점프 훈련을 하다가 봉석이 들어오자 반갑게 웃는다.

| 희수 | 야자 끝났어? |
|---|---|
| 봉석 | 응. |

봉석이 라바콘에서 핸드폰을 꺼내다 보면 핸드폰이 꺼져 있다.

| 희수 | 계속 켜놨더니 배터리 방전됐어. |
|---|---|
| 봉석 | (아차 싶은) |

**인서트_ #28**

| 미현 | 늦지 마. 야자 끝나면 바로 집에 와. |
|---|---|

| 희수 | 나도 금방 끝나. 씻고 정리만 하면 돼. 같이 가자. |
|---|---|
| 봉석 | (다급해진) 나 먼저 갈게. |
| 희수 | 응? |
| 봉석 | 빨리 가야 돼. 엄마가 전화할지도 몰라. |
| 희수 | 어, 어. (웃는) 그래. 먼저 가. |

# #41 국정원/복도 (밤)

복도의 맨 끝에 걸려 있는 '기획판단실' 팻말. (c.u)

# #42 국정원/기획판단실 (밤)

민 차장 책상의 전화기에서 스피커음이 울린다.

| 여 팀장F | 주한미국대사관의 Mark 참사관께서 오셨습니다. |
|---|---|
| 민 차장 | (버튼 누르며) 들어오라고 해. |

문이 열리고 미 대사관의 마크(50대 초반. 백인) 참사관이 들어온다.

마크가 들어왔는데, 민 차장이 자리에서 일어나지 않는다.

**마크**   (유창한 한국어) 오우 민 실장님 오랜만입니다~ (손 벌려 활짝 웃는)
**민 차장**   오랜만이네.

민 차장이 의자에 몸을 삐딱하게 파묻은 채 마크를 쳐다본다.
마크가 두리번거리며 (어디 앉아야 하냐는 제스처) 팔을 벌린 채 어깨를
으쓱한다.
내가 책상 앞에서 보고하는 모양새가 될 수는 없지 않냐는 어필이다.
민 차장은 무표정하게 마크를 보기만 한다. 미묘한 신경전의 분위기
가 피어난다.
노회한 민 차장과 노련한 마크가 서로를 탐지한다.
한참을 버티고 섰던 마크가 응접 소파로 가서 털썩 앉는다.
소파에 등을 기대고 방만한 자세로 앉는 마크.
민 차장이 지그시 쳐다본다.
마크가 웃는 얼굴로 손짓하며 응접 소파의 상석을 가리킨다.
민 차장이 미동도 하지 않은 채 마크를 쳐다본다.

**마크**   (웃는) 와우, 이거 외교적 결례 아닌가요?
**민 차장**   결례. (각설탕 하나 꺼내 입에 넣으며) 한국말 많이 늘었네.
**마크**   (너스레) 아이고오 내가 한국 온 지 20년 훨씬 넘었는데요. 내가 한국
통 아닙니까. 아이고오 차장님 단 거 너무 좋아하신다. 당뇨 걸려요.
**민 차장**   (각설탕 씹으며) 제가.
**마크**   네?
**민 차장**   내가가 아니라 제가.

민 차장의 날 선 말에도 마크는 표정 하나 바뀌지 않는다.

사람 좋게 웃는 마크의 표정에서 오히려 만만치 않은 인상이 느껴진다.

**마크**   (웃는 표정) 그렇군요. 그런데 계속 거기 앉아 계실 겁니까. 동맹국에
        대한 외교 결례 아닙니까? 난 미국을 대표하는 외교관인데.
**민 차장**   난 대한민국 정보국을 대표하는데.
**마크**   (웃으며) 하하. 실장님 왜 이러실까?
**민 차장**   실장? 여기가 '기획판단실'이라고 생각하는 건가.

        마크가 보면, 책상 위 명패. **[국가안전기획부 제5차장 민용준]**

**마크**   (침착한) 암요. 알지요. 안기부 때부터 내려온 기밀부서. 기밀 유지를
        위해 '기획판단실'로 위장한 곳이죠.
**민 차장**   그런데.
**마크**   (소파에 등 기대며) 어쨌든, 나는 주한미국대사관의 참사관입니다.
**민 차장**   참사관으로 위장한 CIA이기도 하고.
**마크**   (표정 굳는)

        팽팽한 긴장감이 무너진다. 민 차장의 뒤쪽 벽에 걸린 액자.
        국정원 원훈 – 소리 없는 헌신, 오직 대한민국 수호와 영광을 위하여. (cu)

**민 차장**   정보국의 일개 요원 따위가, 어디 감히 동맹국의 정보국 국장에게 반
        말지꺼려야. 씨발.

        민 차장의 폭언에 마크의 표정이 굳는다. 침묵이 흐르고—

**민 차장**   내 말이 어렵나.
**마크**   No. sir.

## #43 학교 앞 버스 정류장 (밤)

봉석이 시무룩한 표정으로 버스 정류장 앞에 혼자 서 있다.
자꾸 학교 쪽을 돌아보는 봉석. 그때 (E) 끼익-! 버스가 정류장에 들어와 선다.
버스 앞으로 가면 문이 열리고— 시무룩하던 봉석의 얼굴이 환해진다.
버스 안을 보면, 운전석에 계도가 앉아 있다.

**봉석**  (밝게) 안녕하세요!

**계도**  (쳐다보다가 결국, 옅게 웃고야 마는) 맨날, 안녕은 무슨.

**봉석**  안 보여서 걱정했어요.

**계도**  (멈칫)


별말도 아닌 봉석의 말에 계도의 표정이 그만 무너진다.
계도의 얼굴은 보이지 않고, 계도 뒷모습 어깨 너머, 어 하고 당황하는 봉석의 표정.
카메라 멀어진다. 버스 정류장의 불빛이 환하다.

## #44 국정원/기획판단실 (밤)

민 차장과 마크가 멀찌감치 떨어져 앉아 있다.
마크가 소파에 곧은 자세로 앉아 있다.

**민 차장**  새가 날아들었던데.

**마크**  (대답 않는)

**민 차장**  동맹국에 대한 예의가 아니지.

**마크**  (대답 않는)

**민 차장**  아니지. 예의 정도가 아니지. 상당히 심각한 문제지.

**마크**  (대답 않는)

**민 차장**    (외사시로 노려보는) 심각한 외.교. 문제가 되고 싶은가.

**마크**    (마주 보는)

**민 차장**    명심해. 더 이상의 날갯짓이 있을 시 외교 문제로 공식화하겠다.


마크가 날카로운 시선으로 쳐다보지만, 민 차장의 외사시에 눈을 맞추지 못한다.

민 차장 뒤에 걸린 국정원 원훈 '소리 없는 헌신' 문장에 마크의 시선이 걸린다.

한참 만에야 입을 여는 마크의 목소리가 가라앉았다.


**마크**    공식화하는 것은 서로 위험할 텐데요.

**민 차장**    그럼 종료해.

**마크**    제가 결정할 수 있는 사안이 아닙니다.

**민 차장**    거래를 하지. 자네도 실적이 있어야 할 것 아닌가.

**마크**    (쳐다보는)

**민 차장**    우리도 구세대엔 관심이 없어.

**마크**    (쳐다보다가) 알겠습니다. 보류하겠습니다.

**민 차장**    한국말 몰라? 종료. 보류와 다르지.

**마크**    보류 후 보고하고 종료하겠습니다.


마크가 입을 다물고 버티는데, 민 차장이 스피커폰의 호출 버튼을 누른다.


**여 팀장F**    (스피커폰) 예. 차장님.

**민 차장**    중국 연결해.

**마크**    (흠칫하는)

**여 팀장F**    (스피커폰) MSS 연결하겠습니다. [자막: MSS. 중국 국가안전부]

스피커폰 너머, 버튼 누르는 소리가 또박또박 들린다.
마크의 눈가가 꿈틀한다.

**민 차장**  지금 여기서 해. 확인해야겠다.

**마크**  (스피커폰에 얹어진 민 차장의 손가락 보는)

긴장하는 마크의 눈빛. 스피커폰에 얹어진 민 차장의 손가락. (c.u)
스피커폰 너머 신호 가는 소리가 들린다.

**(E)**  뚜르르르르… 뚜르르르르….

마크가 다급하게 주머니에서 PDA폰을 꺼내 자판을 누른다.
외사시로 노려보는 민 차장. 마크가 PDA폰을 돌려 전송된 문자를 보
여준다. [HOLD]

**민 차장**  (HOLD 확인하고, 스피커폰에) 보류.

**여 팀장F**  (스피커폰 음성) 네. 알겠습니다. (신호음 끊긴다)

민 차장이 스피커폰에서 손을 떼고 의자를 젖혀 앉는다.
마크가 민 차장을 노려보다가 침중한 표정으로 일어선다.
걸어 나가다가 문득,

**마크**  비공식으로 묻겠습니다. 다음 세대를 육성하고 있습니까.

**민 차장**  (쳐다보는)

**마크**  사실 확인 시 공식 제재를 할 수 있습니다.

**민 차장**  공식 제재? 어떤 명목으로.

**마크**  우리는 전 세계의 질서를

**민 차장**  (말 끊는) 핵 개발과 보유는 미국만 가능하고, 다른 나라는 미국의 허락이 필요했던 것처럼?

**마크**  (꿈틀)

**민 차장**  너희도 똑같은 걸 하고 있지 않나? Frank. 여섯 번째 아이라고 하더군. 알파벳이 몇이지?

**마크**  (긴장하는)

**민 차장**  그들로 전 세계에서 장사 여럿 했었겠군.

**마크**  (침 삼키는)

**민 차장**  착각하지 마. 시대가 변했어. 미국도 중국과 러시아의 눈치를 봐야 할 텐데. 전 세계로부터 공식 제재를 당하고 싶나. 우리 쪽에서 먼저 까는 수가 있어. (사시안으로 지그시) 우린 같이 까버려도 상관없어.

**마크**  (끄응)

**민 차장**  누가 더 손해지?


민 차장의 외사시가 마크를 꿰뚫어 본다.
마크는 민 차장의 외사시에 시선을 맞추지 못한 채 한참을 버티다가 돌아선다.


**마크**  없던 질문으로 하겠습니다.

**민 차장**  그런 걸로 하지.


마크가 문을 닫고 나간다.
민 차장이 책상에 놓인 [제5차장 민용준] 명패를 본다.
반짝반짝한 명패의 한 귀퉁이가 깨져 있다.
민 차장의 외사시가 깨진 부분에 향해 있다.


# #45 암사동 한강 둔치/탑차 화물칸/내부 (밤)

"꼬르륵…." 입에 랜턴을 물고 리스트를 넘기는 프랭크의 배에서 고픈 소리가 난다.
다음 장을 넘기면 보이는 주소.
프랭크가 어둠 속에서 리스트의 주소를 읽는다.

프랭크　Hanamsi Misadongro 40beongil 29-51··· Nansan dong··· gas? what? gas···? Late night restaurant···?

트럭 바닥에 빈 캔 옥수수 깡통들과 초코바 봉지가 굴러다닌다.

# #46　언덕길 (밤)

강훈이 언덕길을 걸어 올라간다.
슈퍼마켓 앞 평상에 뒤돌아 웅크리고 앉아 있는 재만이 보인다.
강훈이 아버지의 뒷모습을 보며 걸어 올라간다.

# #47　강훈 집 앞/슈퍼마켓 (밤)

강훈이 보면, 재만이 뒤돌아 앉아서 재활용 분리수거를 하고 있다.

강훈　다녀왔습니다.

재만이 뒤돌아보며 환하게 웃는다. 강훈이 웃지 않는다.

재만　(어눌한 말투) 강훈이 왔니. (손목시계 시간 확인하며) 이, 일찍 왔네.
강훈　네.
재만　드, 들어가 밥 먹어라.

재만이 다시 쭈그리고 앉아서 분리수거를 한다.

페트병들의 라벨을 일일이 떼고, 캔들은 전부 납작하게 찌그러뜨려 놓았다.

강훈이 아버지의 굽은 등을 가만히 본다. 듬성듬성한 머리숱. 어깨에 내린 비듬. 낡고 후줄근한 옷. 밑창이 닳아버린 슬리퍼. 뒤돌아 앉은 모습이 궁상맞아 보인다.

느리지만 차곡차곡 분리수거하는 아버지의 뒷모습.

고개를 돌려보면 아버지가 늘 앉아 있던 평상의 자리.

매일 같은 자리에 앉아서 아들을 기다렸을 그 자리만 장판 색이 바랬다.

**강훈**　죄송해요. 아버지.

**재만**　(돌아보는) ??

강훈이 등을 돌려 슈퍼마켓 안으로 들어간다.

**인서트_ #33**

**강훈v.o**　우리 아버지도 자영업 하서.

**강훈na**　다른 사람에게 아버지 이야기를 처음 했다.

강훈의 뒷모습을 물끄러미 보던 재만이 계속 분리수거를 한다.

음료수 캔을 '맨손으로 납작하게' 찌그러뜨린다.

# #48　치킨집/내부 (밤)

**희수**　(핸드폰 보며) 아빠. 이게 웬 거야?

**주원**　(웃는) 샀어. 내일 가서 개통해. 요즘 핸드폰 없는 고등학생이 어딨냐.

**희수**　내가 일부러 없앤 걸 왜….

**주원**　이전 학교 일은 잊어. 새로 사귄 친구 있다면서. 다 새로 등록해.

희수     ⋯이거 비싸지?

주원     (웃는) 최신형 아니야. 새 거 같은 중고야. 친한 사람한테 싸게 샀어.

희수     (중얼) 아빠가 여기 친한 사람이 어디 있다고⋯.

### cut to_ 핸드폰 수리점

주원이 치킨 다섯 봉지를 내밀고 서 있다. 문신남이 이게 뭔가 싶은
표정으로 주원을 본다. 주원이 매대의 핸드폰을 가리키며 치킨 쿠폰
한 다발을 내민다. 울상이 되는 문신남.

희수     고마워. 아빠.

주원이 흐뭇한 미소를 짓는다.
희수가 호오 입김 불어가며 소중하게 닦는다.

희수     (호오) 난 진짜 핸드폰 없어도 되는데⋯.

주원     너 핸드폰 없으면 아빠가 불안해서 그래.

희수     내가 앤가?

주원     아빠한텐 애야.

희수     (보면 주원의 표정이 진지하다)

주원     항상 조심하고.

희수     (갸우뚱) 아빠 왜 그래?

주원     아빠니까 그러지.

희수     (웃는) 알았어. 핸드폰 잘 쓸게. 데이터 안 쓰고 와이파이만 쓸게. 문자
        도 카톡만 쓸게. 전화비 적게 나오게 할게.

주원     아니. 그러지 마.

희수     응?

주원     (진지한) 항상 전화기 들고 다니고, 언제 어디서든 전화 꼭 받고, 무슨

일 있으면 아빠한테 바로 전화해.

**희수**   무슨 일?

**주원**   뭐든.

**희수**   아빠. 무슨 일 있어?

**주원**   혹시 모르니까.

## #49 봉석 집/1층/식당/홀 (밤)

**(E)**   딸랑~

식당 현관문 위에 달아놓은 방울이 울린다.
2층 계단에서 미현이 서둘러 내려온다.

**미현**   어서 오세요~

텅 빈 홀에 프랭크가 앉아 있다.

## #50 [미현 시점] 봉석 집/1층/식당/홀 (밤)

문가 테이블에 모자를 쓴 남자 손님이 혼자 앉아 있다.
미현이 주방에서 쟁반에 물수건과 물병과 컵을 챙겨서 나온다.
순간, 남자 손님에게 다가가는 미현의 걸음이 멈칫한다.
식탁에 반듯하게 앉은 남자의 자세. 고도로 훈련된 느낌의 부동자세다.
미현이 표정 변화 하나 없이 남자에게 다가간다.

**미현**   한 분이신가요?

**남자**   What? 한 번…? 아. 한 분입니다.

**미현**   (행주로 테이블 닦으며) 뭐 드릴까요?

테이블에 구형 PDA폰이 놓여 있다.

미현이 테이블을 닦으며 남자의 손을 본다.

우둘투둘 단련된 손의 정권(너클). 손톱에 때가 껴 있다.


**남자** (벽의 메뉴판 떠듬떠듬 읽으며) 돈… 까스? 왓? 개스?

**미현** 외국분이신가요?

**남자** (미현 똑바로 쳐다보며) Maybe.

**미현** (물컵 내려놓으며) 돈까스. 고기 튀김이에요. 후라이드 포크.


미현이 물컵을 내려놓고 물수건 포장을 뜯어준다. 미현의 행동이 자연스럽다.

남자가 무의식적으로 물수건에 손을 닦으며 벽의 메뉴판을 본다. [돈가스/왕돈가스]


**남자** (손 닦으며 메뉴판 보는) 돈까스… 왕…? 돈까스?

**미현** 미디움 사이즈. 라지 사이즈예요.


미현이 식탁에 놓인 수저통의 돈가스 칼을 본다.


**남자** 왕돈까스 주세요. (물수건 내려놓는)

**미현** 네. 알겠습니다.


미현이 물수건과 행주를 치우며 수저통을 함께 집어 쟁반에 올린다.

눈치채기 어려운 자연스러운 행동.

미현이 돈가스 칼을 수거해서 주방으로 돌아선다.

순간, 남자가 소리도 없이 '피식' 웃는다. 걸어가는 미현의 귀. (c.u)

조금의 동요도 없이 주방으로 걸어가는 미현의 뒷모습.

**[프랭크 시점] 봉석 집/외부/1층/식당/홀 (밤)**

프랭크가 골목 어귀에 택배 탑차를 주차하고 차에서 내린다.

고개를 들어 보면 커다란 간판. '남산 돈까스 심야식당'.

2층을 확인하면, 불이 환하게 켜져 있고 창가에 아무도 없다.

천천히 식당으로 걸어가며 주변을 둘러보면 어디에도 CCTV가 없다.

유리문에 붙어 있는 '심야영업' 안내판. 식당 안을 들여다보면 손님이 아무도 없다.

프랭크가 문을 열려다가 유리문 안쪽 위에 달린 방울을 본다.

조심스럽게 문을 여는 프랭크. 그럼에도 (E) **딸랑~** 작은 방울 소리가 울린다.

프랭크가 식당 안을 둘러본다. 홀에도 주방에도 사람이 없다.

문에서 가장 가까운 테이블에 PDA폰을 내려놓고 앉는 프랭크. 그때,

**여자V.O** 어서 오세요~

여자가 2층에서 인사하며 계단을 내려와서 곧장 주방으로 들어간다.

프랭크의 눈썹이 꿈틀한다. 프랭크가 눈동자만 굴려 식당 안을 다시 확인한다.

어디에도 CCTV가 없다. 고개를 돌려보면 문 위에 달린 작은 방울뿐이다.

프랭크가 몸을 긴장시킨다. 테이블의 수저통에 돈가스 칼을 본다.

여자가 다시 주방에서 나온다. 프랭크는 모자챙 밑으로 눈을 숨기고 여자를 본다.

걸어오던 여자가 멈칫, 다시 걷는다. 여자의 흔들리는 보폭을 놓치지 않는 프랭크.

**여자** 한 분이신가요?

**프랭크**   What? 한 번…? 아. 한 분입니다.

**여자**   (행주로 테이블 닦으며) 뭐 드릴까요?

프랭크가 벽의 메뉴판을 떠듬떠듬 읽으며 여자의 시선을 살핀다.
테이블을 닦는 여자의 시선이 스치듯 프랭크의 손(정권)과 손톱에 낀
때를 확인한다.

**프랭크**   (느리게 읽으며) 돈… 까스? 왓? 개스?

**여자**   (멈칫) 외국분이신가요?

프랭크가 고개를 들고 여자와 눈을 마주친다.

**프랭크**   (고개 들고 똑바로 쳐다보며) Maybe.

여자의 시선이 흔들리지 않는다. 눈을 봐도 속을 알 수 없는 느낌이다.

**여자**   (물컵 내려놓으며) 돈까스. 고기 튀김이에요. 후라이드 포크.

여자가 물컵을 내려놓고 물수건 포장을 뜯어준다. 여자의 행동이 자
연스럽다.
프랭크도 자연스럽게 물수건을 집어 손을 닦으며 벽에 쓰인 메뉴판을
본다.

**프랭크**   (손 닦으며 메뉴판 보는) 돈가스… 왕…? 돈까스?

**여자**   미디움 사이즈. 라지 사이즈예요.

의심을 거두지 않고 여자를 바라보는 프랭크의 시선.

친절하게 대답하는 여자의 표정에서 동요가 느껴지지 않는다.

**프랭크**  (물수건 내려놓으며, 미현의 시선 놓치지 않는) 왕돈까스 주세요.
**여자**  (시선 흔들리지 않는) 네. 알겠습니다.


여자가 물수건과 행주를 챙겨 다시 주방으로 간다.
프랭크가 걸어가는 여자의 뒷모습을 끝까지 유심히 본다. 프랭크의
눈. (c.u)
여자는 뒤돌아보지 않는다. 조금의 동요도 없는 여자의 뒷모습.
프랭크가 갸웃하다가 테이블 위를 보면, 돈가스 칼이 든 수저통이 없
어졌다.
프랭크가 피식 웃는다. (c.u)

## #52  봉석 집/외부/1층/식당/주방 (밤)

'피식.' 미현의 귀. (c.u)


**미현na**  칼을 보고 있었어.


미현이 주방에 들어서자마자 재빨리 구석으로 간다.
프랭크가 손 닦은 물수건을 보면 검붉은 얼룩이 옅게 묻어 있다.
미현이 검붉은 얼룩에 혀를 대본다. 미현이 피 맛을 느끼고 미간을 찌
푸린다.
홀에서 보이지 않도록 몸을 낮춘 채 주방의 작은 창으로 간다.
벽에 붙어 창밖을 보면 식당 앞에 주차된 차가 없다.
미현의 동공이 커진다. 더 멀리 보면, 골목 어귀 어둠 속에 택배 탑차
가 있다.
택배 탑차에 UHL 로고가 붙어 있다.

미현이 핸드폰을 꺼내 단축번호 '아들'에게 전화한다.

**수신음F** 전원이 꺼져 있어 음성사서함으로 연결되며 삐 소리 후…

미현이 전화를 끊고 다급하게 문자 메시지를 보낸다.

**인서트**
문자 메시지. '집에 오지 마'.

미현이 고개를 든다. 미현의 눈에 차가운 이성이 번뜩인다.
주방의 도마 위에 고기 망치가 보인다.

## #53 봉석 집/1층/식당/홀 (밤)

미현이 주방에서 나온다.
쟁반에 음식을 담아서 프랭크에게 걸어가는 미현.
모자를 눌러쓴 프랭크가 테이블에 턱을 괴고 앉아 있다.
모자챙 밑 프랭크 시선이 쟁반 밑을 본다.
쟁반 밑에 아무것도 숨기지 않았다.
돈가스 접시와 반찬들이 차례대로 놓이고 숟가락과 포크가 놓인다.

**미현** 맛있게 드세요.

프랭크가 접시를 보면, 돈가스가 썰어져 나왔다.
모자챙 밑으로 보면, 서빙을 마친 미현이 뒤로 물러선다.
고개를 들어보면, 미현이 뒤로 걷는데 프랭크가 끝까지 시선을 놓치지 않는다.
뒷걸음질하던 미현이 자연스럽게 등을 돌려 걷는데 등 뒤에 아무것도 없다.

**프랭크**　잠깐만요.

**미현**　네. (주방 문가에서 뒤돌아서는)

**프랭크**　(쳐다보는)

**미현**　(마주 보는)


프랭크가 아무리 미현의 눈을 쳐다봐도 그 속을 알 수 없다.
미현의 등 뒤, 주방 안쪽, 도마 위에 있던 고기 망치가 문가 뒤에 놓여
있다.
미현의 손이 태연하게 주방 문가를 짚는다.


**미현**　무슨 일이죠?

**프랭크**　(쳐다보다가) 어중간…이 뭐죠?

**미현**　(쳐다보는)

**프랭크**　한국말이 어려워서요.

**미현**　미디움 사이즈와 라지 사이즈의 미들이에요.

**프랭크**　(생각하다가) 네.


프랭크가 접시를 본다.
썰어져 나온 돈가스 옆에 콘옥수수 샐러드가 쌓여 있다.


**(E)**　꼬르륵….


프랭크가 조용히 숟가락을 들고 콘옥수수를 먼저 먹는다.
미현이 평온한 표정을 가장한 채, 온 신경을 곤두세우고 보다가

| 미현 | 더 필요한 거 있으면 |
|---|---|
| **(E)** | 딸랑~! |

순간, 미현의 몸이 굳는다. 봉석이 식당 문을 열고 들어온다.

| 봉석 | 다ㄴ(ㅕ 왔습니다) |
|---|---|
| 미현 | (끊는) 어서 오세요. |
| 봉석 | (멈칫) |

봉석이 뭔가 이상한 느낌이 들어 미현의 얼굴을 쳐다본다.

| 미현 | (침착한 무표정) 안쪽으로 앉으세요. |
|---|---|

미현의 눈빛이 프랭크에게서 멀리 떨어진 안쪽 좌석을 가리킨다.
봉석이 영문도 모른 채 프랭크를 지나쳐 안쪽으로 들어가는데,

| 프랭크 | 학생. |
|---|---|
| 봉석 | (돌아보는) 네? |
| 프랭크 | (봉석의 교복을 보며) 정원고등학교 학생이야? |

프랭크가 숟가락을 내려놓는다.
미현의 손이 주방 문 뒤의 고기 망치를 움켜잡는다.

## #54 [에필로그] 미국/아이오와(IOWA)

왜소하고 메마른 소년의 앞에 어두운 장막처럼 펼쳐진 옥수수들.
상처투성이의 소년이 옥수수밭을 헤치며 달려간다.
거친 옥수수 잎들이 소년의 얼굴과 몸을 자꾸 할퀴며 상처를 낸다.

소년이 햇살을 가린 옥수수밭 바깥을 향해 달린다.

달리는 소년의 뒤로 옥수수밭이 연신 흔들린다.

소년의 시점에서— 바람에 흔들리는 건지 소년이 헤쳐서 흔들리는 건지 알 수 없다.

턱 밑까지 차오르는 숨을 몰아쉬며 달리는 소년.

소년이 무엇엔가 쫓기듯, 무엇인가 두고 온 듯, 자꾸 뒤돌아보며 달린다.

뒤돌아보는 소년의 얼굴과 몸이 온통 상처투성이다.

뒤에서 뭔가가 쫓아오다가 무언가에 덮쳐져서 사라진다.

소년이 연신 뒤를 돌아보며 옥수숫대를 헤치며 달린다.

달리는 소년의 얼굴, 옥수수 잎에 베였던 상처들이 순식간에 옅어진다.

소년의 시야가 확 밝아지고, 옥수수밭을 빠져나온 소년이 그대로 바닥에 쓰러진다.

소년의 뒤로, 뜨거운 햇살 아래 아이오와의 옥수수밭이 끝도 없이 펼쳐져 있다.

누군가 소년을 부른다.


"Number six. Come here."


소년 프랭크가 고개를 든다.

제7화
이방인

**북한/국가안전보위부/부장실 (밤)**

암흑의 공간. 대리석으로 꾸며진 거대한 집무실.

벨벳 커튼이 내려진 어둠 속 공간은 이곳이 어디인지 알 수 없다.

어둠 속. 거대한 책상에 수그리고 앉아 있는 60대 남자(북한 국가안전보위부장).

책상 위에 놓인 '뱅커스 램프'만 짙은 어둠을 흐릿한 녹색으로 밝히고 있다.

자다 급하게 나왔는지 러닝셔츠만 입은 60대 남자가 심기 불편한 표정으로 앉아 있다.

책상 위에 스마트폰 '아리랑171'이 놓여 있다.

어두운 집무실의 맞은편 문이 열리고 한 남자가 들어선다.

빛을 등진 남자의 실루엣. 역광에 감춰져 얼굴이 드러나지 않는다.

문을 열고 걸어 들어오는 남자의 오른손 검지가 잘리고 없다.

남자의 잘린 검지 위로 타이틀 '무빙'과 소제목 '제7화: 이방인'이 뜬다.

**[봉석 시점] 봉석 집/1층/식당/홀/주방 (밤)**

유리문으로 안쪽을 보면 엄마가 주방 문가에 서서 손님과 이야기 중이다.

아침의 일이 죄송해서 쭈뼛대며 (E) 딸랑~! 문을 열고 들어선다.

**봉석**　다ㄴ.(ㅕ 왔습니다)

**미현**　(끊는) 이서 오세요.

**봉석**　(멈칫)

주방 문가에 기대선 엄마의 얼굴에 아무 표정이 없다. 봉석의 눈. (c.u)
처음 보는 엄마의 낯선 표정. 엄마의 눈꺼풀이 가늘게 떨리고 있다.

**미현**    (침착한 무표정) 안쪽으로 앉으세요.

이상한 느낌에 홀을 보면, 남자 손님 한 명이 뒤돌아 앉아 식사하고 있을 뿐이다.
봉석이 손님의 옆을 지나쳐 안쪽 테이블로 걸어간다. 그때,

**프랭크**    학생.
**봉석**    (돌아보는) 네?
**프랭크**    (봉석의 교복을 보며) 정원고등학교 학생이야?

봉석이 뒤돌아보면 남자 손님이 숟가락을 내려놓는다.

**봉석**    (자기 교복 보다가) 네.
**프랭크**    (쳐다보는)

숟가락을 내려놓은 프랭크가 포크를 집는다.
미현이 고기 망치를 쥐고 튀어나오려는데, 프랭크가 포크로 돈가스를 쿡 찍는다.
이미 한 걸음 나선 미현이 멈칫한다.
프랭크는 이미 봉석에게 눈길을 거두고 돈가스를 먹는다.
미현이 나온 발걸음 그대로 고기 망치를 뒤로 쥐고 주방을 걸어 나온다.
엉거주춤 섰던 봉석이 보면, 미현이 눈짓으로 안쪽 테이블을 가리킨다.
미현의 발걸음에 밀려 식당의 가장 안쪽 테이블로 가서 앉는 봉석.
미현이 앞치마에서 행주를 꺼내 테이블을 닦으며 묻는다.

**미현**    (봉석 똑바로 쳐다보는) 뭐 드릴까요.
**봉석**    (미현 쳐다보다가) …돈까스요.

**미현**   네. 앉아 계세요. (돌아서는)

미현이 돌아서며 보면, 프랭크는 고개 숙이고 돈가스를 먹고 있다.
프랭크의 시선이 모자챙에 가려 보이지 않는다. 미현이 다시 주방으
로 들어간다.
식당 안이 고요해진다. 봉석과 프랭크가 식당의 양쪽 끝 테이블에 앉
아 있다.
프랭크가 허겁지겁 돈가스를 먹고, 봉석은 테이블 밑으로 두 손을 모
으고 앉아 있다.
봉석의 무릎 위에 어느새 고기 망치가 놓여 있다.

### 인서트
미현이 테이블을 닦으면서 몸으로 프랭크의 시선을 가리고, 고기 망
치를 봉석의 무릎 위에 놓으며 말한다. "앉아 계세요."

영문도 모른 채 고기 망치를 쥐고 앉아 있는 봉석.
봉석이 맞은편 구석 테이블에 앉은 프랭크를 힐끗거린다.
모자를 눌러써서 눈이 보이지 않는 프랭크. 여전히 허겁지겁 음식만
먹고 있다.

**프랭크**   (음식 먹는 소리) 쩝쩝. (포크 소리) 쿡. 쩝쩝쩝. 쿡. 쩝쩝….

모자챙 밑으로 가려진 프랭크의 시선이 곁눈질로 주방 쪽을 보고 있다.

### cut to_ 주방
**프랭크v.o**   쿡. 쩝쩝쩝. 쿡. 쩝쩝….

돌아서서 음식을 준비하는 미현. 미현의 귀. (c.u)
미현이 온 신경을 홀 쪽에 곤두세운 채 손으로는 음식을 차린다.


**cut to_ 홀**

봉석은 자꾸 프랭크에게 시선이 간다.
힐끗거리며 보면 모자챙 밑으로 봉석을 보고 있는 프랭크의 눈동자.
시선이 마주치자, 봉석이 황급하게 눈을 내리간다.


| | |
|---|---|
| **프랭크** | 학생. |
| **봉석** | (화들짝) 네, 네? |
| **프랭크** | 왕돈까스 먹어. |
| **봉석** | 네? |
| **프랭크** | This food is really tasty. |
| **봉석** | (멍하니 쳐다보는) |
| **프랭크** | More Larger size. 왕돈까스. Okay? |

프랭크가 아예 고개를 들어 봉석을 뚫어져라 쳐다본다.
봉석은 대놓고 쳐다보는 프랭크의 시선에 우물쭈물하다가 기껏 한다
는 말이


| | |
|---|---|
| **봉석** | 외국분이세요? |
| **프랭크** | Maybe so. |
| **봉석** | (갸우뚱하다) 한국말 잘하시네요. |
| **프랭크** | (먹으며) 조금. 한국말 어려워. |

프랭크가 돈가스를 먹으면서도 계속 봉석에게 눈을 맞춘다.
프랭크는 계속 쳐다봄으로, 봉석이 대화를 더 이어야 할 것 같은 분위

기를 만든다.


**봉석**    그… 전 영어가 어려운데요.

**프랭크**    (쉬운 영어) English is easy.

**봉석**    (쉬운 영어 알아듣고) 어느 나라 분이세요?

**프랭크**    (먹으며) America. 미국. iowa.

**봉석**    아이오와?

**프랭크**    Yes. iowa. (접시에 담긴 콘옥수수 보며) Corn belt….

**봉석**    콘 벨트요?

**프랭크**    (포크로 옥수수 알 하나 찍어 보여주며) Corn. Everywhere Corn field.

**봉석**    옥수수. 아. 주변이 모두 옥수수밭. 콘 벨트. 옥수수 지대.

**프랭크**    (계속 대화 끌어내는) 나 살던 곳은… 음… Country?

**봉석**    시골이요?

**프랭크**    Yes. 시골이야. 나 살던 곳은 옥수수밭이었지.

**봉석**    나 어릴 땐 여기도 시골이었어요. 옥수수밭도 있었어요.

**프랭크**    여기가 학생 집이야?

**봉석**    네.

**(E)**    쨍그랑! (주방에서 들려오는)

**프랭크**    (시익 웃으며 포크 거꾸로 쥐는)


접시 떨어지는 소리에 봉석이 주방을 쳐다보면, 미현이 커다란 식칼
을 들고 나온다.
미현이 거침없이 걸어와서 봉석의 무릎에서 고기 망치를 집어 든다.
한 손에 식칼을, 한 손에 고기 망치를 쥔 미현. 봉석의 앞을 막아선다.
봉석이 놀라서 미현을 쳐다본다.
식당의 양 끝에서 대치하는 프랭크와 미현.
프랭크가 미현을 쳐다본다. 마주 보는 미현의 시선이 흔들리지 않는다.

자식의 앞을 막아선 어미의 모습에 프랭크의 눈빛이 가늘게 떨린다.
포크를 쥔 프랭크의 손이 갈등한다. 포크로 접시를 (E) **툭- 툭-** 치는 프
랭크.

**(E)**　　툭- 툭-


프랭크의 눈. / 미현의 눈.

**(E)**　　툭- 툭-


접시를 치던 포크가 멎는다.
프랭크가 포크를 다시 쥔다. / 미현의 발이 비틀어지며 바닥을 꾸우욱
딛는다.
프랭크의 발뒤꿈치가 찌이익 바닥을 딛는다. / 미현이 칼과 고기 망치
를 조여 쥔다.
터질 것 같은 긴장감이 고조되는데— 그때, PDA폰에 뜨는 문자.
[HOLD]


멈칫, 'HOLD'를 읽는 프랭크의 눈.
맥이 풀리는 것 같기도, 왠지 안도하는 것 같기도 하다.
프랭크가 옅은 숨을 쉬며 서서히 몸의 긴장을 푼다.
봉석이 미현과 프랭크를 번갈아 보는데 프랭크가 PDA폰을 덮는다.


**프랭크**　(중얼) Hold.


미현이 한 치의 흔들림도 없이 봉석의 앞을 막고 서 있다.
봉석이 뒤에서 고개를 내밀며 "엄…" 하는데 미현이 다시 몸으로 가린다.

말을 다 못한 봉석이 뒤에서 보면, 미현의 목에 식은땀이 흐른다.
프랭크가 서서히 일어서며 미현을 본다.
미현의 고요한 표정에서 범접 못 할 위엄이, 차가운 눈빛에서 살기가
뿜어져 나온다.
미현이 미동조차 없이 버티고 서서 프랭크의 작은 움직임까지 모두
주시한다.
프랭크가 주머니에 손을 넣으면 미현이 움찔한다.
프랭크의 주머니에서 나온 만 원 지폐 한 장. 식탁에 올려놓는다.

**프랭크**   It was nice to talk with you. [즐거운 대화였어]


그대로 몸을 돌려 식당 밖으로 나가는 프랭크.
프랭크가 문을 닫으며 뒤를 본다.
미현이 버티고 서서 똑바로 바라본다.
미현의 눈동자. 문이 서서히 닫힌다.

## #3  [플래시백] 송탄 기지촌/프랭크의 한국 집/B101 - 1981년

연립주택 현관문이 서서히 닫힌다. 문에 반지하 호수 'B101'이 붙어
있다.
아홉 살 소년이 미 군복을 입은 남자의 손에 끌려가며 뒤를 돌아본다.
닫혀가는 현관문 안에 30대 여자가 뒤돌아 서 있다.
여자가 끝내 뒤돌아보지 않는다. 문이 닫혀간다.

## #4  봉석 집/1층/식당/홀 (밤)

문이 닫히고 프랭크가 나간다.
테이블 위에 프랭크가 놓고 간 만 원 지폐가 놓여 있다.
벽의 메뉴판에 쓰인 가격표. [돈가스 7,000원. 왕돈가스 9,000원]

봉석    어. 거스름돈….

봉석이 눈치 없는 말을 하다가 미현의 분위기가 심상치 않아 입을 다
문다.
식당 밖에서 탑차가 떠나는 소리가 들린다.

(E)    부우웅….

소리가 멀어진 것을 확인하고 나서야, 바짝 긴장했던 미현의 몸이 허
물어지듯 풀린다.

미현    (가라앉은 목소리) 너 왜 전화 안 받아.
봉석    (우물쭈물) 그게… 배터리가 떨어져서요.
미현    (버럭) 항상 조심하고 긴장하랬잖아!!
봉석    (당황한) 어, 엄마 그게 아니라… 오늘… 희수…
미현    (버럭) 너 정신 안 차릴래!! 그 애한테도 들키고!!
봉석    (억울한) 엄마. 그게 아니고요. 나는 그냥…
미현    (폭발하는) 그냥? 그냥?!!! 너 엄마가 하는 말이 그냥 하는 말인지 알
      아!!! 항상 긴장하랬잖아!! 너 왜 엄마 말 안 들어!!!!!!

불처럼 화를 내는 미현의 모습에 봉석이 아무 말도 하지 못한다.

# #5 재개발지구/등하굣길/택배 탑차 (밤)
재개발 플래카드들이 걸려 있는 비포장길을 달리는 택배 탑차.
깊은 생각에 잠겨 운전하는 프랭크. 달리는 타이어 바퀴에 흙먼지가
날린다.

**[플래시백] 미국/아이오와 - 1984년**

흙먼지가 날린다. 흙바닥을 달리는 발. 옥수숫대 사이의 달리는 발.
옥수숫대를 헤치며, 연신 뒤를 돌아보며, 옥수수밭 속을 달리는 소년.
장막 같은 옥수수밭을 헤치고 나온 소년이 그대로 쓰러져 엎어진다.
소년의 깡마른 몸이 온통 상처투성이다.

교관    Number six. Come here.


훈련 교관이 소년을 부른다. 12세가량의 소년이 고개를 든다.
교관의 뒤로 옥수수밭 한복판에 지하 벙커가 보인다.
교관의 앞에 먼저 나온 아이들이 지친 표정으로 서 있다.
소년과 같은 훈련복을 입은 아이들. 성별과 인종이 다르고 연령이 비슷하다.
소년이 후들거리는 무릎을 짚고 일어서서 앞으로 나선다.
상처투성이였던 소년의 몸이 서서히 아물어간다.
소년의 뒤로 장벽같이 펼쳐진 옥수수밭에서 아이들이 하나둘씩 나온다.
아이들은 모두 몸 곳곳에 피가 묻었고 상처를 입었다.
옥수수밭을 헤치고 나온 아이들이 정렬한다. 교관이 파일을 보며 한 명씩 호명한다.
교관이 한 명 한 명 얼굴과 성별을 확인하고 알파벳순으로 이름을 붙여 부른다.

교관    Alex. Ben. Chloe. Dominick. Elias.


알파벳순으로 호명할 때마다 아이들이 "Yes. sir." 대답한다.
프랭크의 차례가 된다.

| 교관 | Frank. |
| --- | --- |
| 소년 | (자꾸 뒤돌아보다가 얼결에) 네? |
| 교관 | (쳐다보는) What? |
| 소년 | (퍼뜩) pardon? |
| 교관 | Snap out of it. [정신 차려] Now, your name is Frank. |
| 프랭크 | Yes, sir. |
| 교관 | (쳐다보는) |
| 프랭크 | My name is Frank. |

## #7 봉석 집/1층/식당/홀/계단 (밤)

미현이 화를 삭인다. 봉석이 억울하고 서운한 표정으로 묻는다.

| 봉석 | 엄마. 방금 그 사람 누구였죠? 무슨 일 있었어요? |
| --- | --- |
| 미현 | 아니야. (힘겹게 가라앉히는) 아무 일도 아니었어. 엄마가 예민했어. |
| 봉석 | 엄마 평소에도 나한테 예민했어요. |
| 미현 | (쳐다보는) |
| 봉석 | 오늘은 더 예민한 것 같아요. 무슨 일이었는지 나도 뭘 알아야죠. |
| 미현 | 몰라도 돼. |
| 봉석 | 엄마…. |
| 미현 | (이마 지끈) 넌 그냥… 엄마 말 잘 들으면 돼. |
| 봉석 | (답답한) 나도 이젠… |
| 미현 | (말 끊는) 지금까지 해온 것처럼 엄마가 하라는 대로만 해. |
| 봉석 | (하고 싶은 수많은 말을 끝내 삼키는) |
| 미현 | (단호한) 다 널 위한 거야. |

봉석이 뒤돌아서 2층 계단으로 걸어간다. 미현이 보다가

| | |
|---|---|
| **미현** | 밥은. |
| **봉석** | (돌아보지 않고) 괜찮아요. |
| **미현** | (쳐다보는) |

봉석은 그 와중에도 마음이 쓰이는지 뒤돌아보며 굳이 한 번 더 말한다.

| | |
|---|---|
| **봉석** | (웃는) 정말 괜찮아요. |

애써 웃고 돌아서서 계단을 올라가는 봉석의 발걸음이 무거워 보인다.
반항 한번 하지 않는 착한 아들을 보며 미현은 되레 마음이 아프다.

### cut to_ 계단
계단을 올라가는 봉석의 뒷모습. 터벅터벅 힘겨운 발걸음.
모래주머니를 찬 봉석의 발목이 클로즈업되며 터벅. 터벅. 소리 커진다.

| | |
|---|---|
| **(E)** | 터벅. 터벅. 터벅… 터벅… 절그럭… 절그럭… 절그럭… 절그럭. 절그럭. |

발걸음 소리가 쇠사슬 끌리는 소리와 겹치며 커진다.
봉석의 발목에 쇠사슬이 채워져 있다.
계단 아래 미현이 있는 곳까지 길게 늘어져 있는 쇠사슬.
어린 시절 뜨지 않게 하려고 채웠던 그 쇠사슬. 꿈에서도 채워져 있던
그 쇠사슬.
힘겹게 계단을 올라가는 봉석의 뒷모습.

## #8 [플래시백] 미국/아이오와 - 1984년
우두커니 서 있는 어린 프랭크의 뒷모습.
교관이 연이어 소년 소녀들을 호명한다.

교관  Gregory. Harry. Isaac. Jennifer. Kevin. Logan… (소리 멀어지는)

호명과 대답이 계속되는데, 프랭크가 불안한 표정으로 자꾸 뒤를 돌아본다.
옥수수밭이 바람에 흔들린다. 어린 프랭크의 불안한 눈빛.

교관  Follow me.

교관이 벙커로 걸어가고 아이들이 뒤를 따른다.
벙커의 육중한 철문이 열려 있다.
문 안쪽으로 짙은 어둠뿐, 아무것도 보이지 않는다.
프랭크가 다시 뒤를 돌아보면, 무성한 옥수수밭이 바람에 흔들린다.
벙커의 열린 철문으로 들어가는 아이들의 모습.
프랭크가 망설인다. 프랭크가 다시 뒤를 돌아본다.

교관  Frank. Come here.

교관의 호출에 프랭크가 다시 앞을 보는데 눈앞이 밝아진다.

## #9  택배 탑차 / 시내버스 / 도로 (밤)

프랭크  (눈살을 찌푸리며) What the…

하이빔에 눈이 부신 프랭크가 맞은편을 본다.
사거리의 맞은편, 정면으로 하이빔을 쏘고 있는 시내버스.

## #10  시내버스 / 맞은편 도로 (밤)

전계도가 건너편 차도의 택배 탑차 운전석에 상향등을 쏜다.

상향등에 눈살을 찌푸리는 프랭크와 눈이 마주친다.

## #11 택배 탑차/도로 (밤)

사거리 신호등의 초록 불이 켜진다. 프랭크가 탑차를 출발시킨다.
반대 차선 버스 운전사를 보며 지나가는데, 버스 운전사가 고개를 돌려가며 쳐다본다.

**플래시백_ 6화 #26**
장례식장. 죽어가는 봉평이 봤던 프랭크의 얼굴.

버스와 탑차가 엇갈리며, 프랭크와 전계도의 시선이 근거리에서 교차된다.
프랭크를 바라보는 전계도의 눈빛이 불타오른다.

## #12 시내버스/시내버스 전용차로 (밤)

**(E)**   부릉! 끼기긱!!!

계도가 도로 한복판에서 버스를 유턴한다.
버스가 우측으로 크게 쏠리고, 승객들이 비명을 지르며 넘어지고 쓰러진다.

**(E)**   끼익!!!

계도가 길가에 버스를 정차하고 문을 연다.

**(E)**   덜컹!!
**계도**   다 내려주세요!!!

412

**승객들**  기사 미쳤냐!/무슨 운전을 이따위로 해!/사람들 넘어진 거 안 보여!

**계도**  (돌아보며 소리치는) 내리라고!!!!!!


뒤돌아보는 계도의 안광에 푸르스름한 전류가 스친다.
승객들이 놀라서 버스 밖으로 내린다.

## #13  시내버스/택배 탑차/도로 (밤)

프랭크가 운전하는데, 뒤쪽에서 요란한 경적 소리가 들린다.
사이드미러를 보면 뒤에서 시내버스가 쫓아오고 있다.
버스가 요란하게 경적을 울리고, 버스 앞의 차들이 황급하게 옆 차선으로 피한다.
사거리 신호등. 주황색 불이 켜지는데 탑차가 진입하고 빨간불이 켜진다.
탑차가 아슬아슬하게 사거리를 지나면, 시내버스가 신호를 무시하고 쫓아간다.
프랭크가 설마 하며 뒤를 보면, 시내버스가 아수라장이 된 교차로를 뚫고 쫓아온다.

**프랭크**  (어이없는) What the hell….


택배 탑차가 차량들 사이를 빠져나가면, 버스가 중앙선을 넘나들며 추격한다.
심야의 추격전에 길가의 행인들이 놀라고 도로의 차들이 경적을 울린다.
신호를 무시하고 쫓기는 택배 탑차와 쫓는 시내버스. [드론각]
추격전이 계속되고 올림픽대로 방향의 이정표가 보인다. [올림픽대로 ↑/구리IC→]
올림픽대로로 빠져나가려는 탑차. 계도가 이를 악물고 액셀을 밟는다.

시내버스가 속도를 올려 (E) **쿠웅!** 탑차의 왼쪽 후미를 박는다.

**프랭크**　(핸들 틀어지며) Shit!


탑차 왼쪽으로 시내버스가 끼어든다.
버스와 탑차가 좁은 도로를 나란히 달린다.

**프랭크**　(차창 내리고 버스에 소리치는) What are you doing to me!
**계도**　(버스 앞문 열고 소리치는) 차 세워!!!
**프랭크**　What?!
**계도**　(악쓰는) 개새끼야!!! 차 세우라고!!!!!!
**프랭크**　(어이없는)


계도가 버스 속도를 올린다. 프랭크가 질세라 액셀을 밟는다.
올림픽대로 진입로가 가까워지고 우측에 작은 샛길이 보인다.
계도가 핸들을 크게 틀어 탑차의 올림픽대로 진입을 막는다.


**(E)**　*끄기기긱!!*


버스와 탑차의 측면이 부딪쳐 갈리며 불꽃이 튄다.
프랭크가 핸들을 움켜잡고 버텨보지만 덩치 큰 버스에 밀린다.
계도가 핸들을 더욱 크게 꺾는다. 프랭크가 이를 악문다.


**(E)**　*끼이이이익!!!*


탑차가 버스에 밀려 샛길로 들어선다.

## #14 사잇길/막다른 골목 (밤)

깊은 밤. 인적 없는 뒷길을 탑차가 속도를 내며 달린다.

버스가 스피드 리미터 60km 제한에 걸려 더 속도를 내지 못한다.

멀어지는 탑차를 보며 계도가 다급해지는데, 저 앞에 가던 탑차가 서서히 멈춰 선다.

어두컴컴한 막다른 골목에 버스와 탑차가 멈춰 선다.

계도가 버스에서 내린다. 프랭크가 찌그러진 문을 발로 걷어차며 내린다.

프랭크가 버스를 향해 뚜벅뚜벅 걸어온다.


**계도**　(주먹 움켜쥐며 달려가는) 으아아아아!!!!!!!!!


계도가 프랭크에게 달려들며 어설프게 주먹을 휘두른다.

하지만, 프랭크는 너무나 손쉽게 계도의 주먹을 잡아채 뒤로 넘겨버린다.


**(E)**　와당탕!!


계도가 꼴사납게 나동그라지며 얼굴을 바닥에 갈린다.


**프랭크**　What the hell was that. (고개 젓고, 한국말) 너 나한테 왜 이래.

**계도**　(피 흘리며 다시 일어나는) 으아아아!!!!!!!!!


계도가 미친 사람처럼 주먹을 휘두르지만, 프랭크는 가벼운 몸놀림으로 모두 피한다.


**프랭크**　(피하며) What's wrong with you.

**계도**  (주먹 휘두르는) 이 개새끼야아!!!

**프랭크**  (피하며) Who are you.


아무리 때려도 맞지 않자, 계도가 울분을 참지 못해 몸부림친다.
발악하는 계도를 보던 프랭크가 몸에서 힘을 뺀다.


**프랭크**  Ok. hit me.


계도가 주먹을 휘두른다. 프랭크가 계도의 주먹을 맞기만 한다.


**(E)**  픽! 픽! 픽!


마구잡이로 주먹을 휘두르는 계도. 맞기만 하는 프랭크.


**(E)**  픽! 픽! 픽!


아무리 때려도 프랭크는 표정 하나 변하지 않는다.


**프랭크**  Ok?


프랭크가 계도의 얼굴을 잡아 뒤로 민다.
계도가 털썩 엉덩방아를 찧으며 주저앉는다.
계도의 얼굴에 절망이 스친다. 프랭크가 먼지를 툭툭 털고 뒤돌아선다.
그때, 계도가 고무장갑을 찢어발기듯이 벗고 프랭크의 팔뚝을 움켜쥔다.
팔을 잡힌 프랭크는 귀찮은 표정이 역력하다.
순간, 계도의 눈에 푸르스름한 전류가 스친다.

**프랭크** (놀란) What?

**계도** (프랭크의 팔뚝 쥔 손에 힘주며) 이야아아아아!!!!!!

**(E)** 파지지직…!!


계도의 손에서 스파크가 터지고 프랭크의 팔뚝이 타들어간다.


**프랭크** (눈 커진) 봉평…?


그제야 프랭크의 눈에 들어오는 버스 기사 유니폼 명찰. **[전계도]**


**프랭크** (명찰 읽는) 전…

**계도** (이 악문) 으아아아!!!

**(E)** 파지지직…!!

**프랭크** 봉평. 전영석. His child…?

**계도** (전력 끌어올리는) _끄_아아아아아아!!!!!!

**(E)** 파지지지직…!!


스파크가 튀고 연기가 피어오르지만, 팔뚝을 잡힌 프랭크는 인상을 찌푸릴 뿐이다.

계도가 안간힘을 쓰지만, 스파크가 점점 사그라든다.

힘 빠진 계도가 결국 무릎을 꿇는데, 잡은 손을 놓지 않아 애원하는 모양새가 된다.


**계도** (숨 가쁜) 허억… 헉… 왜… 왜 내 아버지를…!!


프랭크가 손을 뿌리치자, 계도가 바닥에 자빠진다.

계도가 다시 일어서려는데, 시커멓게 탔던 프랭크의 팔뚝 피부가 재생되기 시작한다.
프랭크의 팔뚝을 본 계도가 절망하며 주저앉는다.

계도    흐윽. (울먹이는) 이… 씨발 개새끼야… 내 아버지를 왜… 왜애애!!!

프랭크의 주먹이 움켜쥐어진다. 계도가 울먹이며 원망한다. 프랭크가
잠시 갈등한다.

**인서트**
PDA폰 액정화면. [Hold]

옅은 한숨과 함께 프랭크가 돌아선다.

계도    (발악하는) 거기 서어어어!!!!!!

프랭크가 뒤돌아보면, 계도가 버스 배터리룸(엔진룸) 덮개를 열고 서
있다.
계도가 한 손을 배터리에 얹고, 한 손을 멀리 서 있는 프랭크를 향해
뻗는다.

(E)    빠지지지지직……!!!

배터리와 연결된 계도의 몸에서 눈부신 스파크가 터진다.
프랭크의 눈썹이 꿈틀한다.
계도가 뻗은 손에서 눈부신 전기가 번개처럼 쏟아지는데—
멀리 떨어진 프랭크까지 닿지 않는다. 계도가 목이 터져라 외친다.

**계도**   (쥐어짜는) 끄아아아아!!!!!!!!!!

**(E)**   빠지직… 지지지지직…!

하지만 점점 사그라지는 번개. 지켜보기만 하는 프랭크.

**계도**   (오열하는) 번개애애애파워어어어어!!!!!!!!!

우스꽝스러운 기합을 처절하게 외치는 계도의 눈에 눈물이 맺힌다.
프랭크가 다시 계도 쪽으로 걸음을 옮기려다가 멈칫한다.
계도의 손에서 결국 빛이 꺼지고 만다. 모든 힘을 쏟아낸 계도가 비틀
거린다.
프랭크의 표정에 갈등이 비친다. 잠깐의 갈등을 합리화하듯 중얼거린다.

**프랭크**   어중간해. Hold.

프랭크가 탑차로 걸어간다. 계도가 버스에 기대어 주저앉는다.
프랭크가 탑차에 올라타서 시동을 건다.

**(E)**   부릉…!!

막다른 길을 유턴하는 탑차.
계도의 얼굴을 비추는 탑차 라이트.
탑차가 다가오자, 저도 모르게 웅크리는 계도.
탑차가 계도의 옆을 지나친다.
프랭크가 계도에게 눈길도 주지 않고 지나간다.
잔뜩 웅크린 계도의 표정이 굴욕감과 패배감으로 무너진다.
탑차가 떠나고, 바닥에 주저앉은 계도가 결국 울음을 터뜨린다.

카메라 멀어지면서, 계도의 울음소리가 밤하늘에 흩어진다.

## #15 [플래시백] 미국/아이오와 - 1984년

벙커 안으로 들어서는 프랭크. 벙커의 육중한 철문이 서서히 닫힌다.
프랭크가 되돌아본다. 닫히는 문밖으로 옥수수밭이 보인다.
바람에 흔들리는 옥수숫대 사이를 뚫어져라 바라본다.
문이 닫혀간다. 끝까지 옥수수밭에서 시선을 놓지 못하는 프랭크의 눈.
옥수수밭이 바람에 흔들린다.

## #16 암사동 한강 둔치/탑차 운전석 (밤)

갈대밭이 바람에 흔들린다.
운전석에 앉은 프랭크가 밤바람에 흔들리는 갈대밭을 본다.
프랭크가 멍한 시선을 옮겨 룸미러에 비치는 얼굴을 본다.
프랭크의 얼굴에 짙은 피로감이 묻어난다.
룸미러에 비친 프랭크의 텅 빈 눈.
프랭크의 텅 빈 눈이 여러 눈들과 교차된다.

**인서트_** 마지막까지 자식의 사진을 태우고 죽어가던 봉평의 눈.
**인서트_** 죽어가면서도 자식의 존재를 말하지 않았던 나주의 눈.
**인서트_** 자식의 앞을 막아 버티고 선 미현의 눈.
**인서트_** 원망과 증오로 가득한 계도의 핏발 선 눈.
**인서트_** 닫히는 벙커 문틈으로 보이는 옥수수밭.

바람에 흔들리는 옥수수밭이 옅어지며 한강의 갈대밭이 밤바람에 흔들린다.
운전석에 앉아 갈대밭을 바라보던 프랭크가 나직하게 중얼거린다.

**프랭크**    I'm beat….


프랭크가 PDA폰을 들어 문자를 보낸다.

  └, [Finish?]

## #17  도로/외교관차량/내부 (밤)

도로를 달리는 검은 세단. 차량 전면에 외교관 번호판이 붙어 있다.

승용차 뒷좌석. PDA폰 불빛에 비치는 마크의 얼굴.

마크가 무표정한 얼굴로 [Finish?] 문자를 읽는다.


**인서트_ 6화 #44**

**민 차장**    우리도 구세대엔 관심이 없어.


잠시 고민하던 마크가 PDA폰 자판을 두드린다.

## #18  암사동 한강 둔치/탑차 운전석 (밤)

프랭크가 PDA폰을 본다. 액정화면에 마크의 문자메시지가 뜬다.


**인서트**

PDA폰 액정화면. └, [Only List]


프랭크가 피곤한 표정으로 주소록 리스트를 들춘다.

주소록 리스트의 마지막 남은 이름. [Guryong-po]

## #19  치킨집/외부 (밤)

주원이 치킨 봉지를 들고 서둘러 가게에서 나온다.

문 앞 표지판을 '배달 중'으로 돌리고, 핸드폰 내비에 배달 주소를 입

력한다.

둔촌주공아파트 단지를 우회해서 돌아가는 내비 경로.

대충 머리에 헬멧 없고, 거치대에 핸드폰을 물리고 시동을 건다.

낡은 중고 오토바이의 배기 소음이 유난히 시끄럽다.

**(E)** 부드드드등…!!!

주원의 낡은 오토바이가 요란한 배기음과 함께 멀어진다.

**cut to**

멀어지는 오토바이를 탑차 운전석에서 바라보는 시점. 따라간다.

**#20  둔촌주공아파트 철거공사장/외부 (밤)**

주원의 오토바이가 거리를 달린다.

철거를 앞둔 주공아파트 정문. 단지를 둘러싼 방진벽이 높게 세워져 있다.

오토바이를 잠시 세우고 내비를 보면, 단지를 가로지르면 시간이 단축된다.

주원의 오토바이가 철거 준비 중인 아파트 단지로 진입한다.

**#21  둔촌주공아파트 철거공사장 (밤)**

철거를 앞둔 텅 빈 아파트 단지를 가로지르는 오토바이.

**(E)** 부다다다다……!!!

주원의 귀에 시끄러운 오토바이 배기음만 들린다.

깜깜한 아파트 단지를 지나는데 뒤에서 (E) **빠앙!** 클랙슨 소리가 들린다.

주원이 뒤돌아보면, 어둠 속에서 라이트도 켜지 않은 탑차가 쫓아온다.

주원이 뭔가 싶어서 쳐다보는데, 순간, 눈부시게 쏟아지는 하이빔.

하이빔에 비친 주원의 얼굴. (c.u)

주원이 눈살을 찌푸리는데, 탑차가 그대로 가속도를 내서 주원을 들이박는다.


**(E)**　　꽈앙!!


오토바이 헬멧이 튕겨져 날아간다.


## #22　둔촌주공아파트 철거공사장/택배 탑차 (밤)

아파트 벽에 처박힌 오토바이. 멀리 굴러간 오토바이 헬멧.

운전석에 앉은 프랭크가 사이드미러를 본다.

사이드미러로 후방을 보면, 탑차에 치인 주원이 바닥에 쓰러져 있다.

주원의 상태를 가만히 주시하는 프랭크의 눈.

쓰러진 주원의 손가락이 꿈틀거리고, 가쁜 호흡으로 가슴이 옅게 들썩인다.

프랭크가 기어를 R에 놓고 그대로 후진한다.


**(E)**　　콰드득!!


끔찍한 소리와 함께 주원을 깔아뭉개고 후진하는 탑차.

프랭크가 차창 앞에 쓰러진 주원을 지그시 쳐다본다.

헤드라이트 불빛에 적나라하게 보이는 주원의 몸뚱이.

팔다리가 부러지고 꺾인 주원의 몸뚱이가 미동조차 하지 않는다.

프랭크가 주원의 전신을 눈으로 훑으며 끝까지 확인한다.

쓰러진 주원의 가슴이 들썩이지 않는다. 집요하게 주원의 상태를 확인하는 프랭크.

그때, 사이드미러로 멀리서 다가오는 사람들의 실루엣이 보인다.

현장사무소의 숙직 인부 몇이 랜턴을 들고 다가온다.

프랭크가 헤드라이트를 *끄고*, 다시 기어를 D에 놓고 액셀을 밟는다.


**(E)** 콰드드득!!


기어이 다시 한번 쓰러진 주원을 밟고 지나간다.

인부들의 웅성거리는 소리가 가까워지고 탑차가 어둠 속으로 멀어진다.


## #23 희수 집/거실 (밤)

희수가 식탁에 앉아서 공부하고 있다. 하품을 하며 벽시계를 보면 1시 15분.

기지개를 켜고 일어나 가스레인지에 올려놓은 냄비 뚜껑을 연다.

한소끔 끓여진 된장찌개를 맛보고 물을 조금 더 부어 레인지 불을 켠다.

냉장고를 열어 두부 반 모를 꺼내 썰어 된장찌개에 넣는다.

전기밥솥을 열어 불려놓은 쌀을 확인하고 취사를 누른다.

희수가 다시 크게 하품한다. 하품을 하느라 눈가에 고이는 눈물.


## #24 [플래시백] 미국/아이오와 - 1984년

벙커의 닫히는 문틈으로 바깥을 내다보는 프랭크.

프랭크가 바라보는 곳. 문밖에 옥수수밭이 바람에 흔들린다.

프랭크가 닫히는 벙커문을 잡으려고 손을 내민다.

순간, 멈칫, 프랭크가 자신의 손을 보면 피투성이가 되어 있다.

닫히는 문을 잡으려던 프랭크의 손이 멈춘다.

떨리는 프랭크의 시선. 피투성이가 된 프랭크의 손.

벙커의 육중한 철문이 서서히 닫힌다.

(E)    철컹!

## #25  암사동 한강 둔치 / 도로 (밤)

(E)    덜컹!

과속방지턱 넘어가는 소리에 프랭크의 상념이 깨진다.
깊은 밤. 한강 둔치 외곽의 포장도로를 달리는 탑차.
도로 100여 미터마다 저속 운행을 위한 과속방지턱이 있다.

(E)    덜컹!

어딘가 허탈한 얼굴로 운전하는 프랭크. 도로를 서행하는 탑차.

(E)    덜컹!

탑차가 공용주차장을 지나 갈대밭으로 들어간다.
무성한 갈대밭 사이로 들어서며 탑차가 가려진다.

## #26  암사동 한강 둔치 / 탑차 / 운전석 (밤)

갈대밭 사이 으슥한 곳에 주차하는 탑차.
프랭크가 시동을 끄고 무표정한 얼굴로 중얼거린다.

프랭크    (중얼) Finished⋯.

프랭크가 PDA폰을 꺼내 문자를 치기 시작한다.

인서트

PDA폰 액정화면 주고받은 문자들.

       └,[Next]

                     └,[Delete]

      └,[Hold]

                    └,[Finish?]

      └,[Only List]

                  └,[Fin

프랭크가 Fin까지 쳤는데, 뒤쪽에서 (E) **털썩!** 뭔가 떨어지는 소리가 들린다.

사이드미러로 뒤를 보면 탑차 밑에서 누군가 기어 나온다.

**주원v.o** 끄응… 어이구 허리야… 과속방지턱을 생각 못 했네.

사이드미러로 보이는, 어둠 속에서 덩어리처럼 일어서는 실루엣.
프랭크의 눈가가 꿈틀한다.
실루엣이 목을 꺾으며 운전석으로 걸어오는데 피투성이가 된 장주원이다.

**주원** (유리창 노크하며) 야. 나와.

프랭크가 차창을 노크하는 주원의 팔뚝을 본다. 팔뚝의 총상 두 개.

**인서트_ 4화 #46**
헤어숍 복도. 장주원의 팔뚝 흉터를 보는 프랭크.

주원이 운전석을 들여다본다. 모자챙 밑으로 보이는 프랭크의 얼굴.

**인서트_ 4화 #46**

헤어숍 복도. 모자챙 밑으로 프랭크의 얼굴을 보는 장주원.

**주원**  (유리창에 얼굴 바짝 대고) 그래. 너 맞구나. 이 씹새끼야.

주원이 주먹을 들어 다짜고짜 운전석 유리창을 후려갈긴다.

**(E)**  콰창!!!

유리창을 박살내고 들어오는 주먹.
프랭크가 반사적으로 팔을 들어 방어한다.
주원이 프랭크의 팔을 낚아채서 운전석 창틀에 대고 관절을 꺾어버린다.

**(E)**  빠각!!

프랭크가 비명을 삼키는데, 주원이 프랭크를 끌어내 패대기친다.

**(E)**  퍼억!!

주원이 발을 들어 프랭크의 뒤통수를 밟아버린다.

**(E)**  콰작!!

엎어진 프랭크의 얼굴에서 피가 흘러나와 바닥을 적신다.
주원이 쓰러진 프랭크를 힐끗 보고, 탑차의 화물칸 문을 연다.

**#27**  **암사동 한강 둔치/탑차/화물칸 (밤)**

주원이 어두운 화물칸에 올라서서, 바닥에 굴러다니는 랜턴을 집어
든다.
화물칸 내부를 랜턴으로 비추면, 매트가 깔린 바닥에 보조배터리들,
옷가지들, 물병, 초코바 봉지, 옥수수캔들이 지저분하게 널브러져 음
습한 생활의 흔적이 묻어난다.
바닥을 훑는 랜턴 불빛에 들어오는 서류뭉치.
주원이 서류를 집어 들고 랜턴 불빛에 비춰보는데 온통 영어로 되어
있다.

**주원**     (영어 떠듬떠듬 읽는) Jin-cheon…

리스트에 그어져 있는 선명한 X자. 주원의 표정이 차갑게 가라앉는다.
그때, 화물칸 문밖으로 프랭크가 나타난다.

**프랭크**   야. 나와.

주원이 프랭크를 슥 보고 다시 리스트를 넘긴다.
리스트마다 X자가 그어져 있다.

**주원**     Bong-pyeong… Na-ju…

문산의 리스트에서 잠시 멈칫한다.
Missing 체크된 문산의 리스트에 X자가 없다.

**주원**     이게 다 니가 한 짓이냐.
**프랭크**   Not finished yet.
**주원**     뭐라는 거야. 씨발.

**프랭크**    You are next.

프랭크가 계속 영어로 말하거나 말거나, 주원이 리스트를 계속 넘기면서 읽는다.

**주원**    (마지막 장 읽는) Guryong-po.
**프랭크**    그래. 너. 구룡포.

주원이 랜턴을 들어 비추면 프랭크가 주먹을 쥐고 있다.
프랭크의 뭉개졌던 얼굴과 꺾였던 팔이 어느새 아물었다.
주원의 눈이 꿈틀하더니 랜턴을 바닥에 떨군다.
발을 틀어 무게 중심을 잡는가 싶더니, 전광석화처럼 프랭크의 얼굴에 니킥을 날린다.

# #28 암사동 한강 둔치 (밤)

**(E)**    콰앙!!

뒤로 자빠지는 프랭크. 주원이 뛰어내려 프랭크의 무릎을 밟는다.

**(E)**    빠각!!

끔찍한 소리와 함께 프랭크의 무릎이 부서진다.
주원이 연이어 명치를 밟으려 발을 들자, 프랭크가 주원의 발을 잡아서 휘감는다.
프랭크가 주원의 다리를 꺾어 무릎뼈를 부러뜨린다.

**(E)**    빠각!

각자 한쪽 다리가 부러진 프랭크와 주원이 빠르게 몸을 일으킨다.
주원과 프랭크가 마주 선다. 프랭크가 가드를 들어 올려 격투 자세를
잡는다.

주원    너 뭐 기술 배웠냐.
프랭크   Come on. Put up your dukes. [주먹 들고 싸울 준비를 해라]
주원    (영어 못 알아듣은) 뭐?
프랭크   싸우자.


서로의 부러진 다리를 탐색하는 프랭크와 주원.
잠깐의 시간 동안 둘의 다리가 아물어 바닥을 견고히 딛는다.
일순간, 벼락같이 서로에게 달려든다.
무지막지하게 주먹을 휘두르는 주원. 각종 타격 기술과 관절기를 구
사하는 프랭크.
프랭크가 주원의 주먹을 피하며 주원의 얼굴과 몸을 난타한다.
정신없이 얻어맞는 주원. 얼굴에서 피가 튀고 몸에서 갈비뼈 부러지
는 소리가 난다.
주원은 방어를 포기한 채 맞아가며 주먹을 휘두른다.
막싸움과 격투 기술이 맞붙는다.
현란하게 전후좌우로 치고 빠지며 타격하는 프랭크.
주원은 아랑곳 않고 한 대만 제대로 맞아라 주먹을 휘두른다.
몸을 잡으면 관절기로 빠져나가고, 주먹을 휘두르면 가볍게 피한다.
때릴 수도 잡을 수도 없는 프랭크의 격투 기술에 주원이 속수무책으
로 당한다.

## #29  희수 집/희수 방 (밤)
침대에 희수가 곤히 잠들어 있다.

한쪽 벽에 희수의 교복이 단정하게 걸려 있다.
교복의 정원고등학교 로고. (c.u)

## #30 암사동 한강 둔치 (밤)

주원이 태클을 걸어 프랭크의 몸통을 잡는다.

**주원**    잡았

프랭크가 주원의 몸뚱이를 잡아 뒤로 넘겨버린다.

**(E)**    꾸웅!!

문 열린 화물칸에 거꾸로 메다 꽂히는 주원.
주원의 몸이 화물칸 안에 대짜로 자빠지고, 얼굴만 화물칸 밖으로 삐져나온다.
프랭크가 팔꿈치에 체중을 실어 주원의 목을 부러뜨린다.

**(E)**    뚜둑!!!

화물칸 밖으로 나온 주원의 목이 축 늘어진다.

## #31 희수 집/거실 (밤)

거실 현관. 깨끗하게 닦은 희수의 배구화가 가지런히 놓여 있다.
주방의 식탁. 된장찌개와 소박한 찬이 밥상 덮개에 덮여 있다.

## #32 암사동 한강 둔치 (밤)

프랭크가 택배 탑차를 등지고 서서 피곤한 표정으로 갈대를 바라본다.

공허한 프랭크의 시선. 갈대가 바람에 흔들린다. 그때 뒤에서 들려오
는 목소리.

**주원**   야.

프랭크가 뒤돌아보면, 목이 부러진 주원이 자신을 거꾸로 쳐다보고
있다.
누운 자세 그대로, 자기 머리를 남의 물건인 양 목에 대고 누르는 주원.
주원이 목을 부여잡고 몸을 일으켜 화물칸 바닥에 쭈그리고 앉는다.
고개를 까딱까딱 해보더니 목에서 손을 떼고 뒤돌아본다.
프랭크의 눈이 커진다.

**인서트_ 4화 #27**

**나주**   알게 될 거야… 그는… 어중간하지 않거든….

주원이 화물칸에 쭈그리고 앉아서 무표정한 얼굴로 말한다.

**주원**   컴온. 푸첩유어 죽여주지.

프랭크가 주원에게 달려든다.

### #33 탑차/화물칸/내부 (밤)

주원이 주먹을 뻗는 듯하더니, 그대로 얻어맞고 뒤로 자빠진다.

**(E)**   와당탕!!!

프랭크가 이상한 느낌에 보면, 허리띠를 잡힌 몸이 화물칸 안에 들어

와 있다.

**주원**    잡았다.

주원이 프랭크의 머리를 움켜쥐고 박치기한다.

**(E)**    퍼억!!

프랭크가 얼굴을 감싸 쥐고 뒹군다. 주원이 일어서서 화물칸 문을 잠 근다.

**(E)**    철컥!

화물칸 내부가 어둠에 휩싸인다.
프랭크가 재빨리 일어서고, 주원이 문을 막고 마주 선다.
고개를 들 수도, 팔을 휘두를 수도 없는, 두 평도 되지 않는 작은 공간.
바닥에 놓인 작은 랜턴 불빛만 어둠을 흩뜨린다.
순간, 밀폐된 좁은 공간에서 벼락같이 맞붙는 두 사람.
프랭크가 주짓수 기술로 주원을 잡아채면, 주원이 프랭크를 들어 벽에 집어 던진다.
순식간에 피투성이가 된 둘이 서로의 얼굴에 주먹을 날린다.

**(E)**    퍽! 퍽!

맞고 물러서며, 둘이 동시에 발을 들어 서로의 얼굴을 찍는다.

**(E)**    콱! 콱!

주원과 프랭크가 벽에 등을 기댄 채, 서로의 멱살을 잡고 얼굴을 발로
밀어댄다.


**(E)**    뿌드드득…!


서로의 얼굴을 발로 밀어대지만 벽만 우그러질 뿐이다.
발로 타격하기엔 공간이 너무 좁다. 서로를 지탱한 채 버티는 두 사람.
얼굴이 눌린 채 눈만 굴리는데, 바닥의 랜턴 불빛에 보이는 묵직한 보
조배터리들.
누가 먼저랄 것도 없이, 서로를 뿌리치며 보조배터리를 하나씩 집어
움켜쥔다.
보조배터리를 쥔 두 개의 주먹이 서로의 얼굴을 때린다.
크게 휘두르는 주원. 짧게 끊어 치는 프랭크.
랜턴이 발길에 차여 굴러다닐 때마다 두 사람의 모습이 점멸한다.
랜턴 불빛이 스칠 때마다— 배터리 쥔 주먹— 튀는 피— 피하는 프
랭크— 얻어맞는 주원.
주원은 방어를 포기한 채 연신 맞으면서 때린다.
좁은 우리에 갇힌 두 마리의 짐승이 혈투를 벌인다.


**(E)**    퍼억!! 뻭!! 뻐억!! 꽝!! 우득!! 빠악!! 퍽!!


랜턴 빛의 각도가 바뀔 때마다 주원의 얼굴에서 피가 터진다.
온갖 각도로 보조배터리를 휘두르는 프랭크의 손.
불빛이 점멸할 때마다 주원의 얼굴에 보조배터리의 네모난 자국이 움
푹움푹 팬다.
주원의 얼굴을 때린 보조배터리가 깨지며 내부 전지가 튀어나온다.
주원이 비틀거린다.

프랭크가 뒷벽을 등으로 지탱한 채 주원의 얼굴을 양발로 걷어찬다.

**(E)**    꽈앙!!

뒤로 나자빠진 주원의 몸에 랜턴이 깔려 암흑이 된다.

## #34   [플래시백] 미국/아이오와 - 1984년

암흑 속. 화면 희끄무레하게 밝아지면 철문이 닫힌 벙커의 안쪽.
짙은 어둠 속. 소년 프랭크가 어둠 속에 서 있다.
화면 다시 완전히 어두워진다.

## #35   탑차/화물칸/내부 (밤)

암흑의 정적 속에서 두 사람의 거친 호흡 소리만 울려 퍼진다.
"허억… 허억… 허억… 허억… 헉… 후우….”
주원이 비틀거리며 몸을 일으키자, 깔려 있던 바닥의 랜턴 불빛이 다
시 내부를 비춘다.
주원이 다시 문을 막아서는데, 깨지고 터진 얼굴의 상처가 옅어졌다.
불빛에 비친 프랭크의 얼굴은 아직 상처가 아물지 않았다.
프랭크는 주원의 회복력이 더 강한 것을 알게 된다.

**주원**    이런 곳에서 개싸움을 해본 적이 있지.
**프랭크**    (쳐다보는) (못 알아듣은 표정)
**주원**    너처럼 '어중간'한 놈이 아니었어.
**프랭크**    (알아들은 표정)
**주원**    (씨익) 내가 이겼지.

랜턴 불빛에 희미하게 비치는 주원의 얼굴이 차갑게 웃는다.

프랭크가 무표정한 얼굴로 마주 본다.

## 36

**암사동 한강 둔치/탑차/외부 (밤)**

무성한 갈대밭 속. 탑차의 화물칸이 요동치며 흔들린다.
카메라, 다가가면 화물칸 안에서 격투를 벌이는 둔탁한 소리들이 들린다.

(E)   떠엉-! 떠엉-!

소리가 울릴 때마다 화물칸 벽이 밖으로 우그러진다.
짐승 같은 괴성들이 울리고 치고받는 타격음이 연이어 들린다.
잠시 소리가 멎고 잠잠하더니—

(E)   떠엉-!!!

화물칸 벽을 때리는 굉음이 울린다.
화물칸의 굳게 닫힌 철문.

**[플래시백] 미국/아이오와 - 1984년**

굳게 닫혀 있는 벙커의 철문. 카메라, 철문에서 멀어지면 드넓은 옥수수밭.
카메라, 수직으로 올라가면, 옥수수밭 한복판의 벙커를 향해 아이들이 달린 흔적.
곳곳에 꺾이고 부러진 옥수숫대들의 흔적이 벙커를 향해 있다.
흔적의 곳곳마다 탈락한 아이들이 쓰러져 있다.
옥수수밭이 바람에 흔들리며 쓰러진 아이들의 모습이 감춰진다.
카메라, 옥수수밭을 헤치며 다시 닫힌 벙커의 철문으로 빠르게 다가

간다.

아이오와의 옥수수밭과 한강의 갈대밭이 겹쳐진다.

카메라, 갈대밭을 헤집고 빠르게 줌인되며 닫힌 택배 화물칸 문에 충돌하며— 암전.

## #38 탑차/화물칸/내부 (밤)

바닥의 랜턴 불빛에 비치는 화물칸 내부.

벽 곳곳이 피범벅으로 우그러져 있다.

피투성이가 된 주원이 쓰러진 프랭크의 먹살을 잡고 있다.

피떡이 된 프랭크가 눈도 제대로 뜨지 못한 채 주원을 올려다본다.

랜턴 불빛에 비치는 주원의 거대한 그림자에서 무시무시한 위압감이 느껴진다.

| | |
|---|---|
| 주원 | (프랭크 먹살 잡고) 말해. 너 어디서 왔어. |
| 프랭크 | (핏줄 터진 눈으로 쳐다보는) |
| 주원 | (프랭크 눈 똑바로 보며) 목적이 뭐야. 진천. 봉평. 나주. 문산. 그리고 나까지. 전부 죽일 셈이었나. |
| 프랭크 | (흐린 눈으로 삐딱하게 쳐다보는) |
| 주원 | 너. 문산을 만났나. |
| 프랭크 | No. I met Sarah connor. [아니. 사라 코너를 만났지] |
| 주원 | 뭐라는 거야. |
| 프랭크 | (피식) Just joking. [농담이야] |
| 주원 | (짜증) 너 한국말 하잖아. 알아듣게 말해. |
| 프랭크 | (킥킥 웃는) I'm just teasing you. [나 너 놀리는 거야] |
| 주원 | 씨발. 한국말로 하라고. |
| 프랭크 | Blah blah blah. |
| 주원 | 이 개새끼가. 너 누구야. 왓츄어네임. |

프랭크   Jin-cheon⋯ Bong-pyeong⋯ Na-ju⋯ Mun-san⋯ Guryong-po⋯
        (쿨럭) So funny⋯ (쿨럭, 피 토하는) Did you miss your hometown. [진천.
        봉평. 나주. 문산. 구룡포. 재미있어. 고향이 그리웠나]
주원     씨발놈아. 왓츄어네임!!


프랭크가 씨익 웃는다.
피범벅이 된 치아 사이에서 진득한 핏물이 흘러내린다.
모든 것을 포기한 듯 기이하게 웃는 프랭크의 얼굴.
폭발한 주원이 주먹을 들어 프랭크의 얼굴 정중앙을 내려친다.


(E)     퍼억!!


프랭크의 코가 움푹 함몰되며 뭉개진다.
피투성이로 뭉개진 프랭크가 어쩐지 웃음을 터뜨린다.


프랭크   (피 토하며 들숨으로 웃는) *끄*윽 *끄*윽 크윽큭크크크⋯.


주원이 프랭크의 멱살을 거칠게 뿌리친다.
프랭크의 뒤통수가 바닥을 치면서 랜턴이 굴러간다.


(E)     데구르르르르⋯.


바닥을 구르는 랜턴이 벽에 가서 닿는다.
벽에 닿은 랜턴이 바닥에 떨어진 사진 한 장을 비춘다.
언뜻 사진을 본 주원이 갸웃한다.
주원이 사진을 집어 들어 랜턴으로 비춘다.
얼굴이 지워진 누군가(계도)와 봉평이 함께 찍은 사진.


438

사진 속의 학교가 어디선가 본 느낌이다. 사진 속 학생의 교복 로고가 눈에 걸린다.

주원이 랜턴을 주워 교복의 로고를 확인한다.

순간, 주원의 얼굴에서 핏기가 사라진다.

**인서트**

희수 방에 걸려 있는 교복. 교복의 정원고등학교 로고. (c.u)

표정이 사라진 주원의 시선이 프랭크를 향한다.

쓰러진 프랭크가 고요하게 가라앉은 주원의 표정을 본다.

**인서트_ 4화 #27**

**나주**　　내 동료가… 널 죽일 거야….

더 이상 아무것도 묻지 않고, 아무 말도 하지 않는 주원.

인간의 감정이 사라진 주원의 차가운 눈을 보는 프랭크의 표정이 공허해진다.

**인서트/Cut_ 까만 화면에 하얀 자막**

[프랭크는 죽음을 예감했다]

주원이 작은 랜턴을 손아귀에 감아쥔다.

**인서트/Cut_ 까만 화면에 하얀 자막**

[프랭크는 지쳤다]

주원이 프랭크의 먹살을 틀어잡는다.

기진맥진한 프랭크는 올려다볼 뿐이다.

**인서트/Cut_ 까만 화면에 하얀 자막**

[아니, 모든 것이 귀찮았다]

랜턴을 감아쥐어 더욱 커진 주원의 주먹.
주원이 주먹을 들어 축 늘어진 프랭크의 심장을 내려친다.

**(E)**　　떠억!!

프랭크의 입에서 검붉은 피가 솟구친다.

**(E)**　　떠억!!

프랭크의 가슴이 함몰된다. 프랭크의 눈이 허옇게 뒤집어진다.

**(E)**　　떠억!!

랜턴 불빛이 까물거린다.

**인서트/Cut_ 까만 화면에 하얀 자막**

[프랭크는 아이오와의 푸르른 옥수수밭을 본 것 같았다]

**(E)**　　떠억!!

주원은 아무 말 없이 프랭크의 심장을 연이어 내려친다.

**(E)** 떠억!!

프랭크의 시선이 흐려진다.

**인서트/Cut_ 까만 화면에 하얀 자막**
[프랭크는 이름을 말하고 싶어졌다]

랜턴이 깨진다. 완전한 암흑이 된다.

**프랭크**   ⋯My name is⋯ iowa⋯
**(E)**   떠억!!!

**#39**  **한강 줄기/한강 둔치 (밤)**

카메라, 한강 줄기를 훑는다. [드론각]
무성한 갈대밭이 으슥한 곳. 탑차에서 불길이 솟아오른다.
불길이 치솟기 시작하는 탑차 옆에 주원이 서 있다.

**#40**  **암사동 한강 둔치/탑차 (밤)**

탑차의 운전석 문이 열려 있고, 주원이 PDA폰을 들여다보고 있다.

**인서트**

PDA폰 액정화면. 주고받은 문자들.
                                                            └→[Delete]
                          └→[Next]
                                                          └→[Delete]
                       └→[Hold]
                                                      └→[Finish?]

└→[Only List]

                                                └→[Fin

주원이 아직 보내지 못한 마지막 문자 Fin을 가만히 보다가 문장을 완성한다.

└→[Finish]

주원이 불길이 솟구치는 탑차에 PDA폰을 집어 던진다.
주원이 돌아서서 걸어간다.

## #41 암사동 한강 둔치/갈대밭 (밤)

갈대밭 속에 둥지들이 있다. 물가에 새(흰뺨검둥오리)들이 노닐고 있다.
어미 새의 날갯짓을 새끼 새들이 따라 한다.
폭발음이 들리고 새들이 날아간다.

## #42 암사동 한강 둔치/탑차/화물칸 (밤)

거센 불길이 치솟는 탑차.
작은 폭발이 일어나며 화물칸 문이 삐이걱 열린다.
작게 열린 문틈으로— 어둠 속에 프랭크의 눈이 보인다.
프랭크의 생기 잃은(죽었는지 살았는지 알 수 없는) 시선이 갈대밭을 향해 있다.

**인서트_ #3**
닫혀가는 현관문. 끝내 뒤돌아보지 않는 프랭크의 엄마.

화물칸의 문틈으로 보이는 프랭크의 눈.

**인서트_ #15**

닫혀가는 벙커의 문. 문밖으로 보이는 옥수수밭이 바람에 흔들린다.
어린 프랭크가 벙커의 문을 향해 손을 내밀고 있다.


화물칸의 열린 문틈으로, 바람에 흔들리는 갈대밭을 바라보는 프랭크
의 눈.

**인서트_ #15**

옥수수밭을 흔들던 바람이 멎는다. 소년 프랭크가 헤쳐 지나온 자리.
옥수수밭 사이에 히스패닉계 소년이 피투성이로 쓰러져 있다.
죽었는지 살았는지 알 수 없는 소년의 눈동자가 프랭크를 바라본다.


바람이 멎는다. 흔들리지 않는 갈대밭을 바라보는 프랭크의 눈.

**인서트_ #24**

소년 프랭크의 피 묻은 손이 떨린다. 손을 뻗어 벙커의 문을 닫는다.


현관문이 닫힌다. 벙커의 철문이 닫힌다. 화물칸의 문이 닫힌다.
닫힌 문에서 멀어지면서 택배 탑차가 화염에 휩싸인다.
갈대가 바람에 흔들리지 않는다.

**#43  시간 경과 - 밤/새벽**

한강 너머 멀리— 산등성이의 어두운 경계가 푸르스름한 새벽빛으로
서서히 물든다.

**#44  희수 집/거실 (새벽)**

현관. 깨끗하게 닦은 희수의 배구화 옆에 주원의 지저분한 신발이 놓

여 있다.

거실 주방. 씻지도 못한 채 식탁에 앉아 있는 주원의 뒷모습.

희수가 차려놓은 밥. 식어버린 된장찌개와 밥을 먹는 주원의 뒷모습.

# #45 하늘 – 봉석의 꿈

봉석이 파란 하늘에 떠 있다.

낯설지 않은 꿈. 봉석이 주변을 두리번거린다.

**두식v.o** 봉석아.

머리 위에서 들려오는 목소리. 봉석이 고개를 든다. 푸른 하늘에 흰 구름만 가득하다.

**두식v.o** 봉석아.

구름 너머에서 들려오는 목소리. 봉석이 목소리에 이끌리듯 하늘을 향해 날아오른다.

봉석이 구름을 향해 힘껏 솟구쳐 오른다. 목소리가 가까워져 온다.

**두식v.o** 봉석아.

구름이 손에 닿을 듯 날아오르는데, (E) 덜컥! 봉석이 놀라서 아래를 보면 봉석의 발목에 쇠사슬이 연결된 개 목걸이가 채워져 있다.

카메라 멀어지면, 땅에서부터 이어진 길고 긴 쇠사슬이 봉석의 발목에 채워져 있다.

쇠사슬에 발이 묶여 더 날지 못하는 봉석의 모습. [익스트림롱숏]

개 목걸이를 풀려고 허공에서 버둥거리는데, 봉석의 눈에 들어오는 광경.

저 아래까지 이어진 쇠사슬을 보면, 미현이 쇠사슬 끝을 꼭 잡고 버티고 서 있다.

보이지 않을 먼 거리임에도, 봉석의 눈에 미현의 표정이 보인다.

미현이 안타까운 표정으로 고개를 젓는다. 봉석이 끝내 쇠사슬을 풀지 못한다.

## #46  봉석 집 / 2층 / 거실 (아침)

봉석이 방문을 열고 나온다. 거실 소파에 미현이 앉아 있다.

밤새 한잠도 못 잤는지 미현의 눈 밑에 다크서클이 짙다.

**봉석**  어. 엄마. 안 주무셨어요?

**미현**  (피곤한) 응. 잘 잤니. 씻고 밥 먹자.

## #47  봉석 집 / 1층 / 식당 / 출 (아침)

미현과 봉석이 아무 말 없이 밥을 먹는다.

봉석이 밥을 다 먹고 숟가락을 놓으려는데, 미현이 밥을 한 주걱 더 얹어준다.

**봉석**  (쳐다보는)

**미현**  아직 시간 있어. 더 먹어.

## #48  봉석 집 / 1층 / 현관 (아침)

봉석이 현관에 쭈그리고 앉아서 양쪽 발목에 모래주머니를 찬다.

미현이 모래주머니 두 개를 더 내민다. 봉석이 답답한 표정으로 미현을 본다.

밤새 재봉틀로 촘촘하게 만들었는지 각반처럼 생긴 크고 묵직한 모래주머니.

봉석이 후우 얕은 한숨을 쉬고 양다리에 모래 각반을 찬다.

봉석이 기우뚱 일어서면, 미현이 큼지막한 보조배터리를 내민다.

**미현**    (보조배터리 건네며) 항상 핸드폰 충전 잊지 마. 엄마가 전화하면 바로 전화 받아. 수업 끝나면 바로 와.

**봉석**    (쳐다보는)

**미현**    오늘부터 야간자율학습도 하지 마.

봉석이 뭐라고 말하려다가, 미현의 단호한 표정에 입을 다문다.

## #49  동네 / 등하굣길 (아침)

봉석의 무거운 발걸음. 걸어가는 뒷모습이 한없이 무거워 보인다.

봉석의 발에서 '절그럭 절그럭' 쇠사슬 끄는 소리가 난다.

## #50  정원고등학교 / 교실 (오전 오후 시간 경과)

칠판에 적혀 있는 '수능 D-80일'.

교사가 칠판에 요점 정리를 판서한다.

수능 공부하는 학생들과 엎어져서 자는 학생들.

봉석은 수업을 듣지 않고 창밖의 하늘만 올려다보고 있다.

### cut to_ 시간 경과

종례시간. 최일환이 안테나 지시봉을 뽑아 칠판을 두드린다. '수능 D-80일'.

**일환**    이제 80일 남았다. 누구도 너희들의 인생을 책임지지 못한다. 각자 알아서 최선을 다하도록.

학생들이 고개를 끄덕이는데, 교실 뒤쪽에서 기수가 비아냥거린다.

**기수**  (피식) 누.구.도. 너희들의 인생을 책임지지 못한다.


기수의 돌발행동에 학생들이 숨을 죽인다.
일환이 기수를 뚫어지게 쳐다본다.
기수가 교실 밖으로 나가버린다. 강훈이 기수를 보고 일환을 본다.

**강훈**  (얼른 일어서며) 차렷. 선생님께 인사.
**학생들**  (일동) 수고하셨습니다~


일환이 한숨을 쉬고 교실 밖으로 나간다.
학생들이 강훈에게 몰려가면, 강훈이 핸드폰 수거함을 꺼내 폰을 나눠 준다.
희수가 봉석을 힐끗 보면 핸드폰과 보조배터리를 가방에 챙기고 있다.
희수가 갸웃하는데, 강훈이 봉석에게 간다.

**강훈**  넌 왜 핸드폰 안 맡겼어.
**봉석**  이제 안 맡겨.
**강훈**  누구 맘대로.


봉석이 우물쭈물 난감해한다. 희수가 다가와서 끼어든다.

**희수**  (끼어드는) 핸드폰 꼭 맡겨야 되는 건 아니지 않냐?
**강훈**  희수. 너는 핸드폰이 없어서
**희수**  (주머니에서 핸드폰 꺼내는) 나도 안 맡겼는데?
**강훈/봉석**  (동시에 희수 핸드폰 쳐다보는)

| 희수 | (으쓱) 나도 하나 샀어. |
| --- | --- |
| 강훈 | 그럼 너도 맡겼어야지. |
| 희수 | 됐거든. 난 내 핸드폰 아무한테도 안 줘. 내 개인정보잖아. |
| 강훈 | (처다보는) |
| 희수 | 난 학교에서 학생들 핸드폰 수거하는 거, 부당하다고 생각해. 헌법상 기본권인 그… (생각난) 통신의 자유 침해에 해당되는 거거든. (뿌듯) |
| 강훈 | (물끄러미 보다 돌아서는) |
| 희수 | 어? 끝이야? |
| 강훈 | 맞는 말이잖아. |
| 희수 | (되레 당황) 그치. |
| 강훈 | 재 편드는 거고. |

강훈이 빈 수거함을 들고 교실을 나가버린다.
봉석과 희수가 멀뚱히 섰다가 사물함에 가서 각자 자기 물건들을 챙긴다.

| 희수 | (사물함에서 체육복 챙기며) 나 오늘은 두 시간만 연습하고 학교에서 야자 할 건데. 이따 편의점 같이 갈래? |
| --- | --- |
| 봉석 | 아니. 나 이제 야자 안 해. |
| 희수 | 왜? 엄마가 끝나면 바로 오래? |
| 봉석 | (말하기 창피한) 아. 아니야. (둘러대는) 오늘부턴 집에서 공부하려고. |
| 희수 | (멈칫) 수능에 집중하려고…? |
| 봉석 | 응. 이젠 공부해야지. |
| 희수 | (멈칫) …그렇구나. |
| 봉석 | 그렇게 됐어. |
| 희수 | (아쉬운 눈길) |
| 봉석 | (희수 시선 외면하는) |

어색해진다. 봉석이 머뭇머뭇하다가 교실 밖으로 나간다.

## #51 시내버스/내부 (오후)

오후의 한산한 버스 좌석에 봉석이 혼자 앉아 있다. 버스 기사는 전계
도가 아니다.

학원가를 지나가는 버스. 학생들이 삼삼오오 독서실과 학원으로 들어
간다.

봉석이 무표정한 얼굴로 창밖을 내다본다. 봉석의 발목에 살짝 보이
는 모래주머니.

## #52 정원고등학교/강당 (오후)

희수가 텅 빈 강당을 혼자 달리고 있다.

아무도 없는 강당을 달리는 희수의 발소리가 유난히 공허하게 울린다.

희수의 모습이 무기력하고 외로워 보인다.

## #53 정원고등학교/전경 - 시간 경과

해가 저물고 학교 교실의 불이 하나둘 켜진다.

날이 어두워지고 밤이 되었다가 다시 아침이 밝는다.

교문으로 밀물처럼 밀려들었던 학생들이 썰물처럼 교실로 들어간다.

## #54 정원고등학교/교실 (오후)

칠판에 적혀 있는 '수능 D-79일'.

최일환이 종례를 마치고 교실을 나간다.

학생들이 강훈에게 몰려가는데, 강훈이 핸드폰 수거함을 교탁 위에
올려둔다.

학생들이 갸우뚱하는데, 강훈은 아무 말 없이 자기 자리로 돌아간다.

학생들은 각자 자기 핸드폰을 꺼내 가고, 강훈은 가방을 챙기다가 희

수 쪽을 본다.
희수는 어느새 봉석의 자리에 가 있다.


**희수**　오늘도 그냥 집에 가?

**봉석**　(어색하게 웃는) 응.


희수의 표정에 살짝 아쉬움이 스친다. 봉석이 우물쭈물 가방을 챙긴다.


**희수**　(불쑥) 너 핸드폰 번호 뭐야?

**봉석**　어, 어?

**희수**　나 폰 생겼다니까.

**봉석**　아. 맞다. 줘봐. 번호 눌러줄게.

**희수**　(선뜻 폰 건네는)

**봉석**　(희수 폰 액정 보고) 이거 비밀번호 잠겼는데…. (다시 폰 건네는)

**희수**　응. (다시 받아서 비밀번호 누르는데, 비밀번호가 314159)

**봉석**　(얼른 고개 돌리는) 넌 개인정보를 막 보이게….

**희수**　(다시 건네며) 뭐 어때. 넌데.


강훈이 둘의 대화를 들으며 씁쓸한 표정을 짓는다.
그런 강훈의 모습을 뒤에서 기수가 유심히 보고 있다.
봉석과 희수가 서로의 폰 번호를 입력하며 교실을 나간다.
기수가 강훈에게 걸어가 머리를 거칠게 쓰다듬는다.


**강훈**　(발끈) 뭐야.

**기수**　쟤 좋아하냐?

**강훈**　손 치워.

**기수**　(강훈 뒷머리 움켜쥐며 귓가에 대고) 어쩌게. 학교에서.

강훈이 보면 교실의 몇몇 학생들이 이쪽을 곁눈질하고 있다.

기수  (머리 쥐고) 왜 그 잘난 능력을 감추고 있지? 최일환이 하지 말래?

강훈  (노려보는) 냐.

기수  내 다리는 이 모양 이 꼴이 됐는데, 내가 너희들을 놔줄 것 같아?

강훈  (으드득)

기수  (속삭이는) 내가 어떻게든, 그 가면들을 벗겨주지.

기수가 강훈의 뒤통수를 치고 뒤돌아 간다.
학생들이 보다가 황급히 고개를 돌린다.
뒤돌아 걷는 기수가 미세하게 절룩거린다.
강훈이 주먹을 꾸욱 쥐고 참는다.

## #55 정원고등학교/교정 (오후)

봉석이 희수에게 어색하게 손을 흔든다. 희수가 옅게 웃는다.
희수는 강당 쪽으로 가고, 봉석은 교문 쪽으로 걸어간다.
봉석이 걸어가는 교정 한편에 감나무가 서 있다.
초록색 감이 알알이 맺혀 있다.

## #56 편의점/내부 (오후)

편의점 사장이 냉장 매대에 물품을 진열한다.
삼각김밥을 진열하다가, 진열 매대에서 '1+1 할인상품' 스티커를 떼어
낸다.

## #57 정원고등학교/강당 (오후)

(E)  파앙! 파앙!

강당을 울리는 소리.
희수가 텅 빈 강당에서 혼자 서전트 점프를 하고 있다.

**(E)**   파앙! 파앙!

서전트 점프판에 희수의 손바닥 자국이 무수히 찍혀 있다.

**(E)**   파앙!

다시 서전트 점프판을 때리는 손바닥. 58cm. (c.u)
희수가 다시 서전트 점프대 밑에서 앞뒤로 팔을 휘저으며 호흡을 가
다듬는다.
호흡을 멈추고, 있는 힘껏 뛰어올라 점프판을 때린다.

**(E)**   파앙!

탄마가루가 날리고, 점프판의 하얀 손바닥 61cm. (c.u)

**희수**   (저도 모르게 뒤돌아보며) 봉석아! 나 지금 만점…

뒤돌아보면 항상 있던 자리에 봉석이 없다.
희수가 텅 빈 강당에 혼자 서 있다.

## #58  재개발지구/등하굣길 (오후)

공사장 인부들이 재개발 플래카드들을 떼고 있다.
봉석이 플래카드가 수거되는 하굣길을 걸어간다.
봉석의 발걸음이 무겁다.

## #59 [몽타주] 시간 경과

칠판에 적혀 있는 '수능 D-70일'.


cut to_ 교실에서 학생들이 입시 공부를 한다.

cut to_ 복도. 쉬는 시간. 희수와 혜원이 웃으며 이야기를 나눈다. 봉석이 슬쩍 보고 어색하게 웃으며 지나간다.

cut to_ 강당에서 희수가 체대 입시 훈련을 한다.

cut to_ 봉석이 등하굣길을 걸어 집으로 간다.


칠판에 적혀 있는 '수능 D-50일'.


cut to_ 남산 돈까스. 핸드폰으로 '남북정상회담' 뉴스를 보는 미현.

[TV 앵커] "역사적인 2018 평양 남북정상회담, 이틀째 아침이 밝았습니다. 평화, 새로운 미래를 열기 위한 문재인 대통령과 김정은 국무위원장의 회담이 오늘도 이어집니다."

cut to_ 봉석 방. 창밖으로 보이는 짙은 어둠. 책상에 앉아 공부하는 봉석. 문득, 핸드폰을 들어서 카카오톡을 열었다가 내려놓는다.

cut to_ 희수 방. 벽시계 11시. 식탁에서 공부하는 희수. 핸드폰에서 울리는 카톡 알람. 얼른 카톡창을 열어보면 카카오웹툰 광고. 실망하는 희수.

cut to_ 희수 집. 현관. 낡은 배구화를 신는 희수.

cut to_ 봉석 집. 현관. 발목에 모래주머니를 차는 봉석.

cut to_ 치킨집. 홀의 손님들에게 싱글벙글 웃으며 서빙하는 주원.

cut to_ 희수 집. 현관. 낡은 배구화를 가지런히 놓고 새 배구화를 신는 희수.

cut to_ 봉석 집. 현관. 발목 모래주머니 위에 모래 각반을 차는 봉석.

칠판에 적혀 있는 '수능 D-40일'.

**cut to_** 인도. 학교를 뛰어서 달려가는 희수.

**cut to_** 차도. 버스 안. 창밖으로 달리는 희수를 보는 봉석. 희수가 멀어진다.

**cut to_** 학교 교실. 다른 줄에 앉아서 공부하는 봉석과 희수.

**cut to_** 학교 급식실. 식판을 들고 자리를 찾는 봉석. 보면, 혜원과 희수가 이미 같이 앉아서 밥을 먹고 있다. 희수와 혜원이 붙어 앉아 웃으며 대화하고, 옆자리에선 한별이 맞은편 테이블에 카메라를 세워놓고 급식 먹방을 찍고 있다. 봉석이 조용히 다른 자리로 간다.

**cut to_** 교정. 수업이 끝나고 강당으로 가는 희수. 교문으로 가는 봉석.

**cut to_** 진학지도실. 돌아앉아서 문서를 수기하는 최일환.

**cut to_** 교실. 자율학습 시키며 하품하는 윤성욱.

칠판에 적혀 있는 '수능 D-30일'.

**cut to_** 교문. 등교 지도하는 최일환. 교복이 동복으로 바뀐 학생들. 지각하지 않는 봉석. 뒤이어 저 멀리 달려오는 희수.

**cut to_** 학교 곳곳. 리스킹카를 타고 학교 곳곳을 청소하는 미화원.

**cut to_** 치킨집. TV에서 나오는 '남북고위급회담' 뉴스를 보는 주원.

[TV 앵커] "남북이 오늘 판문점에서 고위급회담을 열고 공동보도문에도 합의했습니다. 9·19 남북정상회담 이후 약 한 달 만에 다시 만나 평양 선언을 이행할 구체적 방법을…"

**cut to_** 교문. 수위실 앞. 황지성과 눈인사하는 신혜원.

**cut to_** 교실. 강훈을 쳐다보는 기수.

**cut to_** 떨어져 앉은 자리에서 각자 공부하는 봉석과 희수.

**cut to_** 학교. 교무실. 일하는 교사들.

**cut to_** 학교 전경. 밤늦도록 불빛이 밝은 학교의 교실들.

칠판에 적혀 있는 '수능 D-15일'.

**cut to_** 국정원 기획판단실. 민 차장이 언짢은 표정으로 신문을 내려놓는다. 신문 헤드라인. [남북, 70년 만에 적대행위 멈추다]
**cut to_** 등하굣길. 공사장 트럭들이 오간다. 먼지 날리는 길가를 걷는 봉석.
**cut to_** 학교 교실. 창밖을 바라보는 봉석. 교정의 감나무가 보인다.
**cut to_** 교정의 감나무. 감이 주황색으로 물들어간다.

칠판의 수능 디데이 판서가 지워지고 써지기를 반복하다가 '수능 D-1일'이 된다.

## #60 봉석 집 / 1층 / 식당 / 2층 / 봉석 방 (밤)

홀에 난로가 켜져 있다. 난롯가의 테이블에 손님들이 몰려 앉아 있다. 미현이 손님들에게 음식을 서빙한다.

**cut to_ 봉석 방**

봉석이 책상에 앉아서 달력을 본다.
날짜에 빨간 줄들이 그어졌고 내일이 수능이다.
봉석이 책상 위에 쌓인 참고서와 교과서들을 보며 자신 없는 한숨을 쉰다.

**(E)** 카톡!

핸드폰의 알람이 울리고 봉석이 핸드폰을 본다.

화면에 희수의 카톡 문자가 뜬다.

**희수톡** 「뭐 해?」

봉석의 뒤통수가 웃는다. 봉석이 얼른 카톡을 친다.

**봉석톡** 「내일 수능이잖아. 일찍 자려고」
**희수톡** 「그래. 내일 수능 잘 봐」

봉석의 손가락이 자판 위에서 한참 망설이다가 기껏 쓴다는 말이

**봉석톡** 「너도 수능 잘 봐. 파이팅」
**희수톡** 「잘 자」(굿나잇 이모티콘.gif)

움직이는 귀여운 이모티콘에 봉석이 얼른 이모티콘을 찾아서 보낸다.

**봉석톡** 「너도 잘 자」(굿나잇 하트 이모티콘.gif)

누를 때는 몰랐는데, 이모티콘에 큼지막한 하트가 움직인다.
봉석이 얼떨결에 하트가 섞인 이모티콘을 보내놓고 으악 당황한다.
1이 사라질 때까지 가만히 본다. 1이 사라진다. 기다리는데 더 이상
톡이 없다.
봉석이 망했다 한숨을 쉬는데

**(E)** 카톡!
**희수톡** 「방 불은 끄고 자라」

봉석이 어? 하는 표정으로 문자를 보다가 벌떡 일어나 창문을 연다.
창문을 열면 하늘에서 진눈깨비가 내린다.
창밖 건너편 멀리 뚝방길에 누가 서 있다.
봉석의 동공이 클로즈업된다. 시력을 돋궈 자세히 보면 저 멀리 희수
가 웃고 있다.
희수가 멀리서 봉석의 실루엣을 보고 핸드폰 불빛을 흔든다.
봉석의 얼굴이 환해진다. 멀리 희수가 핸드폰 만지는 모습이 보인다.

**(E)**     카톡!

**희수톡**   「파이팅」


희수가 다시 손을 크게 흔들고 뚝방길을 걸어간다.
멍하니 보던 봉석이 카톡을 보낸다.


**봉석톡**   「기다려」

## #61 뚝방길 (밤)

저 멀리, 봉석의 실루엣이 창문을 열고 창문틀에 올라선다.

**희수**    (어라) 뭐 하는 거야… 그 파이팅이 아니고.


봉석이 창틀에 엉거주춤 서서 한참을 망설이고 주저하는 모양새가 보
인다.
제자리멀리뛰기 준비 자세처럼 팔을 앞뒤로 저은 후 창문에서 뛴다.

**희수**    (감탄) 오우우와아아아아… 아? 으악!

창문을 박차고 붕 떠오르(ㄹ것 같)던 봉석이 바람 빠진 풍선처럼 아래로 처박힌다.

### cut to

대차게 뒹굴었는지 흙투성이가 된 봉석이 뚝방길 언덕을 헐레벌떡 뛰어 올라온다.
희수는 안쓰러운 표정인데 봉석은 마냥 반가운 표정이다.

### cut to

벤치에 봉석과 희수가 나란히 앉아 있다. 강 건너편 차도의 불빛이 강물에 비친다.

**희수**  파이팅 해주고 싶어서 왔어.

**봉석**  응?

**희수**  내가 너한테 받은 응원이 얼마나 컸는데.

희수의 따뜻한 눈길에 봉석의 얼굴이 붉어진다.
봉석을 보며 희수가 되레 안도한다.

**희수**  (안도하는 웃음) 수능 전에 직접 파이팅 한마디 해주고 싶었는데. 이게 맞나 망설이다가 왔지.

**봉석**  (쳐다보는) 어?

**희수**  (쳐다보는) 응?

**봉석**  왜 망설였는데?

**희수**  (어라) 수능 끝날 때까지 나 안 만나려고 했던 거 아니었어? 난 그래서 너 방해 안 하려고…

**봉석**  (버엉)

| 희수 | 매일 나 훈련 봐주느라 너 공부 못 해서… 결심한 거… 아니었어? |
|---|---|
| 봉석 | (벌떡 일어서며) 아, 아닌데!!!!!! |
| 희수 | (화들짝) |
| 봉석 | (세상 억울한) 나, 나, 난 니가 나한테 말 안 걸어서 나도 너한테 말도 못 걸었고!!! 학교에선 니 베프 혜원이랑만 계속 붙어 다녀서 끼지도 못 했고!!! 넌 연습한다고 뛰어서 등교하고! 난 집이 멀어서 버스 타고 등교하고!!! 난 학교 끝나면 바로 집에 와야 했고!!! 넌 학교에 남아서 훈련해야 했고!!! 근데 너는 계속 나한테 말도 안 걸고!!! |
| 희수 | (버엉) |

휘잉 바람이 분다. 진눈깨비가 바람에 흩날린다. 사방이 고요하다.
얼결에 마음의 소리를 다 쏟아낸 봉석이 뒤늦게 민망해진다.

| 희수 | 알았어. 앉아. |
|---|---|
| 봉석 | (슬그머니 앉는) |
| 희수 | 파이팅 해주고 싶어서 온 거 쫌이고, 보고 싶어서 온 게 찐이야. |
| 봉석 | (쳐다보는) |
| 희수 | 보고 싶었어. |

거침없이 솔직한 희수의 말에 봉석의 얼굴이 홍시처럼 붉어진다.
봉석의 엉덩이가 들썩인다. 봉석이 다급하게 손을 뻗어 벤치 아래를 부여잡는다.
고개를 푹 숙인 봉석이 한참 만에야

| 봉석 | 나도 보고 싶었어. |
|---|---|
| 희수 | (웃는) |
| 봉석 | 진짜야. |

희수가 밑을 보면, 신발도 없이 달려온 봉석의 양말이 온통 흙투성이다.

**희수**     알아.

봉석의 얼굴이 더욱 붉어진다.
희수가 주변을 둘러보더니 큼지막한 돌덩이 하나를 주워서 들고 온다.

**희수**     (엉거주춤 일어서는 봉석에게) 앉아. 앉아.

왜 저러나 보는데 희수가 봉석의 무릎에 돌덩이를 올려놓는다. 뭔가
싶은데—

**희수**     내 핸드폰 비밀번호 뭔지 알아?
**봉석**     어?
**희수**     파이야.
**봉석**     어?
**희수**     (돌아서서 걸어가며) 바보야. 원주율이라고. 314159.

희수가 그대로 뚝방길을 걸어간다.
희수의 뒷모습을 멍청하게 보고 있던 봉석의 얼굴이 환해지며 돌덩이
를 움켜 안는다.

**희수**     (멀리 걸어가며 한쪽 손 들고) 파이팅! [자막도 함께]

## cut to

진눈깨비가 포근한 눈이 되어 내린다.
뚝방길 벤치에 혼자 앉아 있는 봉석. 돌덩이를 꼭 움켜쥐고 바보처럼

웃고 있다.

## #62 정원고등학교 – 수능시험 날

텅 빈 학교 곳곳이 뉴스 멘트와 교차된다.

"2019학년도 대학수학능력시험이 오늘 전국 86개 시험지구, 천 백 90개 시험장에서 일제히 치러졌습니다. 이번 수능 문제는 상당히 어렵게 출제된 것으로 나타났습니다. 이에 따라 학생들의 등급 분류 격차가 더욱 심화될 것으로 보이며…"

## #63 정원고등학교/교실 (저녁)

문이 드르륵 열리고 최일환이 들어온다.
일환이 텅 빈 교실을 둘러본다. 비어 있는 책상과 의자들.
앞줄 책상 밑에 떨어진 지우개. 까만 연필 자국으로 닳고 닳은 작은 지우개 조각.
일환이 지우개를 주워 책상 위에 올려놓는다.
칠판의 판서 '수능 D-1일'. 물끄러미 보던 일환이 지우개를 들어 판서를 지운다.

**일환**   (빈 교실에 나직하게) 수고들 했다.

일환이 교실을 나가며 교실 문을 닫으려다가, 열어놓고 나간다.

## #64 봉석 집/1층/식당/주방 (저녁)

설거지하는 미현의 손. 설거지를 다 마치고 가지런히 쟁여놓는 식기들.
미현이 설거지를 마치고 가벼운 한숨을 쉰다. 회한이 묻어나는 미현의 표정.

그때 (E) 딸랑~! 식당 현관문에 달린 방울이 울리고 손님들이 들어온다.

**미현**     어서 오세요~

## #65 치킨집/주방 (저녁)

주원이 튀긴 닭을 기름 채반에 옮겨 담는다.
치킨을 보는 주원의 눈이 깊어진다.
그때 (E) 따르륵…! 전화벨이 울리고 주원이 얼른 전화를 받는다.

**주원**     (잽싸게 수화기 들며) 네. 죽었어도 신선한, 신선한 치킨입니다.

## #66 강훈 집 앞/슈퍼마켓 (밤)

마트 앞 평상. 재만이 구부정하게 앉아서 손목시계(낡은 돌핀 전자시계)
를 본다.
고개를 돌려 강훈이 돌아올 언덕길 아래쪽을 하염없이 바라본다.

## #67 정원고등학교/진학지도실 (아침)

책상 앞에 돌아앉은 최일환 뒤에 윤성욱이 서 있다.

**성욱**     수능도 끝났고 학기도 얼마 안 남았어요. 곧 졸업인데요.
**일환**     그래서.
**성욱**     마무리 지어야죠.
**일환**     그래야지.
**성욱**     파일 어디 있습니까. 있기는 한 겁니까.
**일환**     (거슬리는) 자네가 상관할 일이 아니야.
**성욱**     (말투에 가시 돋친) 왜 저조차 못 믿는 거죠.
**일환**     보안이 중요하니까.

**성욱** 저도 이 일 때문에 파견된 겁니다.

**일환** 파일 관리자는 나야.

**성욱** (끄응)

**일환** 아직 학기가 남았어. 나가봐.


성욱이 못마땅한 표정으로 일환을 보다가 밖으로 나간다.
일환이 창밖을 바라본다. 하늘이 흐리다. 일환의 표정이 무겁다.

# #68 정원고등학교/교실 (오전)

**일환** 모두 수능 보느라 고생 많았다. 수업시수는 지켜야 하니 자율학습이
나 체험활동으로 대체된다. 운전면허 공부를 하건, 토익 토플을 공부
하건… (보다가) 재수를 준비하건, 하고 싶은 거, 해도 된다.

**학생들** (일동) 예에~!

**일환** 자. 그러면 2교시는 체육. 강당으로 이동.

**학생들** (일동) 예에~?

**일환** 내가 무슨 과목인지 까먹었냐?

**학생들** (웅성웅성) (투덜투덜) 방금 자율학습이라고 말씀하셨잖아요.

**일환** 내 자율이기도 하지.

**학생들** (일동) 우우~

**일환** 교실에서 체육 이론 공부할까?

**학생들** (우르르 일어나는)

# #69 정원고등학교/강당 (오전)

일환이 학생들에게 배드민턴 채와 공을 나눠 주며 말한다.


**일환** 니들 그동안 앉아서 공부만 했으니, 몸 움직여서 건강 회복해야 돼.

학생들이 몰려나와 운동기구들을 집어 든다.
몇몇 여학생들은 강당 주변에 앉아 핸드폰을 본다. 한별이 브이로그
카메라를 꺼낸다.
희수가 뒷머리를 묶으며 농구대가 있는 서전트 점프대로 걸어간다.
혜원이 따라간다.

**일환**  (희수 보고, 학생들에게) 희수는 아직 체대 실기가 남아서 훈련해야 하니
까, 저쪽 농구대 가까이는 가지 마라.

**봉석**  (희수 쪽 보면서 갈까 말까 우물쭈물)

**강훈**  야. 김봉석.

**봉석**  (보면)

**강훈**  (배드민턴 채 내밀며) 나랑 붙자.

## cut to

학생들이 강당 곳곳에 흩어져서 공놀이를 하거나 잡담을 한다.
강당 구석에 방만하게 앉은 기수가 강훈과 희수를 번갈아 본다.

**(E)**  파앙!

강당을 울리는 소리.

**(E)**  파앙!

희수가 서전트 점프 연습을 한다.
혜원이 근처에 쪼그리고 앉아서 희수를 응원한다.
강당의 반대쪽. 봉석이 배드민턴 채를 쥔 채 자꾸 희수 쪽을 기웃거린다.

**(E)**    파앙!

봉석의 맞은편에 선 강훈이 말없이 기다린다.
봉석은 희수가 점프할 때마다 버릇처럼 기록을 확인한다.

**(E)**    파앙!

봉석이 점프판을 보면, 희수가 60cm 넘게 뛴다.
봉석이 좋다고 헤에 웃는다.
강훈은 봉석이 왠지 얄밉다. 강훈이 셔틀콕을 띄워 있는 힘껏 후려친다.

**(E)**    따앙!
**(E)**    따악—!

셔틀콕이 날아와 봉석의 발밑 바닥을 때린다.
봉석이 놀라서 보면, 셔틀콕의 코르크(헤드)가 깨져 있다.

**강훈**    야. 한눈팔지 마.

**cut to**

**(E)**    파앙!

서전트 점프판을 때리는 희수의 손바닥. 점프판이 흔들린다.
희수가 착지와 준비 자세를 반복하며 점프를 계속한다.
멀찌감치 쪼그리고 앉아서 훈련하는 희수를 쳐다보는 혜원.

**(E)**    파앙!

점프판을 때리는 손바닥. 점프대가 흔들리며 삐걱대는 소리가 들린다. 희수가 착지한다. 희수가 고개를 숙이고 팔을 앞뒤로 휘저으며 준비 자세를 한다.
희수가 뛰어서 점프판을 때린다.

(E)  파앙!


희수가 착지한다.
삐걱거리는 소리가 점점 더 커진다. 점프대가 드드드 흔들린다.

**혜원**  (긴가민가) 희 희수야. 잠깐…!!! (이미 뛰어오른 희수)
**(E)**  파앙!


점프판을 때리는 순간, 점프대와 함께 고정된 농구대의 너트가 튀어 나온다.

**희수**  (중심 잃으며) 어?
**혜원**  (벌떡 일어서며) 희수야!!! 안 돼!!!


희수가 착지하며 넘어지고, 농구대와 엮인 점프대가 희수의 머리 위로 기운다.

**(E)**  끼기기기기기기긱…!!!
**혜원**  (비명) 꺄아아아악!!!!!!!!!!


혜원의 비명에 강당의 시선이 쏠린다. 봉석의 눈이 커진다.

**일환**  (비명 지르며 달려가는) 위험해!!!!!!!!!!

**봉석**  (몸 틀며) 이익!

봉석이 이를 악물고 뒤돌아 뛰려는데, 제 발에 걸려 나동그라진다.

**(E)**  우당탕!!

순간,

**(E)**  터엉—!

봉석의 뒤쪽에 있던 강훈이 벼락처럼 튀어 나간다.

**(E)**  터엉—!

화살처럼 달려 나가는 엄청난 속도.

**(E)**  터엉—!

강훈이 바람처럼 강당을 가로지른다.

**(E)**  꽈앙…!!!

점프대와 농구대가 붕괴되고 무너진 농구대 뒤쪽.
강훈이 희수를 끌어안고 있다.
고요한 강당. 학생들이 모두 입을 쩍 벌리고 본다.

**강훈**　(희수에게) 괜찮아?

**희수**　(놀라서 쳐다보는)


둑이 터지듯이, 학생들의 환호가 강당을 울린다.
봉석이 코피 터진 얼굴로 제 발목을 붙잡은 모래주머니를 멍하니 본다.

**인서트**
넘어진 봉석의 발목 모래 각반 주머니.


고개를 들면, 저 앞에 강훈이 희수를 끌어안고 있다.
봉석과 희수의 눈이 마주친다. 봉석의 표정이 무너진다.
강당 구석. 한별이 브이로그 카메라를 들여다보고 있다.

**한별**　대애애애박….


한별의 카메라 속 강훈과 희수의 모습.

## #70 [몽타주] 유튜브/시민들

유튜브 관리자 화면에 비치는 한별의 얼굴.
타이틀을 적는 한별의 손가락.
[정원고 히어로] 영상이 업로드되고, 조회수가 올라가기 시작한다.

**인서트**
카페, 지하철, PC방, 회사. [정원고 히어로] 영상을 보는 사람들.


한별의 유튜브 조회수가 10만을 넘어간다.

## #71 봉석 집/1층/식당/주방 (저녁)

쌓여 있는 설거지. 미현이 핸드폰을 들고 있다.

**인서트**

미현 폰. 유튜브 영상화면 [정원고 히어로].

미현의 눈이 커진다.

## #72 치킨집/홀 (저녁)

홀에서 손님들이 치킨을 먹으며 대화를 나눈다.

**손님1** 정원고 히어로 봤어?

**손님2** 정원고 히어로? 그게 뭐야?

**손님3** 봤어. 그거 주작 같던데? 영상도 금방 다 짤리고 없더라고. 합성 들켜
서 욕 처먹고 내린 거 아닐까? 바이럴마케팅일지도 몰라.

**손님2** 아, 뭔데. 나만 몰라.

**손님1** 그치? 하긴, 쫌 이상하긴 하더라. (폰 검색하며) 이 근처 정원고등학교
에서 찍혔는데. 거기 어떤 고등학생이 플래시맨처럼… (주방에서 주원
이 우당탕 튀어나온다) 아우 깜짝이야!

손님들이 놀라서 주원을 쳐다보면,

**주원** 방금, 뭐라고요?

## #73 국정원/기획판단실 (저녁)

민 차장이 책상 위에 여 팀장의 핸드폰을 집어 던진다.
깨진 액정 속에 정원고 히어로 영상이 담겨 있다.

**여 팀장**  유출된 모든 영상을 삭제하고 언론 유출도 전부 막았습니다. 해프닝 정도로 묻힐 수 있게 연예계 루머 기사들을 풀고 있습니다.

**민 차장**  이 씨발, 그걸 말이라고 해! 유출이 문제가 아니고 노출이 문제잖아!!

**여 팀장**  (바짝 차렷) 이후 문제없도록 처리하겠습니다.

**민 차장**  (버럭) 조 과장 들어오라고 해!


## #74  [몽타주] 시간 경과

cut to_ 가지가 앙상한 감나무. 주황색 감이 바닥에 떨어져 터진다.

cut to_ 저녁 하늘에 먹구름이 몰려온다.

cut to_ 거리의 가로등에 불빛이 켜진다.

cut to_ 밤이 되고, 눈발이 날리기 시작한다.


## #75  봉석 집/2층/봉석 방 (밤)

미현이 봉석의 방에 들어온다.

방바닥에 모래주머니와 모래 각반이 팽개쳐져 있다.

미현의 눈이 커진다. 창밖 멀리 뚝방길에 봉석의 실루엣이 벼룩처럼 뛰고 있다.


## #76  뚝방길 (밤)

밤하늘에 눈이 내린다. 봉석이 뛰었다가 떨어져 구른다.

아무도 없는 뚝방길. 봉석이 있는 힘껏 떠올랐다가 이내 떨어진다.

땀을 뻘뻘 흘리며 여기저기 생채기가 나도 연신 뛰었다가 떨어지는 봉석.

땅바닥에 넘어진 봉석이 거친 숨을 몰아쉬는데—


**미현**  너 지금 뭐 하는 거야.

**봉석**  (거친 호흡) 허억… 헉…. (뒤돌아보면 미현이 서 있다)


470

| 미현 | 너 지금 뭐 하는 거냐고 묻잖아. |
|---|---|
| 봉석 | (숨 몰아쉬며) 운동…. |
| 미현 | 누가 그딴 짓 하래. |
| 봉석 | (대답 않는) |
| 미현 | 너 모래주머니 어쨌어. |
| 봉석 | 이제 안 차요. 그딴 거. |
| 미현 | 왜. |
| 봉석 | (대답 않고 외면하는) |
| 미현 | 왜!!! |
| 봉석 | (입 꾹 닫는) |
| 미현 | (몰아붙이는) 엄마가 왜냐고 묻잖아!!! |
| 봉석 | (눈 질끈 감는) |
| 미현 | (소리치는) 너 엄마 말 안 들려!!! 엄마가 지금 왜냐고 묻고 있잖아!!! |

계속되는 미현의 추궁에 결국 봉석이 폭발한다.

| 봉석 | (소리 지르는) 엄마, 엄마, 엄마! 지겨워!!!! 지겨워 죽겠다고!!! |
|---|---|
| 미현 | (놀라는) |

엄마에게 항상 존댓말만 하며 순종하던 아들이 반말로 대든다.

| 봉석 | (악쓰는) 다 엄마 때문이야! 내가 왜 이렇게 됐는지 알아?! 다 엄마 때문이야! 난 늘 소극적이고!! 자신감 없고!! 고지식하고!! 답답하고!! 항상 사람들 눈치 보고!! 이게 다 엄마 때문이야!! |
|---|---|
| 미현 | (말문 막히는) |

내내 억누르며 참아왔던 봉석의 감정이 걷잡을 수 없이 터진다.

오래되고 낡은 쇠사슬 개줄.

**봉석** 난 내가 싫어!! 난 내 성격이 너무 싫어!! 어렸을 때부터 이런 사람도 없는 동네에 이사 와서 숨어 살게 하고!! 나 어릴 때부터 엄마가 나한테 제일 많이 한 말이 뭔지 알아?! 하지 마라! 하지 마라!

**인서트**

가방 속 덤벨.

**봉석** 뛰지도 마라!! 뜨지도 마라!! 가만히 있어라!! 아무것도 하지 마라!!

**인서트**

물병이 가득한 보조 가방.

**봉석** 날 항상 묶어두고!! 날 항상 억압하고오오오!!!!!!

**인서트**

발목을 묶은 모래주머니.

**미현** (눈가에 눈물 고이는) 보… 봉석이… 너….

**인서트**

강당에서 희수를 구하려고 달려가다 제 발에 걸려 넘어지는 봉석.

**봉석** 나도 뛸 수 있었어!! 나도… 나도 날 수 있었어!! 나도 할 수 있었어!!

**인서트**

희수를 구한 강훈을 무기력하게 바라보는 봉석.

**봉석**  엄마가 그렇게만 하지 않았어도… (설움이 북받친) 왜 운동하냐고?! 왜 모래주머니 안 차냐고!! 뛰고 싶어서!! 날고 싶어서!! 나도!! 나도 할 수 있을지도 모르니까!! 나도 뛸 수 있고 날 수 있을지도 모르니까!! 지금보다 더 빨리 높이 날 수 있을지도 모르니까!! (악쓰는) 나는 날고 싶단 말이야아아아!!!

**미현**  (폭발하며 절규하는) 너도 니 아빠처럼 되고 싶어서 그래!!!!!!

봉석이 멈칫한다. 눈발이 날린다. 사방이 조용하다. 미현이 운다.
봉석과 미현이 마주 서 있다. 미현이 허물어진다.
혼란스러운 봉석의 얼굴이 클로즈업되며 하얗게 흩어진다.
표백되는 화면에 흐르는 봉석의 내레이션.

엄마는 내게 한 번도 아빠 이야기를 하지 않았었다.
나도 엄마에게 꿈 이야기를 하지 않았었다.
내가 늘 꿨던 꿈.
그 꿈은 기억이었다.

## #77 [에필로그]

하얗게 부서졌던 화면이 서서히 푸르게 물든다.
하늘이다.
멀리 지평선이 보이고 푸른 하늘과 어둠의 경계선이 보인다.
아래를 보면 구름 밑으로 보이는 땅. 주변을 둘러봐도 끝도 없이 막막한 하늘.
네 살 즈음의 어린 봉석이 하늘에 떠 있다.

제 몸을 가누지 못하고 높은 하늘을 둥둥 떠다니는 어린 봉석.
어린 봉석이 울음을 터뜨린다.
얼마나 울었을까. 어디선가 따뜻한 목소리가 들린다.

**두식v.o**  봉석아.


봉석이 두리번거린다.

**두식v.o**  봉석아.


봉석이 보면, 하늘에 떠 있는 김두식.
어린 봉석을 찾아 헤매 하늘을 날아온 두식.
두식이 날아와 두 팔을 벌리고 어린 봉석을 안아준다.

**두식**  봉석아. 내 아들.

## #78 [엔딩쿠키] 북한/국가안전보위부/부장실 (밤/#1에 이어서)

문을 열고 걸어 들어오는 남자의 오른손 검지가 잘리고 없다.
맞은편 어둠 속. '뱅커스 램프'의 불빛에 비치는 보위부장의 얼굴이 음습하다.
검지 없는 남자가 총국장의 책상 앞에 걸어가서 선다.
보위부장이 스마트폰 영상을 재생해서 책상 위로 던진다.
스마트폰이 드으으윽 밀려와서 책상 끝에 놓인다.
남자가 핸드폰 화면을 내려다본다. 스마트폰에서 영상이 재생된다.

**인서트**

한별이 촬영한 영상. 희수를 구하는 강훈의 초능력이 재생된다.

474

동영상을 내려다보는 남자의 검지 없는 손이 꽉 쥐어진다.

보위부장이 램프 갓을 올리면, 뒷벽에 걸린 김일성 삼대의 사진이 드러난다.

**보위부장**  남으로 가라.

램프 불빛에 드러나는 맞은편 남자의 얼굴. 김덕윤이다.

2권으로 이어집니다.

# 무 빙 대본집1

**초판 1쇄 발행** 2024년 7월 31일

**지은이** 강풀
**펴낸이** 윤동희
**책임편집** 최유연 **편집** 김미라 이예은 유보리 황유라
**디자인** 김소진 **본문 디자인** 하은혜
**마케팅** 윤지원 김연영

**펴낸곳** ㈜미디어창비
**등록** 2009년 5월 14일
**주소** 04004 서울 마포구 월드컵로12길 7 창비서교빌딩
**전화** 02) 6949-0966 **팩시밀리** 0505-995-4000
**홈페이지** books.mediachangbi.com
**전자우편** mcb@changbi.com

ⓒ 강풀 2024
ISBN) 979-11-93022-56-6 04680
세트) 979-11-93022-55-9 04680